사고의 프런티어 4
사회

SHAKAI
by Yasutaka Ichinokawa
2006 by Yasutaka Ichinokawa
First published 2006 by Iwanami Shoten, Publishers, Tokyo.
This Korean language edition published 2015
by Purunyoksa, Seoul
by arrangement with the proprietor c/o Iwanami Shoten, Publishers, Tokyo.

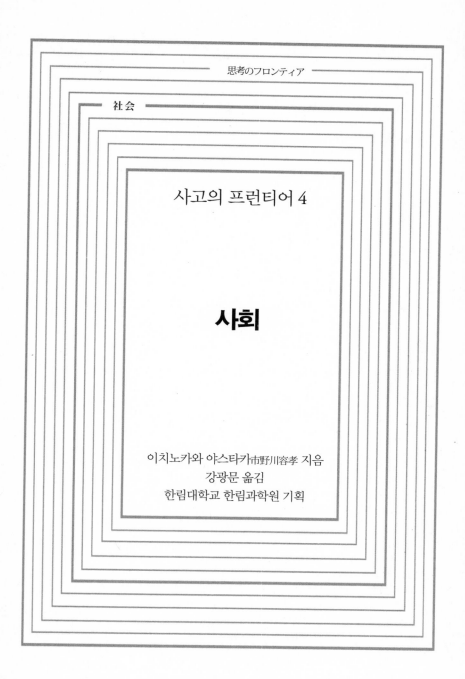

思考のフロンティア

社会

사고의 프런티어 4

사회

이치노카와 야스타카市野川容孝 지음
강광문 옮김
한림대학교 한림과학원 기획

푸른역사

일러두기

1. 이 책은 이와나미쇼텐岩波書店 출판사의 〈사고의 프런티어思考のフロンティア〉 시리즈 중 이치노카와 야스타카市野川容孝의 《社会》(岩波書店, 2006)를 옮긴 것이다.
2. 일부 사항에 관한 옮긴이의 보충설명은 각 페이지에서 [옮긴이주]로 표시했다. 원문의 주석은 별도로 있지 않다.
3. 번역에서 직역을 기본 원칙으로 했다. 저자가 인용한 부분에 대해서는 원문에 있는 일본어를 토대로 번역했다.
4. 원문에서 언급된 일본어 문헌은 그대로 일본어로 표기했다. 서양언어 책자 중 저자가 서양언어로 표기한 문헌은 그대로 서양언어로 표기하고, 저자가 일본어로 표기한 문헌은 한국어로 번역하여 표기했다. 문헌의 페이지는 모두 원문에서 언급한 페이지를 그대로 이용했다.
5. 원문에서 처음 나오는 일본인 인명은 한자를 병기했다. 서양인 인명의 경우 원문의 표기 방식을 토대로, 예컨대 "M. コンドルセ"를 "마르키 드 콩도르세"로 번역하여 표기했다.
6. 일부 한자어 표현에 대해서는 옮긴이의 판단에 따라 한자를 병기했다. 원문에서 서양언어를 병기한 경우 번역문에서도 그대로 병기했다.
7. 원문의 표기 「 」는 그것이 문서명일 경우에는 〈 〉로, 인용문의 경우에는 " "로, 강조일 경우에는 ' '로 표기했다. 원문에서 보충설명을 위한 표기 ( ), [ ]는 번역문에서도 그대로 두었다.
8. 원문에서 방점으로 표시된 강조 부분은 번역문에서는 굵은 글씨로 표시했다.
9. 이 책은 2007년 정부(교육과학기술부)의 재원으로 한국연구재단의 지원을 받아 간행되었다 (KRF-2007-361-AM0001).
10. 한림과학원은 본 시리즈를 통해 개념소통 관련 주요 저서를 번역 소개하고자 한다.

들어가며

1980년대 이후 일본의 사회학계도 '언어'에 큰 관심을 가지게 되었다. 루트비히 비트겐슈타인의 '언어게임' 론은 하시즈메 오사부로橋爪大三郎의 《언어게임과 사회이론言語ゲームと社会理論》(勁草書房, 1985)을 통해 최소한 사회학자들에 의해 주목받기 시작하고 재평가되었다. 또한 '언설분석言説分析'은 미셸 푸코 등을 경유하여 하나의 방법으로서 도입되기도 했다. 그 외 '언어론적 전회言語論的転回'라는 슬로건도 최근 유행하는 '구조주의'와 관련되어 나타났다(上野千鶴子,《構築主義とは何か》, 勁草書房, 2001).

그러나 이러한 언어에 대한 사회학의 주목은 아직 불충분한 것으로 생각된다. 왜냐하면 사회학 또는 사회과학이 사용해온 언어 자체에 대한 자성적인 분석이 아직 충분히 이루어지지 않았기 때문이다. 사회학자도 언어를 구사하여 하나의 세계, 하나의 현실을 구축한다. 그 과정 역시 고찰과 분석의 대상이 될 수 있음에도 불구하고 이 부분은 그다지 주목받고 있지 않다. 적어도 일본의 사회학계에서는 그렇다.

게오르크 헤겔이 인정하듯이 "대체로 알려진 것은 그것이 **알려졌기** 때문에 **인식되지 않고 있다**"(《정신현상학》 서문). 혹은 마르틴 하이데거가 말한 것처럼 우리는 거리적으로 가장 가깝게 있는 것을 우선 간과하기도 하고 빠뜨려 무시하기도 한다. 예컨대 우리가 도구로 쓰고 있는 안경은 그야말로 우리의 입과 코의 앞에 있음에도 불구하고 우리가 바라보고 있는 정면 벽의 그림보다도 훨씬 멀게 느껴진다(《존재와 시간》 제23절).

마찬가지로 '사회'라는 말 혹은 '사회적'이라는 표현도 그것이 사회학(자)에 있어서 가장 알려져 있는 말임에도 불구하고, 아니 마침 그렇기 때문에 그것이 사회학(자)에서 가장 멀리 떨어져 있는 말이라고 할 수 있다. 예를 들면 구조주의 사회학에서는 섹슈얼리티, 젠더, 에스니시티, 네이션, 아이덴티티 등등 온갖 사상事象이 언어를 매개체로 하여 '사회적'으로 구축되어왔다고 주장되고 있다. 이에 대해서는 이론의 여지가 없으나, 한편으로 여기서 사용되고 있는 '사회적'이라는 표현이 실제로 무엇을 의미하는지 거꾸로 무엇을 의미하지 않는지, 나아가 사회학 자체가 이 '사회적'이라는 표현을 통해 어떠한 현실을 구축하고 있는지 또는 무엇을 누락하면서 구축하고 있는지에 대해서는 한층 파고들어 생각해 볼 필요가 있을 것이다.

이 책에서는 사회학(자)에 있어서 가장 친근하고 가장 알려져 있어야 할 '사회'라는 말에 대해 다시 고찰해볼까 한다. 보다 정확히 말하자면, 이 책에서 다루는 것은 '사회'라는 말이 아니다. '사회적'이라는 말이다. 그런 의미에서 영어식 표기가 더욱 정확하다. 즉 어떠한 실체를 상정한 '사회'라는 명사가 아니고 어떠한 양상이나 양태, 나아가 운동을 표현하는 '사회적social'이라는 형용(동)사와 그에서 파생되는 '사회적인 것the social'의 개념이 이 책의 주제다. 칼 슈미트의 《정치적인 것의 개념》에 대응해 말하자면 이 책의 가장 적절한 제목은 《사회적인 것의 개념》이다. 이 '사회적'이라는 표현이 지금까지 무엇을 의미하고 무엇을 의미하지 않았는가, 또는 이 표현에 의해 어떠한 현실과 실천이 구축되었고 거꾸로 어떠한 것들이 구축되지 못했는가에 대해 역사적으로 되돌아보는 것이다. 이 책의 목표 중 하나가 이러한 넓은 의미에서의 문헌학적인 작업이다.

'사회적'이라는 말은 아마 사회학에서 가장 많이 사용되고 있는 표현이지만 그 의미는 극히 막연하고, 각종 사회학 사전에서도 독립된 항목의 설명 대상으로 되어 있지 않다. 사회학의 핵심이면서 사회학 자체에서는 정면으로 설명되어 있지 않은 점이 '사회적'이라는 표현의 불가사의한 부분이다. 여기서는 우선 이 말의 의미에 대해 페르디낭 드 소쉬르를 모방하여 다른 표현과의 대립/차이를 통해 대강 정리해본다.

첫째, 그리스어 '퓌시스'와 '노모스'의 구별과도 중첩되는, '자연'의 대립항対立項으로 이해되는 '사회적인 것'이다. 예컨대 사회생물학을 둘러싼 논쟁에서 자주 등장하는 것이 이 대립이다. 사회생물학은 (이런 의미의) 사회적인 것을 자연으로 환원시키려 하고 반대론자들은 사회적인 것의 독자성, 자연으로부터의 독립성을 강조한다. 이런 독자성과 독립성은 앞에서 언급한 구조주의에 있어서 그들이 '본질주의本質主義'로 지칭하는 것들에 대한 비판에서도 강조되는 점이다.

둘째, '개인'과 대립되는 '사회적인 것'이다. 그 전형은 에밀 뒤르켐이 제시한 '사회적 사실'이다. '사회적 사실'의 '외재성外在性'과 '구속성拘束性'에 대해 뒤르켐은 개인주의와 대비하면서 이렇게 서술하고 있다. "구속이라는 표현은 절대적 개인주의의 열렬한 신봉자들을 위축시킬 위험이 없지 않다. …… 그러나 우리들의 관념과 경향의 대부분이 우리 자신에 의해 만들어진 것이 아니라 외부로부터 온 것이라는 점이 오늘날 이미 명백해진 이상, 그것들은 외부로부터 부과되는 식으로만 우리 내부에 들어올 수밖에 없을 것이다"(宮島喬 訳, 《社会学的方法の基準》, 岩波文庫, 55쪽).

뒤르켐에 대해서는 그의 문제설정 자체의 경직성에 대해 비판이 제기되어왔다. 즉 사회적인 사실의 토대가 되는 커뮤니케이션이나 노동과 같은 인간의 상호행위 과정이 새롭게 인식되고, 사회적 사실의 외재성과 구속성은 이러한 생생한 상호 연관과 관계성이 물상화物象化한 결과의 착시현상으로 새롭게 파악된 것이다. 다만 이러한 비판에 있어서도 그 상호행위와 상호 연관이 **개인 이상의 무엇인가**를 의미하는 점에서는 변함이 없다.

셋째, 위 두 대립에 비해 보다 구체적으로 '국가'와 비교되는

'사회적인 것'이다. 그 전형이 '국가'와 '시민사회'라는 문제 설정이다. 사회를 최종적으로 국가에 회수(=지양止揚)되는 존재로 볼 것인가 아니면 어디까지나 국가와의 긴장관계 속에서 파악해야 하는가, 혹은 (다원주의 국가론의 주장처럼) 국가 자체를 사회의 부분집합으로 설정할 것인가 등 많은 쟁점들이 남아 있고 서로 견해의 차이가 큰 것도 사실이지만 국가와 사회의 대립축이 이러한 사회사상의 기본 원칙을 형성하고 있는 것은 사실이다.

여기서 초점을 '사회'라는 명사(실체)가 아닌 '사회적'이라는 형용(동)사에 집중하여 보자면 국가와 사회라는 축軸과는 별도의 네 번째 의미, 아마 일본에서 가장 간과되어온 의미가 떠오르게 된다. 그 구체적 사례는 아래와 같은 구절에서 찾아볼 수 있다.

독일연방공화국은 민주적이고 사회적인 연방국가이다(독일기본법 제20조).

프랑스는 불가분적이고 세속적이고 민주적이며 사회적인 공화국이다(프랑스 현행헌법 제1조).

빈정대는 듯 들릴 수 있겠지만 여기서 말하는 '사회적'이라는 표현만큼 오늘날의 일본 사회학자들에게 익숙하지 않고 인연이 먼 표현은 더 이상 없을 것이다. 영어 외의 언어에 대한 감수성의 저하가 한 원인이 되겠지만, 오늘날 일본의 사회학자들 중에서 이

'사회적인 국가'가 무엇을 의미하는지에 대해 즉답할 수 있는 사람은 그렇게 많지 않다.

답을 우선 말하자면 독일이나 프랑스의 이 '사회적인 국가'와 대체로 비슷한 일본어 표현은 '복지국가'다. 다만 여기서 중요한 것은 이러한 사실 그 자체가 아니다. 이 사실의 배후에 있는 물음이 중요한 것이다. 즉 일본에 오로지 '복지국가'라는 표현만이 있고 이것을 '사회적인 국가'라고 표현하지 않는 이유는 무엇일까? 우리가 '사회적인 국가'의 유사체로서 곧바로 '복지국가'를 떠올릴 수 없는 이유는 어디에 있을까?

그 연장선에서 우리가 알아야할 점은 '사회적'이라는 일본어를 둘러싼 일종의 누락이다. 다시 말하면 'social'이나 'sozial'이라는 프랑스어나 독일어에 담긴 무엇인가가 '사회적'이라는 일본어에서 최소한 오늘날에 이르러 망각되었고 나아가 그 망각 자체가 망각되고 있다는 사태다.

이시다 다케시石田雄는 사회과학에서 '번역'의 문제에 대해 새롭게 주의를 환기시키고 있다(《日本の社会科学》, 東京大学出版会, 1984, 232쪽 이하). 일본뿐만 아니라 모든 비서구 사회는 대체로 사회과학을 서구로부터 수입하게 되고 일본의 사회과학에서 사용되는 개념의 대부분은 번역어이기에 번역 과정에서 미묘한 어긋남과 굴절이 생기게 된다. 예컨대 서구에서는 '가족家族'을 초월한 곳에 위치한 국가国家가 일본에 유입되어 국 '가家'로 번역되고 나아가 그로부터 '가족국가家族国家'라는 기묘한 개념이 파생되는 것 등이다.

이시다는 이러한 어긋남과 굴절에 대해 주의를 환기시켰는데 이는 '사회적'이라는 표현에도 해당된다. 'social'이나 'sozial'이라는 표현을 '사회적'이라는 일본어로 바꾸어놓을 경우 무엇인가가 누락되지만 이런 누락 자체는 쉽게 의식되지 않는다. 또한 이 일본어 번역어가 친숙하게 사용되고 널리 알려지게 되면 될수록 위의 어긋남과 굴절은 더욱 알아내기 어렵게 된다. 게다가 이런 망각은 '사회적'이라는 일본어에 한해 보면 아이러니하게도 일반인보다 사회(과)학자들에 있어서 더욱 현저하게 나타나고 있다.

'사회학'이라는 말의 여러 가지 뜻 중 오늘날 일본의 사회(과)학과 가장 먼 의미, 즉 이 네 번째의 사회적인 것이야말로 이 책의 출발점이다.

다만 이 네 번째 '사회학적인 것'에는 첫째에서부터 세 번째까지의 뜻이 중층적으로 섞여 있다. 우선 그것은 '자연'에 회수되는 것이 아니다. 그리고 그것은 '개인' 이상의 무엇인가를 가리키는 개념이고, 역사적으로 '사회과학'이라는 표현은 아래서 언급하듯이 '개인주의'라는 표현과 대체로 동시대에 탄생했고 개인주의를 비판적으로 극복하는 개념으로 구상되었다. 나아가 '사회적'이라는 말은 국가와 사회의 구별을 내포하고 있다. 위의 독일이나 프랑스의 헌법 규정처럼 '사회적'인 것은 일단 국가와 접속시켜 사용 가능하고 그렇게 해야 하는 이유도 존재한다. 다른 한편으로 그것은 '사회'라는 표현과도 접속 가능하다. 즉 굉장히 기묘하게 들릴 수도 있겠지만 '사회적인 사회'에 대해, 예컨대 시장원리에만 지배당하는 '시장사회'와 대치하는 의미에서 이야기하는 것은 적어도 논리적으로는 가능하다. 국가의 폐절廢絶이라는 마르크스주의의 주장은 그 내용의 당부와는 별도로 그것을 사회적인 것을 국가로부터 사회에 이양移讓하려는 시도로 볼 수 있다.

'사회적인 사회'라는 표현이 '빨간색 꽃'이라는 말과 동등한 의미를 가지기 위해서는 '사회적'이라는 표현이 각종 사회('꽃') 중에서 특정한 어떤 것('빨간색' 꽃)을 선택해주는 기능을 가져야 한다. 달리 말하자면 이 표현은 특정의 가치를 지향하는 **규범** 개념으로서 기능하지 않으면 안 된다. 그리고 마침 여기에 사회학(자)이 네 번째의 사회적인 것을 망각하게 된 하나의 중요한 이유가 존재한다. 이 망각은 적어도 초기에는 적극적이고 의도적으로 이루어졌다. 사회학이 '가치자유'의 원칙을 자신에게 요구하면서 '사회적'이라는 표현으로부터 규범적인 요소를 도려내고 그 표현을 가능한 한 추상화시킨 것이다. 따라서 네 번째 '사회적인 것'의 개념을 명확하게 하기 위해서는 사회학이 이 말에 대해 행해온 탈규범화脫規範化와 추상화의 과정을 시계바늘을 되돌려 역방향으로 추적하지 않을 수 없다.

그렇다면 사회적인 것이라는 개념의 고층古層을 그렇게까지 파서 그것을 다시 인식의 대상으로 해야 하는 이유가 있을까? 그것은 사회적인 것이라는 개념이 지금 마침 **한차례** 종언을 맞이하고 있기 때문이다. 지금 19세기로부터 20세기에 이르기까지 탄생과 성장, 그리고 **한차례** 완성을 이룬 사회적인 것이 해체되고 있기 때문에, 헤겔의 말을 다시 빌리자면(《법철학》서문) '미네르바의 부엉이'는 그 궤적을 "회색에 회색을 겹쳐서" 그려야 하고 또한 그릴 수 있는 것이다.

그러나 이렇게 이루어진 인식이 단지 고색창연한 사회적인 것에 대한 향수만으로 귀착되어서는 안 된다.

가장 가까운 것이 가장 멀리 있다는 점에 대해 프리드리히 니체는 다음과 같이 말하고 있다. "우리는 우리에게 알려지지 않고 있다. 인식하는 우리는, 즉 우리 자신은 우리 자신에게 알려지지 않고 있다. 그것도 그럴 것이 우리는 결코 우리를 탐구한 적이 없기 때문이다"(木場深定 訳, 《道德の系譜》, 岩波文庫, 7쪽). '사회적'이라는 표현을 남용하고 있는 일본의 사회학자들도 자기 자신을 알지 못하고 자기 자신에 대해 탐구한 적이 없었다고 나는 생각한다.

니체는 동시에 자기 자신에 관한 '인식'에 멈추어서는 안 된다고 경고하고 있다. "우리는 어디까지나 우리 자신에게 필연적으로 낯선 타인이다. 우리는 우리 자신을 이해하지 못한다. 우리는 우리를 잘못 알 수밖에 없다. …… 우리에 대해 우리는 결코 '인식하는 자'가 아닌 것이다"(앞의 책, 8쪽).

가장 친숙하고 가장 알려져 있는 것을 '인식'으로 완성시키는 일이 하나의 전진前進이라고 할지라도 니체는 그 인식의 쇠사슬로 인식된 것들에 우리를 묶어놓는 것을 거부했다. 니체의 계보학에 있어서 인식은 생성生成을 위한 도구에 지나지 않았고, 따라서 니체는 우리로 하여금 "인식하는 자"에 멈추어 있는 것에 반대했다.

니체는 '사회적인 것'의 최대의 적이라고 할 수 있다. 사회학적인 것의 계보학은 사회적인 것에 대해 비판적인 해부를 진행하는 동시에 이 니체에 대항하면서 사회학적인 것을 옹호하고 그것의 새로운 생성을 위해 길을 개척해야 한다. 비판적인 성찰과 더불어 사회학적인 것의 개념을 다시 한 번 단련시켜 완성하는 것이 이 책의 최종 목표다.

Contents

01

사회적인 것의 현재

일본의 전후정치와 사회적인 것

'사회'의 소멸

1990년대 이후 일본에서는 정치적인 표현으로서의 '사회'가 급속히 쇠멸하고 있었다.

〈표 1〉은 1928년부터 2005년까지 일본의 국정선거에서 '사회'라는 명칭을 사용하고 있는 정당과 관련 정당 및 1945년 이후 이러한 정당에 일본공산당을 더한 정치세력들이 획득한 의석수 추이를 표시한 것이다(중의원과 참의원 선거가 동일 연도에 행하여진 경우에는 양자의 합산을 표시한 수치다).

이 수치의 배후에 있는 역사를 간단히 돌이켜보자.

많은 문제와 제약을 가지면서 또한 치안유지법治安維持法이라는 채찍과 함께 제정된 '보통선거법普通選擧法'이긴 하지만 1925년에 제정된 이 법률에 근거하여 일본에서는 1928년에 처음으로 남성 보통선거가 시행되었다. 당시 무산정당無産政党의 하나로 '사회민

〈그래프 1〉 국정선거에서 의석수 비율 추이

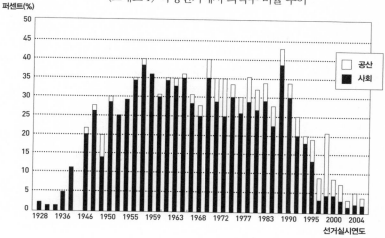

〈표 1〉 '사회'로 총칭한 정당명

(의석을 차지한 정당만 표시)

국정선거가 시행된 연차	정당명(선거시행 시)
1928	사회민중당, 일본노농당, 노동농민당
1932	사회민중당, 전국노농대중당
1936	사회대중당
1942	없음
1946	일본사회당
1949	일본사회당, 사회혁신당, 노동자농민당
1950	일본사회당, 노동자농민당
1952	일본사회당(좌파+우파), 노동자농민당
1956	일본사회당
1960	일본사회당, 민주사회당(1970년에는 민사당)
1977	일본사회당, 민사당, 사회시민연합
1979	일본사회당, 민사당, 사회민주연합
1995	일본사회당
1996	사회민주당

중당社会民衆党'이 '사회'라는 표현을 가진 정당으로서는 처음으로 중의원에서 4개의 의석을 차지했다. 이 사회민중당은 요시노 사쿠조吉野作造, 아베 이소오安部磯雄 등이 자본주의에 대한 합리적인 개혁이라는 온건노선을 지향하여 1926년 3월에 설립한 '노동농민당労働農民党'으로부터 분리되어 같은 해 12월에 결성된 정당이다. 그 모체인 노동농민당은 1928년의 선거에서 2개의 의석을 차지했고 역시 이 정당으로부터 갈라져 나온 '일본노농당日本労農党'은 1개의 의석을 획득했다.

그 후 무산정당 세력의 일부는 '사회대중당'으로 합류하여 1936년의 선거에서는 18개의 의석수를 획득하고 이듬해인 1937년의 선거에서는 그 두 배에 가까운 37개의 의석을 차지했다. 그러나 사회대중당은 주지하다시피 아소 히사시麻生久를 중심으로 국가사회주의로 우측으로 급선회하게 되고 예컨대 국가총동원법의 제정(1938) 당시에는 여당인 민정당民政党이나 정우회政友会 이상으로 법안 가결을 강력히 요구하는 등 전시체제에 적극적으로 가담하게 되었다. 이 사회대중당이 1940년 7월에 해산하고 대정익찬회大政翼賛会에 합류하면서 '사회'라는 명칭을 가진 정당은 일시적으로 소멸되었다.

패전 직후인 1945년 9월에 아베 이소오, 다카노 이와사부로高野岩三郎, 가가와 도요히코賀川豊彦 등 3인의 호소에 따라 공산당과는 선을 그은 사회주의 정당의 결성을 목표로 한 간담회가 도쿄에서 개최되고 같은 해 11월 2일에 '일본사회당Social Democratic Party of

Japan'이 탄생되었다.

사회당은 1947년 4월의 중의원 선거에서 143개의 의석을 획득하여 제1당이 되었고, 6월에는 가타야마 데쓰片山哲 내각이 발족하게 된다. 그러나 이는 결코 과반수의 의석을 차지하여 설립된 단독정권이 아니었고 가타야마 정권도 각종 타협을 강요당하여 결국 이는 당내의 좌우대립을 첨예화시키는 결과를 초래했다. 1948년 2월에 히라노 리키조平野力三—히라노는 가타야마 정권에서 농업상으로 있었지만 전전과 전후에 우익단체와의 관계가 문제되어 파면되었다—를 중심으로 한 그룹이 사회당을 탈퇴하여 '사회혁신당社会革新党'을 결성했다(1951년에는 '사회민주당'으로 이듬해에는 '협동당協同党'으로 개칭했으나, 곧 사회당 우파에 합류하게 된다). 한편 좌파 그룹은 '부르주아 정당으로 전락한 사회당'에 대한 기대를 접고 1948년 12월에 '노동자농민당労働者農民党'을 결성했다(1957년에는 사회당으로 복귀).

보다 큰 분열은 1951년 9월의 샌프란시스코 강화회의를 계기로 일어났다.

수상 요시다 시게루吉田茂가 조인한 강화조약과 일미안전보장조약에 대해 사회당 좌파는 양자의 비준에 모두 반대하는 입장을 취했다. 요시다가 조인한 강화조약은 주로 서방 자유주의 국가들과의 협정으로, 중화인민공화국은 처음부터 강화회의에 초청받지 못했고 회의에 출석한 소비에트 등 사회주의진영 국가들도 조약 내용에 불복하여 조인하지 않았다. 이 강화조약을 인정하는 것은 이미 시작된 냉전을 강화하고 일본의 서방진영 가담을 선포하는 것과 마찬가지였다. 그보다 한 해 전인 1950년 1월에는 오오우치 히요우에大內兵衛, 야나이하라 타다오矢內原忠雄, 마루야마 마사오丸山眞男 등 지식인들로 구성된 '평화문제담화회平和問題談話会'가 성명을 발표하여 "사회주의 국가들을 포함한 전면 강화가 아니면 진정한 평화는 있을 수 없다", "어떤 나라에게도 군사기지를 제공하면 안 된다"고 강력하게 주장했고 사회당 좌파도 이와 같은 입장이었다. 그러나 사회당 우파는 일미안보조약에는 반대했지만 강화조약에는 찬성한다는 태도를 취했다. 두 조약은 국회의 중의원과 참의원에서 모두 비준되었으나 강화조약 문제는 여당세력과 사회당 사이의 대립보다 오히려 사회당 내부의 심각한 대립을 야기하고 그 결과 사회당은 좌파와 우파로 갈라지게 된다.

좌파와 우파로 분열된 사회당이 1955년 10월에 재통합하고 같은 해 11월에 보수정당인 자유당과 일본민주당이 합병하여 '자유민주당自由民主党'이 발족하면서 보수의 자민당과 혁신의 사회당을 축으로 한 이른바 '55년 체제五五年体制'*가 형성되었다. 다만 사회당 내부의 균열은 여기서 완전히 회복된 것이 아니었다.

---

* [옮긴이주] '55년 체제五五年体制'는 일본에서 보수정당인 자유민주당이 정권을 차지하고 진보정당인 일본사회당이 제1야당의 지위를 유지하여 형성된 체제를 말한다. 이러한 정치구조는 1955년부터 정착되기 시작했기에 '55년 체제'라고 불렸다. 전후 일본을 지배해온 이 체제는 일반적으로 1993년에 붕괴되었다고 한다. 일본의 정치학자 마스미 준노스케升味準之輔가 1964년에 발표한 논문〈1955년의 정치체제(1955年の政治体制)〉(《思想》 1964년 4월호)에서 처음으로 이 표현을 사용했다.

전전의 사회대중당 시대부터 활동한 니시오 스에히로西尾末広는 1950년대 말에 들어서 "사회당은 계급정당으로부터 국민 전체의 이익을 대표하는 정당으로 탈바꿈해야 한다", "공산주의 세력과는 협조가 아닌 대결로 상대해야 한다", "일미안보조약은 어쩔 수 없는 선택이다" 등의 발언을 하고 다녔다. 강화조약은 제쳐놓더라도 일미안보의 파기라는 입장에서는 좌파와 우파가 서로 일치한 사회당은 이러한 니시오의 발언을 당규율 위반이라고 판단하고 1959년 9월에 그에게 견책 처분을 내렸다. 그 처분에 불복한 니시오는 10월에 사회당을 탈당하고 그의 추종자들도 사회당을 떠나 이듬해 1월에 '민주사회당民主社会党'을 결성한다(1970년에는 '민사당'으로 개칭). 재통합한 사회당은 60년안보六十年安保를 계기로 곧바로 다시 분열하게 된다. 더 나아가 노동운동도 사회당=총평総評, 민사당=동맹同盟이라는 형태로 그 골이 깊어져갔다.

1977년 3월에는 당시 부위원장이었던 에다 사부로江田三郎가 또 사회당을 탈당하게 된다. 그는 중도혁신세력을 결집하고 여기에 무당파층의 지지를 얻어 정권 획득이라는 목적을 달성해야 한다고 주장했지만 그의 노선은 사회주의협회社会主義協会(1951년 설립)를 중심으로 한 좌파로부터 혹독한 비판을 받게 되고, 에다는 사회당을 떠나 '사회시민연합社会市民連合'을 결성했다(1978년에는 '사회민주연합社会民主連合'으로 개칭).

에다와 사회주의협회의 대립은 이미 1960년대 전반의 '구조개혁논쟁構造改革論争'에서 표면화되었다. 2000년대의 우리에게 '구조개혁構造改革'이라고 하면 고이즈미 정권小泉政権을 생각하게 되지만, 60년대의 에다나 일본공산당의 일부가 주장하는 '구조개혁'은 일찍이 안토니오 그람시가 언급한 '기동전機動戰'에서 '진지전陣地戰'으로'라는 발상에 기초한 이탈리아공산당의 노선에서 큰 영향을 받은 것이다. 그것이 지향하는 점은 "독점이익 중심의 정책을 국민의 이익의 방향으로 전환하는 것"과 더불어 "자본주의의 토대인 자본주의의 구조(생산관계)에 노동자가 개입하여 부분적인 개혁을 실현하는 것"이고 "생산관계(구조)에 개입하여 이러한 부분개혁을 통해 착취의 근간을 점차 허물어가는 것"이었다(〈構造改革とは何か〉,《社会新報》1961年 1月 1日号). 그러나 협회파와 당 밖의 좌파세력은 이 노선을 체제 영합의 연약노선이라면서 비판했다.

1989년의 참의원선거에서 사회당은 그 전해 말에 자민당이 주도하여 도입된 소비세정책 및 리쿠르트 의혹リクルート疑惑*을 배경으로 의석수를 20석을 얻었던 전 선거(1986)에 비해 46석까지 크

---

* [옮긴이주] "리쿠르트 사건リクルート事件"이라고도 불리는 이 사건은 1988년에 일본에서 불거진 대형 뇌물수수 사건이다. 일본 리쿠르트사의 사장은 회사 계열사 미공개 주식을 공개 직전에 정계의 유력 인사들에게 싸게 양도하여 주식공개 후에 그들로 하여금 부당 이익을 보게 하는 방식으로 광범위한 로비활동을 벌여왔다. 주식을 양도받은 인사들 중에는 당시 수상이던 나카소네 야스히로中曾根康弘를 비롯하여 다케시타 노보루竹下登, 미야자와 기이치宮澤喜一 등 자민당의 거물정치인이 대거 포함되었다. 뇌물증여 사건이 세상에 알려진 것은 1988년 6월 18일자《아사히신문》에 보도되면서다. 그로 인해 차기 총리 후보였던 미야자와는 그해 12월에 사임하고 이듬해 4월에는 여론의 비판을 받던 다케시타 수상이 사임하게 되고 정계 막후 실력자 나카소네 야스히로 전 총리가 자유민주당을 탈당하는 등 일본 사회에 큰 파란을 몰고 왔다.

게 늘렸다(민사당은 5석에서 3석으로, 공산당은 9석에서 5석으로 각각 줄었다). 그리고 이듬해인 1990년의 중의원선거에서도 사회당은 136석을 차지해 85석(1986년 선거)에서 크게 늘어났다(민사당은 26 석에서 14석으로, 공산당은 26석에서 16석으로 각각 줄었고, 사민련은 4 석을 유지했다). 1993년 자민당에서 호소카와 모리히로細川護熙의 '일본신당日本新党'으로 정권이 교체되고 일본신당과의 제휴로 중 의원 의장에는 도이 다카고土井たか子가 임명되고 각료에도 사회 당, 민사당, 사민련社民連의 관계자가 기용되었다. 그밖에 1994년 에는 자민당·사회당·사키가케 연립정권이 발족하여 무라야마 도 미이치村山富市가 가타야마 데쓰 이후 47년 만에 사회당 소속의 수 상에 당선되었다.

1990년대 초반의 이러한 사회당의 약진은 아이러니하게도 종말 의 시작이라고 할 수 있다. 마침 이 시기부터 일본에서는 정치적 인 표현으로서의 '사회'가 급속히 쇠멸해가고 있었기 때문이다.

1989년 및 1990년의 선거에서 크게 약진한 사회당은 1992년 참 의원선거 결과 의석수가 46석에서 22석으로 반 이상 줄었고, 1993 년의 중의원선거에서도 의석이 136석에서 70석으로 감소했다. 다 른 한편으로 '사회'라는 명칭을 사용하는 정당도 하나씩 없어졌 다. 사민련은 1994년 5월에 해산하여 일본신당에 합류했고 일본 신당은 해산 후 '신진당新進党'에 합류했다. 민사당도 같은 해에 해산하여 신진당에 합류했다. 그 시기에 '사회'라는 표현을 사용 한 정당은 사회당뿐이었고 1995년의 참의원선거에서 사회당의 의석수도 22석에서 16석으로 줄었다.

그 이듬해인 1996년에 일본사회당은 소멸한다. 사회당 관계자의 대부분은 신진당을 모체로 하여 같은 해에 발족한 '민주당'에 합류한 한편, 남은 세력은 '사회민주당社会民主党'과 '신사회당新社会党'으로 분열했다. 후자인 신사회당은 2006년 현재까지 국회에서 의석을 얻지 못하고 있다. 전자인 사민당 역시 의석수가 계속 감소하여 2004년 7월의 참의원선거에서는 2석, 이듬해 중의원선거에서는 7석을 얻어 양원에서의 비율이 겨우 1퍼센트를 조금 넘는 데 그쳤다. 이것이 현재 '사회'라는 말을 안고 있는 정당이 일본 국회에서 획득한 의석수다. 1980년대까지 30퍼센트 전후를 유지하던 비율이 지금은 약 1퍼센트까지 감소한 것이다. 물론 소선거구제의 도입도 이러한 거듭되는 추락의 한 이유가 되겠지만 득표율 자체의 저하는 엄연한 사실이다. 예를 들면 1980년의 중의원선거에서 사회당만이 18.9퍼센트의 득표율을 기록했지만 2000년의 중의원선거에서 사민당의 득표율은 3.8퍼센트에 지나지 않는다. 득표율 저하의 가장 큰 원인은 원래 지지기반이었던 노조의 이반이라고 분석된다. 어쨌든 정치적인 표현으로서의 '사회'가 이렇게까지 쇠퇴하고 만 것이다.

〈표 2〉는 지방의회선거(도도부현의회都道府県議会, 특별구의회, 시의회, 정촌의회町村議会)의 의석수 비율의 추이를 1978년에서 2003년까지 표시한 것이다. 공산당이 세력을 유지(혹은 확대)했지만 '사회' 각 정당들은 1990년대에 들어서면서 그 의석수 비율이 계속

감소하고, 2003년의 지방의회에서의 사민당의 의석수 비율은 같은 해의 국회의원 선거의 결과(1.3퍼센트)에 미치지 못하는 1.1퍼센트에 지나지 않는다.

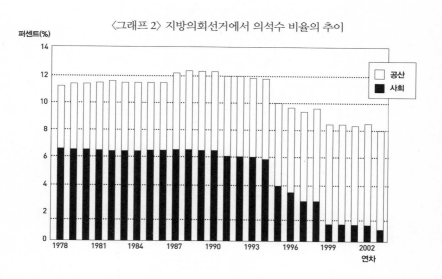

〈그래프 2〉지방의회선거에서 의석수 비율의 추이

〈표 2〉'사회' 각 정당

(《일본통계연감》의 분류에 근거)

연차	정당명
1978	일본사회당, 민사당, 사회민주연합
1993	일본사회당, 민사당
1998	일본사회당, 사회민주당
1999	사회민주당

대립과 분열의 원인

이러한 쇠퇴도 이미 지나간 일이지만 위와 같이 반복되어온 내분이나 분열에 대해 다시 돌이켜보자면, '사회'라는 말을 실마리로 각 정당을 총결하는 일에는 무언가 허무함이 감도는 것이 사실이다. 이러한 내분과 분열은 어디서 기인한 것인가?

쟁점은 적어도 세 가지다.

첫째는 전전의 사회대중당으로 상징되는 과거, 즉 전시체제에 깊이 관여한 사람들의 책임 문제다.

전후 사회당 소속의 국회의원 아라하타 간손荒畑寒村은 사회당 결성을 위한 1945년 9월의 간담회에 관해 다음과 같이 적고 있다. "아사누마 이네지로浅沼稲次郎가 개회의 인사말에서 당당하게 국체 옹호를 주장하고 마지막에 가가와 도요히코가 천황폐하 만세라는 구호를 외치면서 그들의 본질을 유감없이 폭로하여, 우리 일행은 천황폐하 만세 구호에 분개하여 퇴장했다. 다만 석상에는 한 사람만이 일서서서 '여기에는 전쟁 중 머리띠를 매고 전쟁수행에 협력하고 군부를 도운 전범이 있다. 그러한 인간들과 함께 어떻게 사회주의정당을 만들 수 있는가'라고 소리 지른 사나이가 있었다. 이에 회의 참가자의 절반 정도가 동조하여 회의장은 일시적으로 대혼란 속에 빠져들었다"(《寒村自伝》, 下, 岩波文庫, 347쪽).

2차 세계대전 중의 전쟁책임 문제는 일본의 사회민주주의 정당의 발전에 어두운 그림자를 남기게 된다. 독일 사회민주당의 경우 관계자의 대부분은 나치에 의해 강제수용소에 보내졌거나 망명을 강요당한 경험이 있다. 프랑스의 사회당도 2차 세계대전 중 공산당과 함께, 아니 독소불가침조약으로 동시에 두 곳에 발을 디딘 공산당보다 더 빨리 저항운동을 조직했다. 그러나 일본의 무산정당의 경우에는 관계자 중 적지 않은 사람들이 정도의 차이는 있으나 전시의 익찬체제翼贊体制[*]에 가담했다.

이러한 과거의 트라우마에 대처하는 방법은 두 가지가 있다. 하나는 문제를 애매한 채로 남겨두고 그것을 덮어버리는 것이고 다른 하나는 그 과거의 오점을 보상하기 위하여, 예컨대 헌법 제9조에 근거하면서 반전평화와 반군비를 철저히 주장하는 것이다. 우파의 대부분이 택한 것은 전자이고 좌파는 후자의 태도를 관철하려 했다고 볼 수 있다.

좌우분열시대인 1952년 8월에 가와카미 조타로河上丈太郎는 사회당 우파의 위원장으로, '위원장은 십자가다' 라는 취임인사를 하면서 독일사민당 쿠르트 슈마허와의 근접성을 강조했다. 확실히 독일사민당의 전후 초대 당수로 선출된 슈마허는, 사민당을

---

* [옮긴이주] "익찬체제翼贊体制"는 2차 세계대전 기간 중 일본에서 거국정치단체인 이른바 대정익찬회大政翼贊会를 중심으로 당시 군부의 정책을 추인하고 지지하는 국가체제를 말한다. 1930년대 말부터 일본에서는 중일전쟁의 장기화, 국제정세의 긴박함으로 강력한 지도 체제의 필요성이 제기되었다. 1940년 10월에 당시 수상인 고노에 후미마로近衛文麿를 총재로 한 대정익찬회가 발족되고 이미 해산된 일본의 각 정당들이 여기에 합류하게 된다. 애당초 '일국일당'을 목표로 한 대정익찬회는 1945년까지 일본의 전시국민동원체제의 중추적인 역할을 담당하게 된다.

'사회파시즘'이라고 공격하고 사민당의 섬멸을 외친 제6차 대회
(1928) 이후의 코민테른이야말로 나치의 정권 탈취를 도왔다―코
민테른이 이 노선을 수정하고 반파시즘을 위한 '인민전선'을 설립
한 것은 제7회 대회(1935) 이후부터였다―는 인식 하에 전후에 있
어서도 동독과 소련을 혹독하게 비판했다. 이 점에서는 전면 강화
를 버린 일본사회당 우파와 비슷한 입장이지만, 10년 이상의 시간
을 나치의 강제수용소에서 보낸 슈마허와 대정익찬회의 총무직까
지 수행하면서 전후에는 공직에서 추방당한 가와카미를 간단하게
동일시할 수는 없을 것이다.

사회당 좌파에 대해서는 "서구의 사민주의를 배워라"는 말과 함
께 그 완고불통을 힐책하는 의견이 지금까지 자주 등장해왔지만,
2차 세계대전 중의 전쟁책임 문제에서 일본의 '사회' 각 정당과
서구의 사회(민주)당들과는 처음부터 역사적 조건이 다르다. 이런
차이점을 무시한 좌파 비판 혹은 반대의 우파(혹은 민사당) 옹호는
너무 유치한 것이다.

좌파를 포함한 일본의 사회당에는 그 외 또 하나의 역사적 조건
의 차이가 있다. 예를 들면 독일의 사민당은 1918년부터 1919년
에 이르는 혁명을 통해 불완전한 상태이긴 하지만 독일을 '공화
국'으로 만든 경험을 가지고 있다(바이마르헌법 제1조 "독일제국은
공화국이다"). 이에 반해 일본 사회당에 있어서 호헌護憲의 대상인
일본국헌법은 제9조를 가지고 있으면서도 천황제 유지를 규정한
제1조부터 시작하고, 헌법 어디에서도 일본을 '공화국'이라고 규

정한 조문을 찾아볼 수 없다.

전쟁책임이라는 쟁점과 더불어 제2의 쟁점은 국내에서는 공산주의 세력, 국제적으로는 소련을 중심으로 하는 사회주의 국가들과 어떠한 관계를 설정할 것인가, 나아가 동서의 냉전구조에서는 어떤 자세를 취할 것인가 하는 문제다.

공산당과는 다른 조직을 만든 이상 '사회' 각 정당이 공산당과는 선을 그을 수밖에 없는 것은 당연한 일인지도 모른다. 그러나 이런 차이점을 보다 강조하여 냉전구조 자체를 강화할 것인가, 아니면 냉전구조의 완화를 위해 노력할 것인가 하는 데 있어서 입장은 크게 달라진다. 다시 말하면 '비非'공共에 그칠 것인가, 아니면 '반反'공共에까지 가야 하는가의 차이다. 이것이 바로 1951년의 강화를 둘러싼 우파와 좌파의 분열에서 문제가 된 점이다.

서구 각국의 사회(민주)주의세력이 연대한 '사회주의인터내셔널'은 반공의 자세를 명확히 밝히고 있다. 그 조직이 발족할 당시 채택된 1951년의 '민주적 사회주의의 목적과 임무'(프랑크푸르트 선언)에서는 "러시아의 볼셰비키혁명 이후 공산주의는 국제노동운동을 분열시켜 많은 나라에서의 사회주의의 실현을 수십 년 지연시켰다", "공산주의는 마르크스의 비판정신과는 양립할 수 없는 경직된 신학을 탄생시켰다", "국제공산주의 운동은 새로운 제국주의의 도구다" 등 노골적인 적대적 문구를 담고 있었다. 1949년에 발족한 나토에 대해서도 사회주의인터내셔널은 이를 적극적으로 수용하는 태도를 취했다. 일본사회당도 사회주의인터내셔널에 가입했지만 양자 사이에는 특히 일본의 전면 강화를 주장하는 사회당 좌파와 사회주의인터내셔널 사이에는 간과할 수 없는 태도의 차이가 생기게 된다.

이와 관련하여 일본의 사회당은 제3세계, 특히 아시아 각국과의 연대에 힘을 기울인 점에서도 서유럽의 사회(민주)당 세력과 크게 차이가 있다. 사회당원인 시미즈 신조淸水愼三는 다음과 같이 말했다. "서구의 사회민주주의는 주저 없이 서구세계를 방위하는 입장을 기본임무로 정했다. …… 자국의 식민지에 대해서는 정치적, 군사적인 지배력을 가능한 유보하면서 융화정책 혹은 양보정책에 따라 민족독립 세력에 대처해왔지만 경우에 따라서는 탄압정책까지도 불사했다(프랑스사회당)"《日本の社会民主主義》, 岩波書店, 1961, 88쪽).

제3의 쟁점은 계급 대립을 전제로 하여 어디까지나 노동자계급의 정당으로 활동할 것인가 아니면 국민정당으로서 계급을 넘나드는 정책을 지향할 것인가다. 이 문제는 1949년 사회당 제4회 대회 때 일어난 '모리토森戸·이나무라稻村 논쟁論爭' 이후 계속되어 왔다. 모리토 다쓰오森戸辰男—크로포트킨론으로 1920년에 조헌문란죄朝憲紊乱罪에 걸려 도쿄대학 경제학부 조교수직에서 추방당한다—는 계급을 넘어선 국민정당을 목표로 하자고 했지만 노농좌파인 이나무라 준조稻村順三는 어디까지나 프롤레타리아를 위한 계급정당으로 가야 한다고 주장했다.

독일사민당의 경우 계급정당에서 국민정당으로의 방향 전환은

1959년의 고데스베르크강령에서 결정적으로 이루어졌다. 물론 이런 방향 전환을 둘러싸고 당내에서는 논의(예컨대 청년조직인 JUSO의 비판)가 있었고 APO(의회 밖 반대세력)도 생겨났지만, 중산계급이 나치의 지지세력으로 변한 쓰라린 경험에서 중산층을 확실히 지지기반으로 포용하는 일이 독일사민당에 있어서 전후 민주주의를 확립하고 이를 안정화시키는 중요한 과제였다(仲井斌, 《西ドイツの社会民主主義》, 岩波書店, 1979, 23쪽).

한편으로 일본에서는 사회당에서 분열해 나온 민사당, 그리고 사민련이 국민정당 또는 시민정당으로의 방향 전환을 모색해왔지만 전체적으로 볼 때 이는 소수파에 불과했다. 사회당 자체가 이러한 방향 전환에 주저하면서 첫 걸음을 내딛게 된 것은 1986년 1월에 채택한 '신선언新宣言'에서였다.

소셜Social 대 리버럴Liberal ―좌절된 물음

위와 같은 쟁점을 둘러싸고 대립과 분열이 반복되어온 것은 사실이다. 그러나 굳이 사태를 먼 곳에서 살펴보자면 '사회'라는 말을 실마리로 하여 일본 전후 정치의 한 단면을 그리는 일은 그런 대로 의미가 있을 것이다. 여기서 명확히 나타난 것은, 우선 '사회' 각 정당이 전후 국회에 있어서 대체로 1/3 정도의 의석수를 유지해온 세력이었다는 점, 둘째로 1990년 이후엔 그 세력의(인적인 명맥은 이어갔다고 하지만) 반 이상이 정치적인 표현으로서의 '사회'를 포기했든가, 그것을 견지한 경우에도 유권자의 지지를 크게 잃어버렸다는 점이다.

자민당의 일당 지배를 종결시키고 '사회' 각 정당이 정치의 앞무대에 서는 듯 보이는 동시에 그 종언이 시작된 1993년에 니시베 스스무西部邁는 잡지 《정론正論》(3월호)에서 〈시작할 수 있는가, 소셜 대 리버럴의 항쟁—Social vs. Liberal〉이라는 논고를 발표했다.

이 논고에서 니시베는 "데모크라시의 역사"를 "자유민주주의와 사회민주주의의 길항과 항쟁"이라고 정의하고 "소셜·데모크라시"에 대한 "전통"에 뿌리 내린 "리버럴·데모크라시"의 우위를 역설했다. 니시베에 의하면 전자인 소셜·데모크라시에 있어서는 "전통과는 관련 없는 곳에서, 또한 전통을 파괴하는 형태로 사회적 정의가 강조되어왔고 그에 기초하여 질서가 구축되어"왔다. 그 슬로건은 "합리적인 계획과 사회적 정의"다. 나아가 니시베에 의하면 자민당도 "소셜·데모크라시의 현실파였다는 이유에 의해 정권을 유지할 수" 있었고 "리버럴이 전후 일본 사회에서 정착한 일은 끝까지 없었다".

여기서 니시베는 프리드리히 하이에크 등에 근거하여 "리버럴·데모크라시"를 정의하고 자신도 이런 입장을 취한다고 명확히 했지만 나는 니시베의 주장에는 전혀 동의할 수 없다. 특히 니시베가 말하는 "전통"이 결국 의미가 불명하기에, 왜 소셜·데모크라시가 "전통"과 무연하다고 단언할 수 있는지, 거꾸로 리버럴·데모크라시가 왜 "합리적인 계획과 사회적 정의"와 무관하다고 단언할 수 있는지에 대해 나로서는 이해되지 않는다.

그럼에도 불구하고 니시베의 다음 지적은 정곡을 찔렀다고 생각된다.

> 가장 중요한 점은 데모크라시가 리버럴한 것과 소셜한 것으로 분열되고 양자 사이에 이념과 정책을 둘러싼 대논쟁이 전개되었다는 것이다. 정치가뿐만 아니라 정치에 대해 발언을 하는 모든 사람이 우선 착수해야 하는 일은 이러한 분열과 대치의 구도 속으로 일본의 정치를 몰아넣는 일이라고 나는 생각한다.

나 자신의 말로 표현하자면 ''소셜' 대 '리버럴'의 대립을 축으로 정치적인 것을 시작하라' 라는 것이다.

그러나 이런 1993년 니시베의 문제제기는 허탕으로 끝나버렸다. 왜냐하면 위에서 언급했듯이 정치적인 표현으로서의 사회(소셜)가 1990년대 전반부터 급속히 쇠퇴하고 니시베가 말한 '소셜 대 리버럴의 항쟁' 자체가 바로 탈구脫臼되어버렸기 때문이다. 니시베의 호소와 달리 그것은 시작하기도 전에 끝나버린 것이다.

다른 한편으로 사상과 언론의 세계에서는 니시베가 제기한 "항쟁"은 아직 성립되지 않았다. '사회' 각 정당의 쇠퇴와 거의 엄밀히 대응하는 형태로 1990년대 이후 일본의 사상과 언론계가 줄곧 즐겨 언급해온 테마가 '리버럴리즘'이다. 그러나 니시베가 '리버럴'의 대립으로 인정한 '소셜'에 대해서는 처음부터 이를 주제화하려는 시도가 보이지 않았다. 당연히 리버럴리즘이 언제나 무조건적으로 찬양을 받은 것은 아니고 리버럴리즘에 대한 비판도 끊임없이 제기되어왔다. 다만 리버럴리즘을 비판하는 측도 이에 대항하는 이념을 명확히 언어화할 수 없었기에 결국 비판의 대상으로서의 '리버럴리즘'이나 '네오·리버럴리즘'이라는 표현에 부정적인 형태로 매달리게 되고 이에 의존할 수밖에 없게 되어 그 이상을 이루지 못했다. 옹호도 좋고 비판도 좋고 아니면 재검토도 좋고, 결국 표현으로서의 '리버럴리즘'의 단독 승리로 끝난 것이 일본의 현실이다. 니시베가 제기한 소셜 대 리버럴이라는 물음은 대답을 찾지 못한 채 좌절하고 말았다.

이를 대신해 예컨대 미국식의 '리버럴' 대 '보수'라는 축을 설정하는 것은 가능하다. 주지하다시피 미국에서 말하는 '리버럴'은 민주당으로 대표되는 평등의 실현이나 복지의 충실에 역점을 두고 있고, 그런 의미에서 '소셜'에 가까운 면이 있다(따라서 '네오·리버럴리즘'이나 '리버테어리언libertarian' 등 표현의 차별화가 이루어진다). 그러나 일본의 지금까지의 역사적인 문맥을 고려하면 '소셜'을 '리버럴'으로 대체하는 물음의 설정방식은 별로 의미가 있다고 생각되지 않는다. '소셜'이라는 말이 정치적으로 기능하는 일이 거의 없는 미국과 달리 일본에서는 정당명을 보더라도 '사회'라는 표현이 일정한 힘을 발휘해왔다. 의석수로 말하자면 30퍼센트 정도의 설득력을 지니고 있었다. 이 사실을 무시하면 안 된다. 1990년대 이후의 일본에서 리버럴리즘이 유행하는 와중에 '리버럴' ─예컨대 존 롤스에 근거하면서─을 '소셜'에 끌어당겨 논의하는 시도도 있었지만, 이러한 바꿔 읽기는 반대로 지금까지의 일본정치사 특히 근현대사의 많은 부분이 보이지 않게 되는 결과를 초래할 것이다.

그럼에도 불구하고 '사회'라는 표현이 갑자기 망각되고 명확한 대립축이 결여된 상태에서 '리버럴'이나 '리버럴리즘' 등의 말에만 의거해 일본의 논의가 진행되고 있다면, 이러한 무의식적인 표현의 변화에 대해 의식하고 자각할 필요가 있을 것이다. 'リベラリズム'(리버럴리즘)이라는 가타카나어의 탄생이 극히 새롭다는 점조차도 자각되지 않고 있다. 지금까지 '自由主義'(자유주의)라는 한자어로 번역되고 또한 '사회(주의)'와 직간접적으로 대비되면서 사용되던 말이 1990년대에 들어서면서 발음을 그대로 표기한 가타카나어로서 급속히 유통되기 시작했다. **'자유민주당'** 대 **'사회당'**이라는 55년 체제는 학술과 사상 용어의 번역 형태마저도 크게 규정했는데, 'リベラリズム'이라는 가타카나어의 출현과 범람은 이런 55년 체제의 붕괴와도 깊이 관계된다. 게다가 이 가타카나어는 55년 체제와 달리 대립항을 잃은 채 혼자서만 팽창하고 있었다.

'リベラリズム'이라는 가타카나어가 급부상하고 '정의'나 '공공'과 같은 지금까지 그렇게 눈에 띄지 않던 일본어가 갑자기 빈번히 사용되는 한편, '사회'라는 말은 크게 자취를 감추었다. 여기서 역사는 원래 그런 것이라고 한다면 할 말이 없다. 그러나 '사회'라

는 말이 일정한 정치력을 지녔던 최근까지의 반세기는 도대체 무엇이었던가? "새로운 것"이 "과거와의 충분한 대결 없이 잇달아 섭취되고", 게다가 "새로운 것의 승리가 놀라울 만큼 빠르지만" 과거가 자각적으로 대상화되어 현재로 "지양止揚"되는 일은 좀처럼 없다. 언젠가 마루야마 마사오가 비판한 무절조無節操는《日本の思想》, 岩波新書, 1961, 11~12쪽) '사회'라는 말에 관해서도 변함없이 반복되고 있다고 할 수 있다.

어쨌든 필요한 것은, 또한 아직 그대로 방치되어 있는 것은 '사회(소설)'라는 말에 의해 지금까지 사람들이 무엇을 생각했고 그리고 현재 무엇을 생각해야 하는가, 아니 생각할 수 있는가, 이런 것들에 대해 새롭게 묻는 작업이다.

포스트냉전과 사회적인 것

종점을 잃은 '길[道]'

그나저나 앞에서 언급한 일본의 각 정당들이 내걸었던 '사회'는 실제로 무엇을 의미하는가?

'사회주의'라고 하는 것은 하나의 대답일 것이다. 특히 사회당을 중심으로 보면 이는 대체적으로 맞는 답이다. 앞에서 언급한 '신선언新宣言'(1986)에 이르기까지 사회당의 강령문서로서 영향력을 발휘해온 강령 '일본에 있어서 사회주의로 향한 길日本における社会主義への道'(1964)을 생각하면 더욱 그렇다.

이 '길道'은 "복지국가"에 대해서조차도 그것이 "현대 자본주의가 그 체제를 유지해나가기 위한 안전장치"라고 하면서 혹독하게 비판했다. 즉 복지국가는 "국민의 선택이 사회주의로 나아가는 것을 피하기 위해 사회보장이나 소득배분 등 부분적 개선을 통해 부분적인 양보를 함으로써, 사회적 긴장을 완화하면서 국민의 동의를 자본주의체제의 틀 속에 고정시키기 위한 자본의 연명책에 불과하다"고 했다(《月刊社会党》, 1964년 12월호).

이 '길'이 하나의 종점으로 상정하고 있었던 소비에트연방 및 기타 사회주의 국가들은 1980년대 후반부터 하나씩 없어지고 또한 소멸되지는 않았다면 중국과 같이 그 경제시스템을 자본주의로 크게 방향을 전환하고 있다. 이러한 움직임과 연동하여 일본의 '사회' 각 정당이 1990년대에 급속히 쇠퇴해가는 것도 어떤 의미에서는 자연적인 현상으로 보인다. 그러나 '사회'나 '사회적인 것'을 '사회주의'와 동일시하여 그 종언을 선언하는 일이 과연(그야말로) 유일한 '길'인가? 나는 그렇게 생각하지 않는다.

일본에서 1990년대 들어 급속히 쇠락한 '사회'이지만 유럽으로 눈을 돌리면 정치적인 표현으로서의 '사회'는 1900년대 후반에 들어서 오히려 부활하고 있는 듯하다. 영국의 블레어 노동당 정권(1997년 5월), 프랑스의 조스팽 사회당 정권(1997년 6월), 독일의 슈뢰더 사민당 정권(1998년 10월)의 탄생이 그것이다. 그리고 이러한 정권 교체와 연동하면서 EU 각국은 '사회적인 유럽'을 향해 보조를 맞추고 있다(福島清彦, 《ヨーロッパ型資本主義》, 講談社現代新書, 2002).

물론 고전적인 사회주의의 입장에서 이러한 '사회' 세력의 변절과 연약성을 비판하는 것은 쉬운 일이다. '사민주의'라는 말을 (보다 좌측인 입장에서) 모욕적인 표현으로 사용하는 사람들이 아직 적지 않다. 또한 이러한 세력이 제시한 구체적인 정책들이(이하에서 검토하듯) 사회적인 것의 이념을 충분히 실현하고 있는지 여부에도 큰 의문이 있고, 그들의 지지율이 향후 어떻게 될 것인가도 매우 유동적이다. 실제로 2005년의 총선거에서 독일의 사민당은 과반을 넘지 못해 독일기독교민주연합CDU/독일기독교사회연합CSU과의 연립정권을 수립하게 된다. 더 나아가 앞에서 언급한 서구 사회민주주의의 문제점(강한 반공적 자세와 식민주의 가담 등)을 오늘날 어떻게 봐야 하는가라는 과제도 남아 있다.

그럼에도 불구하고 확실한 것은 이러한 세력이 현재의 일본에서처럼 정치적인 표현으로서의 '사회'를 쇠멸시킨 듯한 흉내만은 내지 않았다는 점이다.

베를린 장벽과 그 붕괴

1990년 이후, 즉 냉전붕괴 이후 '사회' 혹은 '사회적인 것'을 어떤 내용으로 구상할 수 있을까? 어떤 '길'이 아직 남아있는가?

동서독일의 헌법에 근거하여 생각해보자.

현행 독일기본법은 위에서 언급했듯이 제20조에서 이렇게 규정하고 있다. "독일연방공화국은 민주적이고 사회적인 연방국가이다."

여기서 말하는 '사회적인 국가'는 아래와 같은 과제를 지니고 있다(H. D. Jarass u.B. Pieroth, *Grundgesetz für die Bundesrepublik Deutschland*: *Kommentar*, München, 1995, S.443~448). 우선 경제적인 곤궁, 신체적인 혹은 정신적인 장애, 사회적인 불이익 등으로 지원이 필요한 사람들에게 "인간으로서의 존엄을 지닌 생활에 필요한 최저한도의 조건"을 보장하는 것(공적 부조公的扶助). 둘째, 생활의 변화에 대비한 각종 사회보험의 창설. 셋째, 고용의 창출, 교육의 보장, 주택의 공급 등을 통한 부의 획득에 있어서의 실질적 기회균등의 보장. 넷째, 소득의 재분배 등에 의한 사회격차의 시정 등이다. 앞에서도 언급했듯이 사회적인 국가와 비슷한 일본어는 '복지국가'인 것이다.

또 한 가지 유념해야 할 것은 여기서 언급된 '사회적인'이라는 이념이 헌법에 규정되었다는 점이다. '민주적'이라는 표현과 같은 차원에서 기재되고 있다는 점에서도 알 수 있듯이 이 표현은 일종의 보편적 위상을 가지고 있다. 즉 이는 민주주의의 틀 안에서 서로 다투고 있는 각종 의견이나 이념들을 **모두** 아우르는 개념으로, (네오)리버럴리즘을 신봉하는 정당들도 이 사회적이라는 이념에 충성해야 하는 구조다. 게다가 독일기본법 제20조는 기본법의 기본으로 인식되고 다른 조문과 달리 변경이 불가능한 것으로 규정되어 있어, 이 사회적이라는 이념은 기본법 자체가 전면적으로 폐기되지 않는 이상 지워버릴 수 없는 부동의 목표다.

니시베는 데모크라시 내부에서 '소셜'과 '리버럴'의 길항관계를 설정하고 있지만, 독일기본법에 규정되어 있는 사회적(소셜)인 것은 데모크라시와 동일 수준의 보편성을 가지고 있고 니시베가 말하는 '리버럴'을 포섭하고 그것을 관철하는 이념인 것이다.

그렇다면 독일기본법 제20조가 규정하고 있는 '사회적'인 것은 일체의 대립과 긴장을 벗어난, 그런 의미에서 몰(沒)정치적인 개념인가? 그렇지는 않다. 왜냐하면 독일기본법 전체가 1989년에 이르기까지 냉전구조와 동서독 대립의 한복판에 놓여 있었기 때문이다.

이번에는 동독헌법에 눈을 돌려보자.

1949년의 독일민주공화국헌법은 국가의 자기규정에 있어서 '민주적'이라는 표현만 사용했다(제1조 "독일은 불가분의 **민주적인 공화국이다**"[강조는 인용자]). 그러나 베를린 장벽이 설치되고 7년 후인 1968년의 헌법에서는 '사회주의' 및 '마르크스-레닌주의'라는 표현을 명기했다(제1조 "독일민주공화국은 사회주의에 기초한 독일 인민의 국가다. 이 공화국은 도시와 농촌의 노동자의 정치적 조직이고, 노동자계급 및 **마르크스-레닌주의**에 기초한 당의 공동지도에 의해 사회주의를 실현한다"[강조는 인용자]). 최소한 이 시점부터 서독기본법의 '사회적'인 것은 동독헌법의 '사회주의' 및 '마르크스-레닌주의'와의 대립관계 속에서 이해할 수밖에 없다.

베를린 장벽이 무너진 이듬해인 1990년 6월에 동독헌법은 재차 개정되었다. 헌법 전문에는 이렇게 적혀 있다. "1989년 가을, 독일민주공화국에서는 평화적이며 민주적인 **혁명**을 달성했다는 인식에 기초하고 또한 독일의 국가통일이 신속히 이루어진다는 것을 기대하면서, 이행조치移行措置로서 독일민주공화국의 헌법을 아래와 같이 수정한다"[강조는 인용자]. 그리고 이 보정헌법補正憲法에는 '자유'라는 말과 동시에 '사회적'이라는 말을 병기했다(제1조 '자유주의적인 근본규정' 제1항 '독일민주공화국은 자유주의적인, 민주적인, 연방의, 사회적인, 그리고 생태학을 지향하는 법치국가다').

1990년의 이 보정헌법이 전문에서 베를린 장벽의 붕괴에 대해 '혁명'이라는 표현을 사용하는 데 우선 주목할 필요가 있다. 독일 통일 전후의 사건을 서술할 때 많은 사람들은 흔히 동독인에 대해 수동적으로만 묘사하고 있다. 즉 그들을 구체제 하에서 자유를 **빼앗긴** 사람들처럼 또는 서방국가들의 힘에 의해 자유를 **부여받은** 사람들처럼 말이다. 그러나 이는 사실과 다르다. 생활의 큰 혼란과 여러 가지 과제를 남겼지만, 베를린 장벽의 붕괴는 동독인들에게는 주체적이고 능동적인 '혁명'이기도 했다. 그것은 '자유'를 향한 혁명이었고 그들은 그 자유과 함께 '사회주의'나 '레닌-마르크스주의'를 '사회적인'이라는 말로 대체한 것이다.

위에서 보다시피 독일기본법 제20조에 규정된 사회적인 것은 리버럴을 관통했지만 다른 한편으로 이와 반대 방향의 관통도 존재한다. '사회주의', 더욱 정확하게는 '마르크스-레닌주의'와의 대립을 통해, 사회적인 것 자체가 '자유(주의)'에·의해 관통되었다는 또 하나의 사실이 확인된다. 니시베의 표현을 빌리자면 소셜과 리버럴의 길항은 역설적인 일이긴 하지만 양자의 상호침투에 의해 지탱되고 있고, 리버럴을 침투시킴으로써 비로소 소셜한 것이 일어설 수 있었던 것이다.

'마르크스–레닌주의'와의 결별을 통보한 후 리버럴에 의한 견인 및 리버럴과의 길항 속에서 사회적인 것을 일으키고 그것을 강하게 단련시키는 일. 이것이야말로 베를린 장벽의 붕괴가 던지는 하나의 과제였지만, 일본의 '사회' 각 정당의 극단적인 쇠약이 우리에게 보인 모습은 이러한 과제를 떠맡지 않고 오히려 마르크스–레닌주의와 함께 사회적인 것을 매장해버리는 것이었다. 그러나 이는 결코 필연적인 불가피한 움직임이 아니다. 현실정치와 사상적인 영위營爲 양측에 있어서의 우리의 태만과 부작위가 이렇게 만든 것에 지나지 않는다.

일본사회당의 '길'은 한 시기 그 종점을 '사회주의'에서 찾으면서 '복지국가'나 '사회주의적인 국가'에 대해서는 그를 사회주의의 앞에 있는 것 또는 사회주의의 길을 방해하는 것으로 비판해왔다. 그런데 종점의 상실은 그 앞쪽에 있는 것에까지 파급되었다. 그것도 마이너스 방향으로 파급효과를 미쳤다. 정치적인 말로서의 '사회'의 쇠멸은, 일찍이 종점의 앞쪽에 있는 장애물이라면서 비판받던 '복지국가'나 '사회적인 국가' 자체가 위기에 처했다는 의미이기도 하다.

누가 왜 망각하는가?

　정치적인 용어로서의 '사회'는 지금 일본에서 잊히고 있다. 그런데 도대체 누가 잊고 있는 것인가? 그리고 왜 잊히고 있는가?

　잊고 있는 것은 '사회'라는 말에 이의를 제기하고 이를 공격하는 사람들이 아니다. 사회적인 것을 비판한(비판하게 된) 니시베와 같은 사람은 오히려 똑똑히 기억하고 있다. 이런 사람들은, '리버럴리즘'이라는 말을 남용하면서 우쭐대는 무지한 젊은 친구들에 비해 그 말이 무엇과 긴장관계에 놓여있는지에 대해 확실히 알고 있다. 한편으로 단순히 무지한 사람들은 처음부터 모르고 있기에 잊을 것도 없다. 잊고 있는 것은 실제로 사회적인 것의 편에 있던 사람들, 본래라면 그 편에 있어야 할 사람들이다. 그렇다면 그 이유는 무엇일까?

　프로이트에 따르면 건망증은 무심코 일어나는 것이 아니다. 그것은 망각의 대상을 의도적으로 부정하는 행위다(懸田克躬 訳,《精神分析学入門》, 中公文庫). 프로이트는 아래와 같은 예를 들고 있다. 독일의 한 유명한 화학자가 자신의 결혼식 시간을 잊어 교회로 향하지 않고 그 대신 자신의 연구실로 가는 바람에 결혼이 파기되어 평생 독신으로 지내게 되었다. 이 화학자는 실제로 결혼 따위를 하고 싶지 않았던 것이다. 또한 한 사람이 자신의 매형으로부터 받은 크레용을 지금까지 소중히 간직해오다가 매형에게 뜻밖의 부당한 처사를 당한 후 그 크레용을 어딘가에 놔두고 잃어버리게 된다. 실제로 그는 매형에 대한 분노와 함께 크레용을 버리려고 생각했던 것이다.

그러나 망각에서 중요한 것은 단순히 대상에 대한 부정이 아니다. **부정 그 자체가 부정된다는** 것이 중요하다. 무엇을 부정하고 싶고 부정해야 한다고 생각하고 있지만 그 부정이 본인 속에서 억압되어 있을 때 망각이 일어난다. 위의 화학자는 결혼하기 싫다고 생각하면서 실제로 그 본심을 저절로 지우고 있었고, 매형으로부터 크레용을 받은 사람도 매형에 대한 분노를 스스로 인정하고 싶지 않았던 것이다. 명백히 의식적으로 부정하는 사람은 부정의 대상을 오히려 잊지 않는다. **의식적으로 부정할 수 없는** 사람만이 그 대상을 **망각하게** 되는 것이다.

어떤 대상이 부정되고 나아가 그 부정이 부정되는 것은 무슨 이유일까? 불쾌하기 때문이다. 예컨대 누군가의 이름을 어떻게 해도 떠올릴 수 없는 것은 그 이름과 함께 불쾌한 경험이나 사건이 되살아나기 때문이다. 대상의 부정을 촉구하는 이러한 "불쾌로부터의 심리적 도주"(프로이트)는 부정의 부정(억압)을 설명하는 근거이기도 하다. 어떤 대상은 그것이 불쾌하므로 부정된다. 이뿐만이 아니다. 자신이 그 대상의 부정을 강요당하고 있는 자체가 그에게는 불쾌하기에 그 대상을 잊어버리는 것이다.

'사회적'이라는 말이 '사회주의'나 '마르크스–레닌주의'와의 긴장관계 속에서 이해될 수밖에 없는 독일에 비해 일본의 경우 정치적인 말로서의 '사회'는 '사회주의'나 '마르크스–레닌주의'와 그대로 연계해 이해되는 경향이 강했다. 사회주의 혹은 마르크스-레닌주의에서 모종의 이상을 찾으려 했던 사람이 동독이나 소비에트연방의 와해를 눈앞에 두고 있는 광경을 가정해보자. 그가 어느 날 갑자기 지금까지 친근하게 사용해오던 '사회'라는 말을 어딘가에 놓아버리고 잊어버리게 되는 것은 왜일까? 낙담이나 환멸과 동시에 그 말을 잊어버려야겠다고 생각했기 **때문만은 아니다.** 잊고 싶다는 생각과 잊지 않으면 안 된다는 현실 그 자체를 잊고 싶어 하기 때문이다. 바꾸어 말하면 사회주의나 마르크스-레닌주의의 무엇을 어떻게 부정해야 할 것인가에 대해, 굳이 그것을 명확히 해야 하는 작업이 불쾌하기에 '사회'라는 말을 잊어버린 것이다.

프로이트는 어떤 남성으로부터 들은 다음과 같은 일화를 소개했다. "2, 3년 전 우리 부부 사이에 의견이 맞지 않는 일이 있었습니다. **나는 부인이 너무 차갑다고 느껴졌습니다.** 물론 부인의 훌륭한 인품에 대해서는 좋아하고 있었지만 둘은 서로 편안한 감정을 지니지 못하면서 생활해갔습니다. 그런데 어느 날 부인이 산책에서 돌아오면서 저에게 책 한권을 사주었습니다. 꼭 내가 읽고 싶은 책이라고 생각했던 것이겠죠. 나는 이 '배려'의 사인에 감사하면서 읽어 보겠다고 약속하고 적절한 장소에 놓아두었는데, 어떻게 해도 찾지 못하게 된 것입니다. 몇 개월인가 지났습니다. 나도 때때로 행방불명의 이 책이 생각나 찾으려고 했지만 헛수고였습니다. 반년 이상 지난 때였습니다. 별거하고 있는 저의 어머니가 병에 걸려 부인이 시어머니의 간병을 위해 집을 떠났습니다. 환자는 중태였으나 이는 부인의 훌륭한 면을 엿볼 수 있는 좋은 기회가 되었습니다. 어느 날 밤, 나는 부인의 일하는 모습에 감동 받고 부인에 대한 감사의 기분에 벅차 집으로 돌아왔습니다. 그때 나는 책상에 다가서 별 생각 없이, 마치 몽유병에 걸린 것처럼 한 서랍을 열었습니다. 그러자 맨 위에 그처럼 오래 동안 찾지 못했던 책이 놓여있는 것을 발견했습니다"(앞의 책, 66~67쪽. 강조는 인용자).

이 이야기에 담겨 있는 가부장적인 남녀의 역할구조에 대해서는 우선 제쳐두고, 그 책이 어떻게 발견되었는가에 대해 살펴보자. 지금까지 차갑게 느껴진 부인이 자신의 어머니를 열심히 간병하는 모습을 보고 그 부인에 대한 남성의 감정이 부정에서 긍정으로 변했기 때문이 **아니다**. 시어머니를 간병하는 부인의 따뜻함이 하나의 계기가 되어 부인에 대해 지금까지 가졌던 **부정적인** 감정이 남성의 마음속에서 비추어져 드러났기 때문이다. 가장 중요한 것은 이 남성이 프로이트에게 고백한 "나는 부인이 너무 차갑다고 느껴졌습니다"라는 발언이다. 이러한 부정적인 감정이 남성에게 부정(억압)되어 있었기에 그 책은 잊히고 찾을 수 없었던 것이다.

따라서 이 사태에 대한 정반대의 해석도 가능하다. 즉 지금까지 부정해온 부인에 대한 자신의 부정적인 감정을 남자가 **긍정**하면서 부인의 따뜻함을 깨닫게 되고 부인에 대한 감정도 다시 긍정적으로 변할 수 있는 것이다. 부인이 너무 차갑다는 부정적인 감정을 이 남성은 부인에게 말하지 않고 사이가 좋은 부부라는 겉모양만 유지하려 했던 것이다. 타자에 대한 부정적인 감정을 각오하고 그 타자에게 전달함으로써, 역으로 자신의 타자 이해가 너무 일면적이었다는 점을 인식하고 타자를 긍정하는 쪽으로 돌아가게 되는 것은 우리가 일상생활 속에서도 적지 않게 경험하는 일이다.

일본에서 정치적인 말로서의 '사회'가 급속히 망각되고 쇠멸해가는 하나의 이유가, '사회'를 '사회주의'나 '마르크스─레닌주의'와 동일시해온 사람들이 사회주의의 와해를 경험하면서 그런 것 중 무엇을 어떻게 부정하고 비판해야 하는가에 대해 언어로 깔끔히 정리하는 작업을 불쾌하다면서 스스로 피해왔거나, 불쾌하다고 생각하는 사람들에 의해 이 작업이 방해를 받아왔다는 사실에 있지 않을까?

이러한 불쾌한 작업을 진행하지 않는 한 정치적인 말로서의 '사회'는 위의 남성이 부인에게서 받은 책과 같이 어디를 찾아도 보이지 않는 채로 남게 될 것이다. 다시 말해 이러한 불쾌한 작업을 누군가가 억압을 극복하면서 떠맡게 될 때 비로소 행방불명이던 '사회'라는 말이 재발견될 것이다. 냉전붕괴 후 일본에서도 '네오·리버럴리즘(신자유주의)'으로 불리는 경향이 보다 확실히 강화되었다. 이를 비판하는 사람들은 때로는 기세 있게 나서서 논쟁하다가도 그 다음에는 어떤 말을 해야 할지 몰라 도중에 입을 다물고 말아버린다.

망각에 관한 고찰에서 프로이트는 버나드 쇼의 《시저와 클레오

파트라》라는 희곡에 대해 언급했다. 그 희곡의 마지막 장면에서 시저는 아직 무엇인가 해야 할 일이 남아 있으나 도저히 생각이 나지 않아 생각에 잠긴다. 시저가 생각해내지 못한 일은 무엇일까? 그것은 클레오파트라에게 '이별의 인사를 하는 일'이었다(앞의 책, 65쪽).

로자 룩셈부르크의 정치학

다시 독일로 돌아가자.

동서독일의 헌법규정, 특히 베를린 장벽의 붕괴를 거치면서 행해진 동독헌법의 수정에서 명확한 점은 '사회적'이라는 이념이 동시에 '자유(주의)'를 하나의 구성요건으로 하고 있다는 것이다. 그 의미를 독일현대사에 비추어 구체적으로 생각해보자.

1918년 브레스라우감옥에서 룩셈부르크는 그 전해에 일어난 러시아혁명에 대해 "무비판적인 호교론護教論"이 아닌 "사려 깊고 상세한 비판"을 시도했다(R. Luxemburg, "Die russische Revolution", *Schriften zur Theorie der Spontanität*, Rohwolt, 1970. S. 163~193[清水幾太郎 訳, 〈ロシア革命論〉, 《ローザ·ルクセンブルク選集》第四卷, 現代思潮社, 1962, 226~264쪽]). 그녀는 러시아혁명의 의의와 함께 혁명의 몇 가지 한계와 문제점을 지적하고 있는데 그 중 하나가 레닌과 트로츠키가 '민주주의'를 멸시하고 있는 점에 대해서다.

룩셈부르크는 "형식적인 민주주의"를 옹호하지 않았다. 왜냐하면 그것은 언제나 "형식적인 평등이나 자유라고 하는 달콤한 껍질 속에 있는, 사회적인 불평등이나 부자유라는 떫은 열매"로부터 눈을 돌리고 거기에 눈길을 보내는 일을 가로막기 때문이다("a. a.O.S.191[앞의 책, 261쪽]). 그러나 그녀는 동시에 이와 같이 경고하고 있다.

레닌과 트로츠키는 만인의 선거에 의해 탄생한 대표기관=의회가 아닌 소비에트가 노동자대중의 유일하고 진실한 대표기관이라고 하고 있다. 그러나 전국의 정치생활을 억압하게 되면 소비에트에 있어서의 생활도 점차 위축될 수밖에 없다. 만인의 선거, 누구에게도 방해받지 않는 출판과 집회의 자유, 자유로운 논쟁, 이러한 것이 없다면 모든 공공적인 제도에 있어서의 생활은 사라지고 거짓의 삶으로 변하고 관료제만이 제도의 활동적인 요소로 남게 될 것이다(a.a.O.S.188[앞의 책, 258쪽]).

룩셈부르크의 이 경고는 러시아사민당이 1903년에 볼셰비키(다수파)와 멘셰비키(소수파)로 분열될 때 레닌이 확립한 중앙집권체제에 대해 그녀가 당시부터 품어온 염려를 다시 표현한 것이다. 1904년에 레닌은 "관료제"를 "민주주의"보다 우월한 위치에 놓고 관료제야말로 혁명을 위한 조직원리라고 단언했다. "민주주의 대 관료주의, 이것은 즉 자치주의 대 중앙집권주의이고 사회민주당

의 기회주의 대 혁명적 사회민주주의의 조직원리다"(《一步前進, 二步後退》,《レーニン全集》第7卷, 大月書店, 1954, 426쪽).

민주주의와 더불어 룩셈부르크는 '자유'의 이념을 결코 포기하려 하지 않았다. "누구에게도 방해받지 않은 거품이 이는 생명들만이 수많은 새로운 형식과 즉흥을 탄생시키고 창조적인 힘을 유지하면서 온갖 실책을 자력으로 만회해나간다. 제한된 자유만이 허용되는 국가의 공공생활은 민주주의를 배척하여 모든 정신적인 풍부함이나 진보가 가지고 있는 생동감 넘치는 원천을 단절해버리기에, 그것은 너무나도 빈약한 너무나도 초라한 너무나도 도식적圖式的인 그리고 너무나도 불모의 것이다"(a.a.O.S.187-188[앞의 책,〈ロシア革命名論〉, 257쪽]).

룩셈부르크는 무엇보다도 이런 자유를 이질적인 타자의 존재를 위해 그리고 그 타자에 의해 자기 자신을 바로잡기 위해 지키려 했다.

정부 지지자만을 위한 자유, 어떤 정당의 구성원만을 위한 자유는―그들이 다수자라고 할지라도―결코 자유라 불릴 수 없다. 자유라 함은 언제나 다른 생각을 가진 사람의 자유인 것이다. 그것은 '정의'를 향한 광신에서 나온 것이 아니라, 정치적 자유가 우리를 가르치고 우리를 바로잡고 우리를 깨끗이 하고 있는 힘이 바로 이 점에 달려 있기 때문이고, 만일 '자유'가 누군가의 사유재산이 된다면 이러한 움직임을 잃어버리기 때문이다(a.a.O.S.186-187[앞의 책, 255~258쪽]).

여기 곳곳에 박혀 있는 룩셈부르크의 말들은 순정純正한 정치리 버럴리즘이라고 해도 될 정도이고 또한 마침 그런 이유로 아렌트 와 같은 사람을 매료시켰지만(志水速雄 訳,《革命について》, ちくま学芸 文庫, 455쪽 外), 한편으로 여기서 이러한 정치리버럴리즘만을 추려 낸다면 마르크스주의에 기초한 룩셈부르크의 사색의 전체상을 너 무 단순화시키게 되는 것도 사실이다.

그녀의 '러시아혁명론'에 대해 예컨대 죄르지 루카치는 1922년 에 레닌 측에 서서 비판하면서 이렇게 지적했다. "자유는 그 자체 로 하나의 가치를 제시할 수는 없다. 자유는 프롤레타리아의 지배 를 위해 봉사해야 한다"(白塚登·古田光 訳,《歷史と階級意識》, 白水社, 476~477쪽). 룩셈부르크는 1919년 1월에 이미 살해되었지만 혁명 과 프롤레타리아에 의한 정치권력의 탈취를 목표로 하는 마르크 스주의자로 있는 이상, 그녀 역시 위의 루카치의 말을 완전히 부 정할 수 없었을 것이다.

그러나 그녀는 적어도 "프롤레타리아"를 그대로 "볼셰비키"와 동일시하는 것에는 반대하고 자신의 이 반론을 "다른 생각을 가 진 자의 자유"로 정식화定式化하므로, 자유를 프롤레타리아독재 의 도구로부터 해방시키는 회로, 즉 자유를 프롤레타리아의 "사 유재산"으로부터 해방시키는 회로를 잠재적이긴 하나 열어둔 것 이다.

루카치는 이 회로를 막으려고 룩셈부르크를 비판했다. 그러나 이질적인 타자를 위한 자유와 그 자유에 의해 지탱된 민주주의를 주장한 그녀의 이런 논의는, 1989년의 또 하나의 혁명을 통해 동독이 왜 해체되었고 이런 혁명 후 동독헌법에서의 표현의 수정("마르크스–레닌주의"에서 "사회적"으로)이 무엇을 의미하는가라는 물음에 대해 분명히 시사점을 제시하고 있다고 나는 생각한다.

나아가 그녀가 1918년에 한 레닌에 대한 비판은 칼 슈미트가 《현대의회주의의 정신사적 지위》(2판, 1926)에서 제시하는 민주주의론에 비해 훨씬 중요하다.

슈미트는 의회주의와 민주주의와 독재의 관계를 아래와 같이 정리했다. "근대의회주의로 불리는 것이 없더라도 민주주의는 존재할 수 있고 의회주의는 민주주의 없이도 존재 가능하다. 그리고 독재는 민주주의에 대한 결정적인 대립물이 아니고 또한 민주주의는 독재와의 대립물도 아니다"(稻葉素之 訳, みすず書房, 1972, 44쪽).

한쪽에는 의회주의 다른 한쪽에는 민주주의와 독재, 양자 사이에 경계선이 그어졌는데 이 양자를 구분하는 것은 무엇일까? 슈미트에 의하면 의회주의를 구성하는 것은 "토론", "자유주의" 즉 다원성과 이질성을 원리로 한다. 이에 반해 "민주주의의 본질을 구성하는 것은 첫째 동질성이라고 하는 것이고, 둘째는—필요한 경우—**이질적인 것을 배제하거나 절멸絶滅시키는** 것이다"(앞의 책, 14쪽, 강조는 인용자). 이런 동질성의 원리에 의해 민주주의와 독재는 서로 연결되고 민주주의의 근원인 "인민의 갈채", 즉 **"반론의 여지를 허용하지 않는** 자명한 것"이 그 강도를 보다 높이면 독재를 향해 연속적으로 이행하게 된다(앞의 책, 25쪽, 강조는 인용자).

이러한 정리에 의해 슈미트는 룩셈부르크가 "사려 깊고 자세한 비판"을 한 러시아혁명과 레닌에 대해, 어떤 의미에서는 그녀 이상으로 접근하고 있다. 그러나 슈미트의 이런 발걸음이 동시에 나치즘을 향해 갔다는 사실—슈미트는 하이데거와 함께 1933년 5월 1일에 나치에 입당한다(B. リュータース, 古賀敬太 訳, 《カール·シュミットとナチズム》, 風行社, 1997, 35쪽)—을 생략하는 것은 절대로 용서할 수 없다. 이 사실을 생략한 슈미트론은 그것이 무엇이든 어리석은 짓이다.

"사회주의는 무엇인가? 그것은 자본주의까지의 가장 먼 우회로다." 이런 야유를 나누면서 많은 사람들은 베를린 장벽의 붕괴를 **경제**시스템으로서의 자본주의의 사회주의에 대한 (절대적인) 승리로 이해하고 있지만, 사실은 그렇지 않다. 여기서 붕괴한 것은 무엇보다 **정치**시스템으로서 "독재", 슈미트가 말하는 "이질적인 것의 배제나 절멸"에 기초한 정치 혹은 레닌이 혁명적인 조직원리라고 찬양한 "관료제"인 것이고, 그 붕괴로 인해 대신 실현된 것은 마침 룩셈부르크가 요구하던 "민주주의" 즉 "다른 생각을 가진 자의 자유"와 그 이질적인 타자에 반사反射시키면서 "자신을 바로잡고 깨끗이 하는" 사람들의 정치인 것이다.

그와 함께 경제시스템으로서의 자본주의가 그대로 긍정된 것은 아니다. 그 문제점을 "독재"나 "관료제"에 의해서가 아니라 "민주주의"에 의해 시정해나가는 일—그것은 물론 어렵고 긴 여정임에 틀림없지만, 이것이야말로 베를린 장벽의 붕괴가 제시한 진정한 과제이고 그 과제를 예컨대 독일기본법은 "사회적"이라는 말에 의해 지금도 표현하고 있는 것이다.

그렇다면 베를린 장벽의 붕괴에 대해 위와 같이 이해하지 못하도록 방해하는 것이 있다면 그것은 무엇인가? '마르크스-레닌주의' 그 자체다. 하부구조(경제시스템)가 상부구조(정치시스템)를 결정한다는 경직된 생각을 버리지 않는 이상 이 두 시스템의 상대적인 자립성을 인정하긴 어렵고 후자에 의해 전자를 시정한다는 과제도 처음부터 발견할 수 없을 것이다. 역으로 말하면 베를린 장벽이 붕괴된 이상, 이렇게 이해하는 것 자체가 마르크스-레닌주의를 향한 하나의 중요한 "이별의 인사"다.

룩셈부르크에 관해서는 근년에 이르러 그의 **경제학** 즉《자본축적론》에 있어서의 제국주의와 식민지주의에 대한 논의만이―레닌과 레닌주의자들이 옛날에 그것을 "오류"라고 재단했다는 사실은 왠지 그대로 넘겨 버린 채로―재평가되고 있으나, 그 옆에 있는 그녀의 **정치학**에 대해서는 너무 생략하고 있는 듯하다.

사회학과 사회적인 것

사회학적인 망각

사회적인 것을 둘러싼 정치적인 망각에 대해서는 위에서 소개했지만 이와 다른 또 하나의 망각이 존재한다. '사회학적인 망각'이라고 하는 것이다. 이는 정치적인 망각과 달리 예컨대 일본에서만 현저한 현상이 아니다. 이런 사회학적인 망각은 무엇이며 어떻게 일어났는가?

거듭 말하지만 독일이나 프랑스의 현행 헌법에서 규정한 '사회적인 국가'와 거의 비슷한 일본어 표현은 '복지국가'다. 그러나 위에서 언급했듯이 사회학자들은, 최소한 일본의 대부분의 사회학자들은 오늘날 이 '사회학적인 국가'라는 말을 듣고 즉시에 그 근사체近似体로서 '복지국가'를 떠올리는 경우는 없다. 혹은 '사회적'이라는 말의 이러한 사용법을 아마 모르고 있을 것이다.

그 이유 중 하나가 독일이나 프랑스의 헌법이 규정하는 사회적인 것은 특히 **규범적인** 개념이고 복지국가와 연관되어 있으며, 보다 구체적으로는 평등이나 연대 등 **가치**를 지향하는 개념이라는 점에 있다. 이에 반해 사회학은 '가치자유'라는 원칙을 자신에게 부과하면서 분석과 서술을 위해 사용하는 '사회적'이라는 말로부터 규범적인 요소를 스스로 도려내고 이를 단지 인간관계와 상호행위를 막연히 지칭하는 표현으로 추상화해왔다. 때문에 적지 않은 사회학자들은, 최소한 일본의 사회학자들은 독일이나 프랑스의 헌법규정이 도대체 무엇을 말하고 있는지 인식하지(알지) 못하고 있는 것이다.

　　막스 베버에 의하면 '사회적sozial'인 행위라 함은 "단수 혹은 복수의 행위자가 생각하고 있는 의미가 기타 사람들의 행동과 관계를 맺고 그 과정이 이에 규정되는 행위"다(清水幾太郎 訳, 《社会学の根本概念》, 岩波文庫, 8쪽). 이 정의에 따르면 평등이나 연대나 복지와 같은 가치(혹은 의미)에 입각하여 인간관계와 상호행위를 조립해가는 것은 수많은 '사회적'인 행위 중의 일례에 지나지 않는다. 다시 말해 베버가 여기서 수행한 것은 '사회적'이라는 말의 논리적 계단을 한층 향상시키는 일이다. 이는 '남성'을 의미하는 영어의 'man'이 동시에 'woman(여성)'을 포섭하는 '인간'으로 사칭하면서 수행한 기능과 유사하다.

　　다만 베버는 이 책에서 논의하고 있는 이른바 좁은 의미의 사회적인 것을 모르는 것은 아니다. 그 정반대다. 어떤 의미에서는 당연한 일이겠지만 그는 적어도 오늘날 일본에 있는 우리들에 비해 훨씬 잘 알고 있었다. 예를 들면《경제와 사회》의 〈종교사회학〉 부분에서 그가 오로지 "노동을 싫어하는 자들에 대한 본보기라는 관점"에서 빈민구제를 재편성한 영국 청교도들에 대해, 그들은 영국 국교회의 "사회적인 원리"와 완전히 대조적이라고(약간 비판적으로) 서술한 경우가 그것이다(武藤一雄 外 訳,《宗教社会学》, 創文社, 1976, 275쪽).

이 "사회적인 원리"에 관해 베버가 책에서 이름만을 언급했던 헤르만 리비는 다음과 같이 말하고 있다. "엘리자베스 및 스튜어트 시대에 빈곤은 늘 있는 불가피한 현상으로 간주되어 노동할 수 없는 자들에게는 부조扶助가, 실업자들에게는 일이 준비되었고 그를 위해서는 끊임없이 세금이 징수되었다. 그러나 청교도혁명을 계기로 이러한 정책은 전적으로 기능할 수 없게 되었다. 그 이유는 청교도들이 볼 때 실업은 단순히 죄 많은 게으름의 결과이고 실업자들에게 손을 내미는 일 자체가 죄로 인식되었기 때문이다" (坂入長太郎 訳,《経済的自由主義》, 高文堂出版社, 1983, 第6章). 꼭 정확하지는 않겠지만 케인즈식의 고용창출 정책을 바꾸어 말하면 여기서 문제되고 있는 '사회적인 원리'인 것이다.

베버가 한 시기 관여한 '사회파복음주의evangelischsozial' 운동으로부터도 그가 이 좁은 의미에서의 사회적인 것과 연계되어 있음을 알 수 있으나 사회학이라는 학문 차원에 있어서 그는 '사회적'이라는 말을 단번에 추상화시켰다.

또한 개인에 대한 외재성과 구속성으로 정의되고 그로 인해 규범의 다른 명칭이라고 할 수도 있는 에밀 뒤르켐의 '사회적인 사실fait social'에 있어서도 '사회적'이라는 말은, 사회학의 과학성을 강조하는 그의 주장에 비추어볼 때 최소한 표면상으로 탈규범화脫規範化되어 있다. 뒤르켐은 플라톤, 아리스토텔레스, 홉스, 루소의 사회사상과 자신의 사회학 간의 차이점을 강조하면서 이렇게 말하고 있다. 그들의 연구는 "현재 있는 그대로의 혹은 과거에 존재해왔던 사회에 대해 기술하고 설명하는 일을 목적으로 하는 것이 아니라, 있어야 할 모습의 사회에 대해 최대한 완벽한 사회는 어떻게 구성되어야 하는가에 대해 탐구하는 것을 목적으로 하고 있다. 물리학자, 화학자, 생물학자가 물리적인, 화학적인, 생물학적인 현상에 대해 진행하는 것과 같이 사회에 대해서 단지 그것을 인식하고 이해하기 위한 사회학자의 목적은 이와는 완전히 다른 것이다"(小関藤一郎·川喜多喬 訳,《モンテスキューとルソー=社会学の先駆者たち》, 法政大学出版会, 1975, 254쪽).

뒤르켐의 사회학에서는 '연대'로의 지향이 강하게 나타나고 그런 의미에서 이 책에서 논의하고 있는 좁은 의미에서의 사회적인 것과 연관되는 특정의 가치를 체현하는 부분도 제법 있다. 다만, 위에서 그가 강조하고 있는 점에 따르면 사회학은 예컨대 독일이나 프랑스의 헌법이 기재하고 있는 '사회적인' 이념에 대해 이를 자신도 준수해야 하는 '규범'으로서가 아닌, 사람들을 구속하는 사회적인 '사실'로서 외적으로 기술記述하지 않으면 안 되고, 또한 이런 기술은 연대를 지향하는 좁은 의미의 '사회적인' 것의 우유성偶有性(다른 것도 될 수 있다는 것)을 가능하게 할 수 밖에 없다. 즉 사회학자는 연대뿐만 아니라 연대를 극소화시키는 '개인주의'에 대해서도 그것이 외재성과 구속성을 가진 규범인 경우에는 동일하게 '사회적인 사실'로서 다루어야 한다는 것이다.

뒤르켐이 《자살론》에서 제시한 "자기본위주의egoïsme"와 "아노미anomie"에 관해 이 두 개념이 어떻게 서로 다른지가 독자들을 괴롭혔으나, 탈콧 파슨스는 두 개념을 다음과 같이 명확히 구분했다. 즉 뒤르켐이 말하는 아노미는 개인을 구속하는 규범(사회적인 사실) 그 자체의 부재를 의미하는 것이고, "자기본위주의" 혹은 "개인주의"는 그 자체가 개인을 구속하는 강력한 규범인 것이라고.

'자기본위적自己本位的' 자살의 일례로서 뒤르켐은 프로테스탄트에 많이 나타나는 자살을 들고 있는데 파슨스는 그런 프로테스탄트에 대해 이렇게 설명하고 있다. "프로테스탄트가 집단적 통제에서 자유로운 것은 그들이 본질적으로 자의恣意에 기초하지 않고 있기 때문이다. 종교적인 책임을 자기 스스로 떠맡는 것을 싫어한다든지, 그것을 자신들이 적당하다고 생각하는 교회에 떠넘기는 자유를 프로테스탄트는 가지고 있지 않다. 자타가 인정하는 프로테스탄트라고 한다면 이러한 책임을 떠맡고 자신의 자유를 행사하지 **않으면 안 된다.** …… 루소의 유명한 역설적인 표현을 패러디하여 말하자면 한 사람이 프로테스탄트가 되는 이상 그는 자유롭게 되게끔 **강제당한다**(稻上毅·厚東洋輔 訳,《社会的行為の構造》第 3分冊, 木鐸社, 1989, 45~46쪽). 이어서 파슨스는 근대의 "개인주의" 역시 "사회적인 압력으로부터의 해방이라는 사항이 아니라, 일종의 사회적 압력의 문제다"라고 했다(앞의 책, 53쪽). 파슨스의 이러한 해석을 통과하면서 사회학은 역시 뒤르켐이 제시한 강한 연대를 지향하는 "애타주의altruisme"(집단본위주의)뿐만 아니라 이와 함께 우뚝 솟아 있는 "자기본위주의"나 "개인주의"도 동일하게 "사회적인 사실"로서 취급하지 않을 수 없게 되었다. 여기에서도 베버의 경우와 같이 '사회적'이라는 말의 논리단계의 향상이 나타날 수밖에 없다.

이러한 향상과 함께 사회학자들은 '사회적'이라는 말에 담겨있던 고유의 의미와 가치를 망각하게끔 강요당한다. 이런 망각은 적어도 베버나 뒤르켐에 있어서는 적극적으로, 의도적으로 진행되어왔으나 이윽고 이러한 망각 자체가 무엇을 잊었는지 모를 정도로 혹은 무엇인가가 잊혔다는 사실조차 모를 정도로 망각되어 오늘날에 이르렀다.

위와 같은 사회학의 망각에 대해 니클라스 루만의 사회학이론(체계이론)을 이용하여 다시 설명하면 이렇다.

'사회적'이라는 말의 논리단계를 향상시킨 사회학은 루만이 말하는 '2차원의 관찰' 혹은 '관찰(자)의 관찰'의 일례다. 실업자에 대해서는 세금을 재원으로 하여 구제의 손을 내밀어야 한다는 앞의 영국국교회의 '사회적인 원리'는 그 자체가 관찰이다. 즉 영국

국교회는 관찰자로서 세상이 원리에 근거하여 운영되고 있는지 여부를 변별한다. 그러나 이것은 아직 1차원의 관찰이다. 실업자에 대한 구제는 무용지물이라고 하는 청교도들의 냉정한 '개인주의'에 대해서도 이를 하나의 가능한 '사회적인 사실'(규범)로 관찰하고, 동시에 영국국교회의 '사회적인 원리'의 우유성偶有性을 인정하면서 관찰은 2차원으로 상승한다.

그러나 2차원의 관찰이라고 하지만 그것은 어디까지나 '관찰'이다. 무슨 말인가? 루만에 의하면 모든 관찰은 불가시점不可視点이 부수하고 있고 불가시점이 없는 관찰은 존재하지 않는다. "모든 관찰은 동시에 보이지 않는 것을 생성한다"(N. Luhmann, *Einführung in die Systemtheorie*. Carl-Auer, 2004. S.146). 2차원의 관찰은 확실히 1차원의 관찰에서 보이지 않는 것을 보게 된다. 사회학은 영국국교회의 '사회적인 원리'에서는 보이지 않는 청교도들의 냉정한 '개인주의'에 대해서도 하나의 사회적인 사실로서 발견한다. 그러나 사회학의 이런 발견도 그것이 관찰인 이상 다른 종류의 불가시점을 가질 수밖에 없다. 그렇다면 사회학은 무엇을 보지 못하게 되는가?

불가시점의 존재는 단지 무엇인가가 보이지 않는 것을 의미하지 않는다. "자신에게 무엇이 보이지 않는다는 사실 자체가 그에게는 보이지 않는다"(a.a.O.S.159). 이것이 불가시점의 진정한 의미다. 사회학은 '사회적'이라는 말을 확장시키면서 그 말을 가지고 2차원의 관찰을 수행했다. 그것은 '사회적'이라는 말의 탈규범화이기도 하고 그 과정에서 사회학은 '사회적'이라는 말에 담겨 있던 가치를 망각=불가시화하게 되었으나, 그 망각=불가시화 자체가 망각=불가시화되어버린 것이다. '사회적'이라는 말을 둘러싼 사회학의 망각은 사회학 역시 관찰인 이상—2차원적인 관찰이긴 하지만—필연적인 귀결이라고 할 수 있다. 혹은 이러한 망각=불가시화야말로 사회학 고유의 관찰을 가능케 하는 것이라고 말할 수도 있다.

사회학적 계몽

계속 루만에 근거해서 생각해보자. '사회적'이라는 말에 관한 사회학적인 망각은 또한 루만이 말한 '사회학적 계몽'과 표리일체하는 것이다(N. Luhmann, *Soziologische Aufklärung* 1, Westdeutscher Verlag, 1970, S.66-91).

루만에 따르면 18세기의 계몽은 "만인이 하나의 공통된 이성에 함께 동의한다는 것"을 목표로 하고 그 슬로건은 진리에 있어서의 합의와 일치한다(a.a.O.S.67). 그러나 19세기에 탄생한 사회학은 이와는 정반대의 일을 실행했다. "시좌視座의 복수성"—예컨대 "신들의 전쟁"(베버)—을 드러내기도 하고 혹은 로버트 킹 머튼이 말한 "잠재적인 기능"(행위자 자신에 자각되지 않은 행위라는 뜻)의 관점에서 한 덩어리로 보였던 현실을 다중으로 분석하므로 사회학

은 세계를 "하나"가 아닌 "다수"임을 폭로해왔다고 루만은 말한
다. 물론 이러한 가능성의 다발[束]을 열어갈 뿐만 아니라 그와 반
대로 이러한 가능성을 좁혀가는, 즉 감축시키는 메커니즘이 존재
하고 그 과정에 대한 분석이야말로 체계이론의 주요한 과제 중 하
나이긴 하다. 어쨌든 사회학적인 계몽의 출발점에 있는 것은 "현
재 있는 모든 것을 기타 여러 가능성과 비교하는 일"이고 그를 통
해 "세계를 고도로 복잡한 각종의 가능성의 지평으로 비추는" 일
이다(a.a.O.S.72).

　이러한 사회학적인 계몽에 있어서 '사회적'이라는 말이 그 고유
의 가치를 상실해가는 것은 어떤 의미에서 필연적이고 나아가 (좁
은 의미의) 사회적인 것을 포함한 각종 가치 전체에 대해 그 우유
성(偶有性)을 열어간 이상, 사회학 혹은 사회학적인 계몽은 이미 그
자체가 적어도 소극적인 의미에서의 리버럴리즘—다만 시니시즘
cynicism에 가까운 리버럴리즘—으로 변하고 가치의 다원성을 항
상 인정할 수밖에 없다.

　그러나 다음과 같은 점에 대해 주의가 필요하다. 사회적이라는
말의 논리 단계의 향상도 좋고 사회적인 이념의 우유성의 개시도
좋고, 이런 과정을 통해 사회학자가 보다 높은 곳에 서게 되는 일
은 없다. 특정된 가치에 입각하여 행위하고 있는 사람들에 대해,
그 가치를 단지 가능한 가치 중의 하나로 탈구시키는 사회학자는
결코 그들의 '위'에 서 있는 것은 아니다. 그런 가치를 공유하지
않은 사람으로서, 경우에 따라서는 적으로서 그들의 '옆'에 서 있

을 뿐이다.

이는 예컨대 전전에서 전후에 이르는 한 시기에 일본의 사회학자들이 직면하지 않으면 안 되었던 "사회학과 마르크스주의 사이의 불행이라고도 형용할 수 있는 첨예한 적대관계"를 생각하면 쉽게 이해할 있을 것이다(日高六郎, 〈異なった学問的立場の協力〉, 《思想》, 1956, 2·4月号). 히다카 로쿠로日高六郎가 여기서 정확히 표현하고 있듯이 마르크스주의와 사회학의 관계는 절대 후자가 전자를 포함하는 관계가 아니고 "또 하나의" 병렬 관계일 뿐이다.

이와 함께 사회학(자)이 사회의 '밖'으로 나가는 것도 최종적으로 불가능하다.

볼프 레페니스는 '사회학sociologie'이라는 말의 창안자인 콩트에 대해 흥미로운 이야기를 적고 있다. 파리의 무슈 르 프랭스 거리에 있는 콩트의 집에 "한번 발을 들여놓으면 그 안에 있는 콩트의 정신이 얼마만큼 생생하게 보존되어 있는가에 놀란다. …… 그는 유언에서 자신이 살던 집에 어떠한 변화도 가하지 않도록 요구했다. 그의 책상도 …… 변함없이 콩트가 원래 쓰던 곳, 즉 창 옆에 지금도 놓여 있다. 벽에는 책상 너비만 한 거울이 걸려 있다. 그는 글을 쓰면서 늘 자기 자신을 보고 있었던 것이다"(松家次郎 外 訳, 《三つの文化—仏·英·独の比較文化学》, 法政大学出版会, 2002, 40쪽).

미셸 푸코의 《말과 사물》에 의하자면 이는 디아고 벨라스케스의 〈시녀들〉과는 다른, 그야말로 19세기적인 이야기다. 그 거울에 비친 풍경을 콩트의 사회학 그 자체에 비유한다면 콩트는 그 거울

속의 풍경, 즉 그의 사회학이 그린 사회의 밖이 아닌 그 안에 있으면서 "늘 자기 자신을 보고 있었던" 것이다. 칼 만하임이 말하는 "존재구속성"은 당연한 일이지만 사회학(자)에도 타당한 것이고 "자유롭게 부동浮動하는 지식인"을 인정하더라도 이 점은 변하지 않는다. "부동"이 허용되는 혹은 "부동"이 강요되는 형태로 사회에 구속되는 자신의 모습을 응시하지 않을 수 없다.

  사회학(자)의 이러한 상황은 루만이 조지 스펜서 브라운을 모방하여 재참입再參入, 즉 "관찰자가 자신의 관찰 대상의 일부로 되어 관찰 대상에 대해 역설적인 위치에 놓이는" 것이라고 표현했다(N. Luhmann, *Einführung in die Systemtheorie*. a.a.O.S.166-167). "역설적인 위치"라고 함은 관찰 대상의 '밖'에 있는 동시에 '안'에 있는 모순된 상태를 가리킨다. 사회의 혹은 세계의 우유성, 그런 것이 다른 것으로도 될 수 있다는 점을 알려준 사회학적인 계몽은 이런 의미에서 일단은 사회와 세계의 '밖'으로 나간다. 혹은 '밖'으로 나간 것처럼 행동한다. 그러나 "우리(사회학자)가 커뮤니케이션을 원하는 이상 사회에 내속하여 있지 않을 수 없다. 사회에 대한 비판 역시 그것이 사회를 주제로 하고 있다면 그 자체가 사회 내부에서 전개되는 하나의 오퍼레이션이라고 자신의 위치를 설정하지 않으면 안 된다"(a.a.O.S.151).

해명하면서 좁히는 일

사회학적인 망각과 사회학적인 계몽을 거친 이상 '사회적인 것'이라는 이념의 우유성은 이미 폭로되었다.

그러나 작업은 여기서 끝나는 것이 아니다. 왜냐하면 루만이 말했듯이 여러 가지 가능성과 우유성의 해명Aufklärung은 동시에 그런 가능성들의 카오스Chaos를 좁히도록 요구하고 있기 때문이다. 실제로 사회학적인 망각/계몽에 의해 '사회적'이라는 말은 과도하게 그 복잡성을 확대시켰고—온갖 것들이 '사회적'이라고 지칭되고 있다!—그것은 반대로 이 말에 대한 재정의를 촉구하고 있다.

루만식으로 표현하자면 '사회적'이라는 말을 둘러싼 '오토포이에시스autopoiesis'(자신이 대처해야 할 복잡성이나 여러 가능성을 스스로 태생시키는 장치)를 생성하는 조건이 구비되었지만 이를 위해서는 '사회적'이라는 말을 넓혀가야 할 뿐만 아니라 '사회적'이라는 개념과 말을 하나의 '시스템'으로 인식하는 일, 즉 그것이 어떠한 복잡성의 축소를 초래하는가, 그것이 수많은 가능성 중에서 무엇을 사람들로 하여금 선택하게 하고 역으로 무엇을 포기하게 하는가 등에 대해 명확히 하는 것이 또 하나의 과제로 남게 된다.

이런 해명과 동시에 좁히는 방법 중 하나가 사회학이 망각해온 사회적인 것이라는 개념에 대하여 다시 한 번, 이번에는 원래 장소로부터 조금 벗어나 생각해보는 것이다. 이런 사회적인 것의 상기想起를 통해 사회학과 사회학자는 지금까지의 그런 망각과는 다른 방법으로 콩트의 거울 속으로 '재참입' 하는 방법을 개척할 수 있을 것이다.

　사회과학의 '객관성' 에 대해 베버는 이렇게 말했다. "경험과학은 그 누구에게도 무엇을 **해야 하는가**를 가르쳐줄 수 없고, 다만 그가 무엇을 **할 수 있는지** 또한 사정에 따라서는 무엇에 대해 의욕을 가지고 **있는가**에 대해 가르치고 있을 뿐이다"(富永祐治·立野保男·折原浩補 訳,《社会科学と社会政策にかかわる認識の〈客観性〉》, 岩波文庫, 35쪽). 경험과학으로서의 사회과학은 '사회적' 이라는 말에 담을 수 있는 가치의 공유를 사람들에게 강요할 수 없다. 그것이 어디까지나 수많은 가능성 중의 하나에 지나지 않는다고 하더라도, 적어도 '사회적' 이라는 말에 의해 사람들이 "무엇을 할 수 있는지", "무엇을 시도할 수 있는지"에 대해 사회학적 계몽의 하나의 과제로서 명확히 할 수 있고 또한 그렇게 해야 할 것이다.

사회민주주의

목적의 정당성과 수단의 정당성

당시 28세의 젊은 나이인 발터 벤야민은 1921년에 쓴 〈폭력비판론〉에서 이렇게 말했다.

폭력이 수단일 경우 그 비판의 기준은 이미 정해진 듯 보인다. 어느 특정의 경우에 행사되는 폭력이 올바른 목적을 위한 수단인가, 그렇지 않으면 부정한 목적을 위한 수단인가에 대해 판단하면 충분할 것이다. …… (그러나) 올바른 목적을 위한 수단일지라도, 원칙적으로 그 폭력이 윤리적인가 아닌가 하는 물음은 여전히 남아 있다. 그 물음에 답하기 위해서는 보다 자세한 판단기준이 필요하고 일단 **목적을 도외시하고** 수단의 권역圈域 그 안에서 또 하나의 변별弁別이 이루어져야 한다 (W. Benjamin, "Zur Kritik der Gewalt", *Gesammelte Schriften*, Suhrkamp. Bd.2-1.

S.179[野村修 編訳, 《暴力批判論 他十編》, 岩波文庫, 29-30쪽], 강조는 인용자).

여기서 벤야민이 묻고 있는 것은 무엇이 정의인가, 무엇이 올바른 목적인가가 아니다. 정의로 불리는 것을 달성하는 수단으로서 폭력이 정당화되는지 여부, 만일 정당화된다면 그것은 어떠한 폭력인가다. "이 고찰에서는 목적의 영역과 정의의 기준에 관한 물음은 당분간 제쳐둔다. 반대로 고찰의 중심에 놓여 있는 것은 일종의 수단, 즉 폭력이라는 형식을 취한 수단이 과연 정당화될 수 있는가라는 물음이다"(a.a.O.S.181[앞의 책, 32쪽]).

올바른 목적은 무엇인가 또는 정의란 무엇인가가 아닌, 정당하다고 하는 그 목적이나 정의를 실현하는 올바른 **수단**이 무엇인가? 벤야민이 제기한 이 물음에 대해 우선 제대로 인식해야 한다. 지금까지의 논의에서 나는 '사회적'이라는 말이 일종의 고유의 가치를 내포할 수 있다는 것, 그것이 특정 규범을 지시하는 이념이 될 수 있다는 점을 확인했다. 즉 '사회적인 것'은 하나의 목적이고 정의일 수 있다. 그 내실內実이 무엇인가에 대해서는 제2부에서 검토하겠다. 그 전에 반드시 짚고 넘어가야 할 것은 벤야민이 제기한 것과 동일한 물음, 즉 '사회적인 것'이 하나의 목적이고 정의라면 그것을 실현하는 올바른 수단이 무엇인가라는 것이다. 벤야민의 경우와 같이 목적이나 정의의 내실이 무엇인가 하는 것은 당분간 괄호 안에 넣어두어도 좋다. 아니, 괄호 안에 넣어두고 "수단의 권역圈域 그 안에서" 답을 찾아야 한다.

이에 대해 '사회민주주의'라는 말은 하나의 답을 제시하고 있다. 즉 사회민주주의는 정의로서의 '사회적인 것'을 '민주주의'라는 수단을 통해 실현한다는 이념이다.

그러나 사회민주주의는 때때로 하나의 목적만으로 이해되는 경우가 있다. 예를 들면 요스타 에스핀 안데르센의 복지국가체제에 대한 분류가 그렇다(岡沢憲夫·宮本太郎 監訳,《福祉資本主義の三つの社会—比較福祉国家の理論と動態》, ミネルヴァ書房, 2001 등). 가족을 모델로 복지를 설계하고 전체주의적 경향이 강한 '보수주의'(독일 등), 개인의 자립성을 강조하지만 연대 지향이 약한 '자유주의'(미국 등), 그리고 보수주의와 달리 개인의 자립성을 존중하지만 동시에 자유주의와 다르게 연대 지향이 강한 '사회민주주의'(북유럽 각국) 등이다. 이는 분명히 흥미로운 분류 방법이지만 에스핀 안데르센이 문제 삼고 있는 것은 이러한 국가에서 무엇이, 즉 어떠한 복지체제가 목표로 되어 있는가라는 점이지, 그런 체제가 어떠한 수단을 통해 선택되고 실현되고 있는가가 아니다. 수단에 관한 분류도 앞의 세 가지와 겹쳐 있다고 이해할 수 있지만 그는 이에 대해 자각적이지 않다. 이는 그가 제3의 체제를 '사회민주주의'라고 부르기도 하고 '사회주의'라고 부르기도 하면서 애매하게 흔들리고 있는 점에서도 잘 나타난다. 목표로 하는 이념이 아닌, 그것을 선택하고 실현하는 수단이라는 축을 명확히 구별했다면 '사회민주주의'와 '사회주의' 사이에는 마땅한 확실한 선을 그을 필요가 생겼을 것이다.

'사회민주주의'는 있어야 할 사회의 모습이라는 목적을 가리키는 것만이 아니다. 그 목적을 선택하고 또는 실현하기 위한 올바른 수단이 무엇인가에 대해서도 지시하고 있는 그런 말이다.

다만 그렇다 하더라도 '사회민주주의'라는 말은 각 언어권에서 각각의 고유한 역사적 맥락을 배경으로 서로 미묘하게 다른 함의를 가지고 있다. 우선 그런 차이에 대해 간단히 살펴보자.

'사회민주주의'라는 말—독일의 경우

'사회민주주의Sozialdemokratie'라는 말이 가장 먼저 쓰이고 또한 정치적으로도 강한 힘을 가진 나라는 독일이다. 이 말은 1840년대 중반에 민주화를 요구하는 사람들 사이에서 쓰이기 시작하여 1848년혁명을 계기로 널리 알려지게 되었다.

한편으로 '사회주의'라는 말은 유럽에서 이미 19세기 전반부터 사용되었고 독일에서도 로버트 오언, 클로드 앙리 드 루브루아 생시몽, 샤를 푸리에 등의 사상이 소개되는 과정에서 1830년에 이르러 나타났다. 예컨대 1842년 로렌츠 폰 슈타인(1815~1890)은 《오늘날 프랑스에 있어서 사회주의와 공산주의》라는 책자를 발간했다.

'사회주의Sozialismus'라는 말이 이미 있음에도 불구하고 그와는 별도로 조금 늦게 '사회민주주의' 라는 말이 등장한 것은 왜일까? 1848년혁명은 독일에서도 사회주의의 흐름이나 노동자계급의 존재를 생략하고는 논할 수는 없지만, 18세기 말의 프랑스혁명이 달성한 민주화를 독일은 아직 경험하지 못했다. 그런 민주화가 1848년혁명의 또 하나의 중요한 과제이므로 진보진영의 사람들은 '사회주의' 라는 말과 동시에 '민주주의' 라는 말을 강조할 수밖에 없었다.

바덴의 급진적인 민주주의자인 프리드리히 헥커(1811~1881)는 1848년 3월 공화제를 반대하는 사람들에 대하여 다음과 같이 비판했는데 이로서 그는 '사회민주주의자' 라고 자칭한 최초의 독일인으로 불렸다. "내가 바라는 것은 만인에 대한 충분한 자유다. 이를 위해서는 어떠한 체제라도 문제가 되지 않는다. 그러나 특권계급만을 위한 자유, 부유층만을 위한 자유는 결코 아니다. 나는 누구이냐고 한마디로 말하자면 나는 사회민주주의자Social-Demokrat다" (E.Pankoke, "Sozialismus", O. Brunner u.a. Hg. *Geschichtliche Grundbegriffe*, Bd.5. Klett-Cotta, Stuttgart, 1984. S.923-996, S.971에서 재인용).

'사회민주주의' 라는 말은 1848년 이후 사회주의를 지향하는 사람들 사이에서 보다 깊이 정착해갔다. 예컨대 마르크스파의 아우구스트 베벨, 빌헬름 리프크네히트가 1869년에 설립한 정당은 '독일**사회민주주의**노동자당' 으로 명명되었다. 그 해에 리프크네히트는 다음과 같이 언급했다. "사회주의와 민주주의는 당연히 동일한 것이 아닙니다. 그러나 양자는 동일한 근본사상의 서로 다른 표현

에 지나지 않습니다. 양자는 서로 필요하고 서로 보충하는 관계
이지 결코 서로 대립하는 것이 아닙니다. 민주주의가 빠진 사회
주의는 허위의 사회주의이고, 반대로 사회주의가 빠진 민주주의
역시 허위의 민주주의입니다. 민주적인 국가야말로 사회주의에
기초하여 조직된 사회의 유일한 형식인 것입니다"(a.a.O.S.979에
서 재인용).

주지하다시피 그들이 설립한 정당은 초기에 라살파의 '전독일
노동자동맹'(1863년 설립)과 대립했는데 라살파의 조직에서도 자
신을 '사회민주주의(자)'라고 칭했고 이 점에서는 변함이 없다. 양
측은 1875년에 고타강령을 채택하면서도 하나로 되었다. 고타강
령을 호되게 비판한 카를 마르크스는 '사회민주주의'라는 이념 역
시 쁘띠부르주아적이고 혁명적 계급의식이 부족한 것으로 이를
인정하지 않았다. 마르크스에게 민주주의는 적어도 의회민주주의
는 부르주아의 산물에 지나지 않았고, 지향해야 하는 이념을 표현
한 말은 '공산주의' 이외엔 없었다.

1875년에 합쳐 생긴 정당의 명칭은 최초에는 '독일사회주의노
동자당'이었으며 '사회민주주의'라는 말은 쓰지 않았다. 그런데
'사회주의자탄압법'(1878)에 의한 탄압을 거쳐 그것이 풀린 이듬
해인 1891년에 당명은 에르푸르트강령Das Erfurter Programm의 채
택과 함께 오늘날까지 쓰이고 있는 '독일사회민주당'으로 변했
다. 왜일까? 탄압법이 '사회주의자'를 대상으로 하고 그 탄압을
빠져나가는 하나의 방책으로서 온건하게 '사회민주주의(자)'로 명

명하는 것이 유효하기 때문이 **아니다**. 왜냐하면 당명은 탄압법이 폐지된 이후 변경되었고, 만일 그러한 이유에 의한 당명 변경이었다면 보다 일찍이 했어야 마땅하기 때문이다. 아니 애당초 '사회주의자탄압법'이라는 것은 약칭이고 정식명은 '**사회민주주의**의 반공공적인 활동에 대항하는 법률'이었고 '사회민주주의'라는 말은 처음부터 위험시되고 있었다.

당명 변경의 진정한 이유는 당초 내세운 '사회주의'라는 말이 독일에서 1870년대부터 1880년대에 이르러 베벨이나 리프크네히트가 생각한 것과 다른 방향으로 변질해버린 데 있다.

'강단사회주의講壇社会主義'는 자유방임을 신봉하는 맨체스터학파의 경제학자 하인리히 베른하르트 오펜하임이 일정한 경제통제정책의 필요성을 주장한 구스타프 폰 슈몰러 등을 비판하기 위해 1871년에 처음으로 사용한 말이다. 그 경위에 대해서는 오오고치 가즈오大河内一男의 《독일사회정책사상사独逸社会政策思想史》(下, 日本評論社, 1951)에서 자세히 기록하고 있다. 이런 오펜하임의 비판에 대해 슈몰러는 개인주의에 대한 과도한 신뢰야말로 맨체스터학파의 결함이고 그 결함은 국가 주도의 정책에 의해 수정되어야 한다고 역설했다. 슈몰러는 자신의 주장을 '사회정책Sozialpolitik'이라는 말로 표현했지만 동시에 '사회주의'에도 일정한 진리성이 있다고 공언했다. 덧붙여서 말하자면 훗날 슈몰러의 '사회정책'에서 분리해 나온 것이 '가치자유'의 원칙을 내건 막스 베버 등의 '사회학'이다.

나아가 국가의 힘에 의해 사회주의를 실현한다는 발상은 바그너 등에 의해 '국가사회주의Staatssozialismus'라고 지칭되었다. 사회주의를 국가에 연결시키는 경향은 라살파에서도 보였지만 강단 사회주의자의 일인으로 불리는 바그너는 1895년에 철도 국유화를 예로 들면서 이렇게 말했다(Pankoke, "Sozialsmus", a.a.O.S.984-985). "모든 것은 아닐지라도, 몇 가지 유형에 있어서 물적인 생산수단을 국가나 지방자치단체 등 단체가 운영하도록 하는 것이 적절하다고 생각하는 사람, 그런 사람을 나는 '국가사회주의자'라고 부르고자 한다." 이어서 바그너는 탄압법의 대상인 사회민주주의자들은 "국제적"이 되려 하지만 우리들의 "국가사회주의"는 점차 "국민적인 기반"에 그리고 "군주제라는 기반"에 깊이 뿌리내리고 있다고 말했다.

'국가사회주의'라는 생각은 오토 비스마르크로부터도 환영을 받았다. 그는 사회주의자탄압법이 아직 유효하던 1884년의 제국의회에서 이렇게 역설했다. "**사회민주주의** 지도자들이 그 나름의 세력을 가지고 있는 것은 내가 생각하건데, 국가가 아직 충분히 **국가사회주의**를 추진하지 않았기 때문이다"(a.a.O.S.985, 강조는 인용자). 1883년부터 시작된 비스마르크의 일련의 사회보험입법은 이러한 국가사회주의의 일례였다. 이 시점에서 1878년의 법률을 '사회주의자탄압법'이라고 부르는 것은 더 이상 적절하지 않았다. 국가사회주의를 긍정한다면 비스마르크도 그런 의미에서 '사회주의자'이고 탄압의 대상이 되어버리기 때문이다. 비스마르크가 자신이 탄압하는 대상을 법률의 정식 명칭대로 '사회민주주의'라고 부르고 '사회주의'로 부르지 않은 점은 유의할 필요가 있다.

국가에 의한 사회주의나 관료제에 의해 실현되는 사회주의, 즉 '위'로부터의 사회주의 역시 '사회주의'라는 인식이 정착되는 와중에, 베벨과 리프크네히트 등은 자신을 이들과 명확히 구별하기 위하여 '사회민주주의'라는 이념을 당명에 부활시킨 것이다. 그리고 '사회민주주의'를 탄압하는 1878년의 법률이 무효가 된 이후에는 그것을 당당하게 당명으로 내걸게 된다. '사회주의'는 급진적이고 '사회민주주의'는 온건한 것이라는 해석은 적어도 19세기말의 독일에서는 타당하지 않다. 사태는 그와 정반대다.

혁명은 "만들어낼" 수 없고 혁명은 사람들(대중) 속에서 "아래"로부터 솟아오르는 것이어야 한다. 이런 룩셈부르크의 '자발성(자연발생)'론, 그리고 레닌에 대한 그녀의 강한 불신감과 위화감도 위와 같은 독일의 맥락에 입각하지 않으면 그 의미를 정확히 이해할 수 없다. 룩셈부르크는 혁명은 전위前衛로서의 당의 견인에 의해 "만들어"지는 것이고, 그를 위한 혁명적인 조직원리는 "민주주의"가 아닌 "관료제"라는 주장을 펼치는 레닌을 강단사회주의자나 국가사회주의자와 어떤 의미에서는 별반 차이가 없는 사람으로 보았던 것이다.

'노동당'으로—영국의 경우

독일 이외의 지역에 눈을 돌려보자.

영국에서는 《공산당선언》과 마르크스주의에 깊이 감명을 받은 헨리 하인드먼Henry Hyndman(1842~1921)을 중심으로 1881년 6월에 영국 최초의 사회주의정당인 '사회민주연합Social Democratic Federation'이 런던에서 결성되었다. 처음에는 윌리엄 모리스나 마르크스의 막내딸인 에레노도 이에 참가했지만 하인드먼의 방침이 너무나 수정주의적이며 자국중심주의적이라면서 1884년에 탈퇴하고 '사회주의동맹Socialist League'이라는 별도의 조직을 설립하게 된다. 그 외에도 탈퇴자가 끊이지 않았고 각각 '사회주의노동자당Socialist Labour Party', '대영사회당Socialist Party of Great Britain' (1904)이 조직되었다.

그렇지만 하인드먼과 그의 사회민주연합은 영국의 사회주의 세력 중에서는 마르크스주의에 충실한 좌파였다. 하인드먼은 1900년 2월 사회주의 세력을 의회에 들여보내기 위해 사회민주연합에 비해 보다 온건한 페이비언협회Fabian Society(1884년 설립), 그리스도교사회주의에 뿌리가 있는 독립노동당(1893년 설립) 및 노동조합과 손을 잡은 '노동대표위원회'를 설립하게 된다. 그러나 여기서 하인드먼은 급진파로 인식되어 그의 영향력은 극히 미미한 정도에 그쳤다. 노동대표위원회는 1904년에 '노동당'으로 변신하여 오늘에 이르게 되었지만 하인드먼은 머지않아 노동당을 떠나

1907년에 자신들의 사회민주연합을 '사회민주당Social Democratic Party'으로 개명한다. 다만 이는 노동당에 비해 작은 조직에 지나지 않았고 우여곡절을 거친 후 그 세력은 최종적으로 노동당으로 흡수되고 만다.

이처럼 영국에서는 '사회민주주의'라는 말이 정당조직의 명칭으로는 정착하지 못했다. 그러나 이념으로서는 강하게 기능했고, 그 점은 예컨대 현 노동당의 브레인이기도 한 사회학자 앤서니 기든스의 《제3의 길—효율과 공정의 새로운 동맹》(1998)의 부제목이 '사회민주주의의 혁신Renewal of Social Democracy'이라는 점에서도 엿볼 수 있다.

그런데 영국뿐만 아니라 기타 영어권 나라에서도 타당한 것이지만, '사회민주주의'는 '민주사회주의democratic socialism'와 비교적 엄밀히 구별된다. 그 차이는 마침 일본(어)의 경우와 정반대로, 영어에서는 후자인 민주사회주의 쪽이 어디까지나 '사회주의'를 지향한 급진적인 것이고 전자인 사회민주주의는 사회주의보다는 '민주주의'에 그 기반을 둔 보다 온건적인 것이라는 형태를 취하고 있다.

1848년혁명과 그 이후—프랑스의 경우

프랑스에서도 '사회민주주의'는 정당조직의 명칭으로서는 정착하지 못했다. 1905년에 결성되어 지금에 이른 '사회당parti socialiste' 은 최소한 이름의 차원에서는 '사회주의'라는 말만으로 구성되었고 '민주주의'라는 표현은 누락되어 있다.

프랑스에서는 처음부터 의회민주주의를 매개로 하여 사회주의를 실현한다는 발상이 약했다. 그에 비해 노동조합을 기반으로 한 총파업 등 직접행동에 의해 자본주의경제를 마비시켜 사회를 단번에 변혁하려 하는 지향이 보다 강했다. 이른바 (아나르코) 생디칼리슴이고, 예컨대 1895년에 결성된 '노동총동맹CGT'이 1906년에 채택한 〈아미앵 헌장〉에서는 그러한 방침을 명확히 제기했다. 조르주 소렐의 《폭력론》(1908)도 그 연장선에서 나온 것이다.

역사는 처음에는 비극으로 두 번째는 희극으로 반복된다. 프랑스의 1848년혁명을 분석한 《루이 보나파르트의 브뤼메르 18일》의 첫머리에서 마르크스는 헤겔에 의거하면서 이렇게 말하고 있는데, 이 구절에 마르크스가 담고 있는 뜻은 사회주의를 실현하는 수단으로 의회민주주의에 의지할 수 없다는 경고다. 의회민주주의는 프랑스혁명의 큰 수확이다. 그것은 제1제정이 초래한 나폴레옹의 최초의 브뤼메르(안개 달) 18일(1799)에 의해 파괴되었지만 그와해는 아직 비극으로 불릴 만하다. 그러나 의회민주주의라는 과거를 재생시켜 그것을 반복한다면 사회주의는 실현되지 않을 뿐만 아니라 오히려 파괴되고, 따라서 이 두 번째의 브뤼메르 18일(1851)은 이제는 희극으로 부를 수밖에 없다.

일시적이긴 하나 프랑스의 1848년혁명에서 21세 이상의 남성들

에게 모두 선거권을 부여하는 보통선거제가 도입되어 이로서 '사회적인 공화국'이 실현될 것이라고 사람들은 기대했다(伊藤新一·北条元一 訳, 《ルイ·ボナパルトのブリュメール十八日》, 岩波文庫, 26쪽). 그 전해인 1847년에 프랑스에서는 경제공황이 일어나 많은 실업자가 생겼지만, 1848년 2월 수립된 임시정부는 국립작업장 등을 만들어 노동자들의 생활보장에 적극적으로 나서고 룩셈부르크위원회는 노동시간의 단축 등의 정책을 추진했다.

그러나 보통선거에 의해 1848년 5월에 설립한 헌법제정국민회의에서 노동자계급의 "사회적인 요구"(《앞의 책, 57쪽)가 점차 커지기 시작하고 그를 위한 무장반란이 일어나게 되자 의회는 태도를 바꿔 이를 무력으로 봉쇄했다. 새 헌법 하에 1848년 12월에 대통령으로 선출된 루이 보나파르트는 그 후 보통선거제를 이용하면서 일종의 포퓰리즘을 전개하여 대중(특히는 소농)의 지지를 얻어 의회의 힘을 점차 약화시켜 1851년의 쿠데타를 통해 공화국 자체를 파괴하고 만다.

혁명이 한창인 1849년 1월, 사실 프랑스에서도 '사회민주당'이 결성되었다(앞의 책, 56쪽). 그러나 마르크스는 그 세력에 대해 다음과 같이 비판했다. "사회민주주의의 독특한 특징을 이렇게 개괄할 수 있다. 즉 민주적이며 공화적인 여러 제도는 자본과 임금노동이라는 두 축을 모두 폐지하기 위함이 아니라 양자의 대립을 완화하여 이를 조화롭게 변화시키기 위한 수단으로 요구되고 있다. 이 목적을 달성하기 위해 아무리 각종 방책이 강구되더라도, 이 목적이 다소간 혁명적인 관념에 의해 아무리 요란하게 꾸며지더라도, 내용은 언제나 다름이 없다. 그 내용이란 민주적인 방법으로 사회를 개변시키는 것, 다만 소부르주아의 범위 내에서 개변시키는 것이다"(앞의 책, 57쪽). 의회민주주의는 어차피 부르주아적인 것에 불과하고 이를 통해 계급투쟁을 관철시킬 수는 없는 것이다. 이것이 마르크스의 생각이다.

어쨌든 1848년혁명과 그 좌절은 프랑스의 사회주의자들을 의회민주주의에 의존하지 않은 다른 길로 강하게 유혹했다. 같은 1848년혁명임에도 불구하고 민주주의나 공화제 자체가 아직 무에 가깝고 우선은 민주주의와 공화제의 실현을 목표로 할 수밖에 없었던 독일과, 민주주의와 공화제가 이미 존재하고 있고 혁명 과정에 보통선거제까지 발전했음에도 불구하고 그 한계를 통감한 프랑스, 이 양국에서 '사회민주주의'라는 말의 의미와 무게에 무시할 수 없는 차이가 생기는 것이다.

일본과 '사회민주주의'

마지막으로 일본을 보자.

1901년에 가타야마 센片山潛, 아베 이소오, 기노시타 나오에木下尚江, 고토쿠 슈스이幸德秋水, 가와카미 기요시河上清, 니시카와 고지로西川光二郎 등 6인을 창립자로 한 일본 최초의 사회주의정당인

'사회민주당'이 결성되었다(《社会民主党百年》, 資料刊行委員会 編, 《社会主義の誕生—社会民主党100年》, 論創社, 2001). 그 전에는 1896년에 구와타 쿠마조桑田熊蔵 등이 '사회문제연구회社会問題研究会'를 결성했고 이는 다음해인 1897년에 '사회정책학회社会政策学会'로 개명했다. 이 사회문제연구회에 참가한 가타야마 센, 고토쿠 슈스이 등이 아베 이소오와 함께 1898년에 설립한 것이 '사회주의연구회社会主義研究会'이고 그것이 1900년에 '사회주의협회社会主義協会'가 된다. 이 사회주의협회를 모체로 하여 보다 정치적인 활동을 목표로 1901년 5월 18일에 조직된 것이 '사회민주당社会民主党'이다.

여기에 모였던 사람들은 독일의 사회민주당을 모델로 하고, 조직의 설립을 위해 작성한 '사회민주당선언서社会民主党宣言書'도 에르푸르트강령에 기초하고 있다(앞의 책, 62쪽). 선언서는 (1) 인종에 의한 차별에 반대하고 인류평등을 주장할 것, (2) 평화주의를 내걸고 군비를 전폐할 것, (3) 정치적·사회적 특권을 폐지할 것, (4) 토지와 자본을 공유화할 것, (5) 철도 등의 교통기관을 공유화할 것, (6) 부의 배분을 공평하게 할 것, (7) 선거권을 평등하게 할 것, (8) 국비에 의해 의무교육을 실현할 것 등 8가지 "이상理想"을 내걸었다.

다만 이 사회민주당은 결사신고서 제출과 동시에 정부로부터 금지처분을 받았다. 그 경위는 아래와 같다(앞의 책, 63쪽). 아베 이소오—후에 요시노 사쿠조吉野作造 등과 함께 사회민중당을 만들

었고 전후에는 일본사회당의 고문이 되었다—가 사회민주당의
'선언서'를 준비하고 있을 때 그 개요에 대해 사전에 파악한 가구
라자카神樂坂 경찰서장이 아베의 자택을 방문하여, 당의 강령에 제
시한 "군비를 축소할 것", "중대한 문제에 관해서는 일반 인민으
로 하여금 직접적으로 투표하는 방법을 마련하는 것" 및 "귀족원
을 폐지하는 것" 이 3가지 주장만을 삭제한다면 정부는 사회민주
당의 설립을 금지하지 않을 것이라고 말했다. 전형적인 사회주의
적인 요구인 토지와 자본의 공유화나 부의 공평한 배분에 대해서
는 아무런 언급도 하지 않았다. 그러나 아베 등은 이 3가지 주장의
삭제를 거절한다. 그 결과 결성 2일 후인 1901년 5월 20일자로 경
시총감인 안라쿠 가네미치安樂兼道로부터 가타야마 센, 기노시타
나오에 앞으로 "사회민주당이 안녕질서를 방해한다고 인정되는
이상, 치안경찰법 제8조 제2항에 의해 그 결사를 금지하는 취지가
내무대신으로부터 통달되었다"라는 금지명령이 내려졌다(앞의 책,
70쪽).

오타 마사오太田雅夫는 사회민주당이 금지당한 위의 경위에 대해
이렇게 설명했다. 사회민주당을 금지시킬 때, 사회주의적인 요구
에는 일체의 언급이 없었고 위와 같은 3가지만이 문제되었다는 것
은 "당시 정부가 가장 위험시한 것은 **사회주의라기보다 오히려 민
주주의였다는** 점을 보여주고 있다. 정부는 사회주의가 하나의 기
교한 사상이라고 생각하고 있었지만 그다지 현실적인 위협으로는
느끼지 않았고, 반대로 그들은 **사회주의의 주장에 비해 민주주의**

의 주장에 대해 신변의 위협을 느낀 것이다"(앞의 책, 63쪽, 강조는 인용자).

1910년대 들어 요시노 사쿠조가 '민주' 주의라고 하지 않고 '민본' 주의라고 할 수밖에 없었던 점을 생각해보면 위의 경위는 사실에 부합한다. '사회' 주의보다 '민주' 주의라는 말이 더욱더 위험하다는 것이 일본의 20세기 전반기의 상황이었다. 실제로 2차 세계대전까지 일본에서 정식으로 허가받은 정당은 사회 '민중' 당과 사회 '대중' 당뿐으로, '사회민주당' 뿐만 아니라 대체로 '민주' 라는 말을 내건 정당은 하나도 없다. 이는 물론 천황제와 깊은 연관이 있다.

마르크스가 경멸한 '사회민주주의' 라는 말을 독일의 사민당이 굳이 내건 데에는 나름의 큰 의미가 있다. 이 말은 위에서 언급했듯이 사회주의가 '국가사회주의' 등으로 회수되어가는 것에 대한 저항이었고, 1878년의 사회주의자탄압법도 정식 명칭에 비추어 말하자면 '사회주의' 가 아닌 '사회민주주의' 를 탄압한 것이다. 일본도 이와 비슷한 상황에 놓여 있었다고 할 수 있으나, 1890년의 탄압법이 폐지된 독일과 달리 일본에서는 정당이 '사회민주주의' 라고 자칭하는 일이 1945년까지 허용되지 않았다.

1945년에 상황은 일변하여 일본에서도 '민주' 라는 말을 당당하게 사용할 수 있게 되었다. 그러나 일본의 사회당은 그 영문명에는 'Social Democracy' 라는 표기를 사용하고 있지만 일본어 표기에서는 결코 '사회민주주의' 라고 하지 않았다. 물론 당이 결성된 후

사회당은 민주주의를 정치의 기본원칙으로 신봉해왔지만 이런 이념은 당명에는 반영되지 않았다. 1945년에 당 설립 시 당명을 둘러싼 대립이 있었는데, 당시 좌파는 "공산주의의 이상에 가까운, 이른바 순화된 사회주의에 대한 기대"를 담아서 '일본사회당'으로 하는 안을, 우파는 '공산당'과의 차이점을 명확히 하기 위해 '사회민주당'이라는 안을 각각 제출했다(原彬久,《戦後史のなかの日本社会党―その理想主義とは何であったのか》, 中公新書, 2000, 22쪽). 물론 이 같은 구도는 그 역사적인 맥락의 차이에서 비롯된 것이지만 1891년 독일의 사민당이 보다 좌측으로 가기 위해 '사회민주주의'라는 말을 선택한 때와 완전히 반대다. 결국 적어도 일본어의 당명으로서는 좌파의 주장이 통하여 프랑스처럼 '사회당'으로 되었다. 그러나 1789년혁명 이후 일관되게 '공화국'으로 자칭하고 두 차례의 제정기를 거치면서도 민주주의의 오랜 전통을 가진 프랑스와, 천황제를 규정한 제1조로부터 시작하고 '공화국'이라는 규정을 어디서도 찾아볼 수 없는 헌법에 의해 아직까지 정치 전반이 운영되는 일본에서 '사회당'이라는 말은 과연 동일한 의미를 가지고 있다고 할 수 있을까?

육상경기의 경주로에 3명의 선수가 달린다고 하자. A는 B의 약간 뒤에서 달리고 있고 두 사람의 정반대 쪽에서 C가 달리고 있다. A는 이렇게 생각한다. "B는 조금만 하면 따라잡을 수 있다. C는 우리들보다 반 바퀴 뒤쳐져 있다." 하지만 그렇지 않다. B와 C는 $n+1$바퀴째이고 A는 아직 n바퀴째다. A는 B보다 한 바퀴 이상, C

에 비해서도 반 바퀴 뒤쳐져 있는 것이다. 사회민주주의라는 말을 바보 취급해온 일본의 '진보적' 지식인들이 완전히 착각을 하고 있는 것은 A와 흡사하다. 프랑스가 공화국을 선언한 것은 1789년, 독일은 1919년이지만 일본이 공화국이라는 증거는 아직 어디에도 없고 예컨대 다카노 이와사부로의 〈일본공화국헌법사안요강日本共和国憲法私案要綱〉(1945) 등은 어딘가로 사라져버렸다.

참고로 아시아의 이웃 나라들에 눈을 돌려보자. 중화인민공화국, 조선민주주의인민공화국. 모두 자신을 '민주공화국' 이라고 규정하고 있는 대한민국(1987년 헌법 제1조)과 중화민국(1997년 헌법 제1조). 자신을 공화국이라고 자칭할 수 없는 사람들이 이러한 나라들의 정치의 '후진성' 을 운운하여도 별로 설득력이 없다. '공화국' 이라는 한자로 되어 있는 겨우 3개의 문자, 또한 '민주' 라는 겨우 2개의 문자의 뜻에 대해 일본은 다시 한 번 생각해봐야 한다.

사회민주주의와 국경

위와 같이 '사회민주주의' 라는 말이 각 언어(권)에서 나타내는 의미와 무게에 대해 간단히 살펴보았다. 이러한 차이는 실제로 사회민주주의 자체에 의해서는 잘 보이지 않고 (부정적인 표현을 하자면) 그로 인해 은폐되는 구조로 되어 있다.

왜냐하면 사회민주주의는 '인터내셔널' 이라는 원리를 하나의 구성요건으로 간주하여 각국의 차이를 강조하는 것보다 이를 초월한 동일한 것이라고 이해되기 때문이다. 이 점은 앞에서 바그너가 말한 국가사회주의는 '국민적'인 데 비해 '사회민주주의'는 '국제적'이라는(이 때문에 부정해야 한다) 주장과도 일맥상통한다. 1951년에 서방 각국의 사회(민주)주의 세력을 연결한 조직으로 결성된 '사회주의 인터내셔널'도 반공이라는 한계를 가지고는 있지만 사회민주주의의 이런 국제적 성격으로부터 보면 당연히 만들어져야 할 조직이었다.

이미 언급했듯이 에스핀 안데르센은 복지체제를 3가지로 분류하면서 그 중 하나에 대해 '사회민주주의'의 개념을 사용했는데 이와 관련하여 아래와 같은 점에 유의할 필요가 있다. 만일 이 말을 국민국가를 단위로 한 분할=분류**만**을 위해 사용했다면 그것은 사회민주주의라는 말을 **오용**한 것이다. 사회민주주의는 '사회적인 것'을 국경을 초월해서 확대시켜가는 그러한 운동을 동시에 의미하는 것으로, 이 말을 국민국가의 틀을 강화하고 그 틀 속으로 에워싸는 사안**만**을 위해 사용한다면 차라리 바그너의 '국가사회주의'라는 말을 쓰는 것이 더 적절하다.

예컨대 북유럽국가의 복지체제를 '사회민주주의'라는 말로 표현할 경우 이러한 국가가 '사회적인 것'(복지)이라는 면에서 어떻게 다른 나라에 대해 열려 있는가, 어떠한 국제적인 연대나 네트워크가 그로부터 추론될 수 있는가, 이러한 것도 하나의 중요한 지표로 하여 '사회민주주의'라는 지칭이 타당한지 여부를 판단하지 않으면 안 된다. 이 복지체제론에 글로벌화의 문제를 포함시킨 후 에스핀 안데르센이 고민한 것들이 마침 이러한 문제다.

한편으로 '사회민주주의' 라는 말의 의미와 무게가 각 언어(권)에서 어떻게 다른가를 확인하는 것은 결코 무의미하지 않으며 오히려 필요불가결한 일이다. 이 말에 의해 각 국민국가를 연결시키기 위해서는 무엇이 어떻게 다른지를 우선 확인하지 않으면 안 된다. 처음부터 동일하다면 서로 연결시킬 필요가 없다. 서로 다른 것을 연결시키려 하기 때문에 '인터내셔널' 이라는 말 역시 의미를 갖는다.

문제는 어떤 것을 결절점結節点으로 하여 연결시키는가다. 사회민주주의라는 말을 통해 무엇을 공유하지 않으면 안 되는가? 하나는 **목적**으로서의 '사회적인 것' 인데 이에 대해서는 제2부에서 검토하기로 한다. 또 하나는 수단으로서의 '민주주의' 다. 그렇다면 민주주의는 무엇인가? 사회민주주의에 있어서 '사회적인 것' 을 실현하는 수단으로 상정되어야 할 민주주의는 어떤 것인가? 앞에서 언급한 벤야민의 〈폭력비판론〉을 실마리로 그 답을 찾아보자.

독일혁명

벤야민은 1921년에 쓴 이 글에서 정의란 무엇인가라는 물음 자체를 우선 괄호 속에 넣어두고 그 정의를 실현하는 수단으로서의 폭력이 정당화될 수 있는지 여부, 정당화될 수 있다면 그 폭력은 어떤 것인가에 대해 묻고 있다.

그렇다면 왜 폭력인가? 또한 벤야민은 폭력을 언급하면서 무엇을 염두에 두고 이 글을 쓰게 되었는가?

당시 독일의 상황을 간단히 살펴보면 다음과 같다.

1914년 7월 28일에 1차 세계대전이 발발한다. 독일 사민당은 이 전쟁과 독일의 참전에 반대하지 않았다. 같은 해 8월 4일 제국의회에서 전시공채안戰時公債案에 찬성하면서 이 전쟁을 적극적으로 지지했다. 타국의 사회(민주)주의 정당들도 자국의 참전을 직 간접적으로 지지하게 되어 제2인터내셔널(1889년 설립)은 실질적으로 붕괴하게 된다.

로자 룩셈부르크는 사민당 주류파의 이러한 자세에 대해 호되게 비판하고 거의 붕괴된 제2인터내셔널을 지지하면서 프란츠 메링 등과 함께 잡지 《인터나치오날레》를 창간하여 반전과 평화활동을 추진해갔다. 룩셈부르크의 〈인터내셔널의 재건〉을 권두논문으로 게재한 이 잡지 제1호에 대해 벤야민은 이렇게 말했다. "당신이 제1호를 보내준 그 잡지 말인데 매우 흥미롭다. 뛰어나다고 생각한다"(《게르숌 쇼렘 앞으로의 편지》, 1915년 7월 23일자). 그러나 이 잡지는 제1호만으로 발매금지 처분을 받는다.

룩셈부르크는 1915년 반군 연설 죄로 금고 1년형에 처해진다. 이듬해 1월에는 옥중의 몸이긴 하지만 카를 리프크네히트(빌헬름 리프크네히트의 아들) 등과 함께 '스파르타쿠스단'을 조직하여 사민당 내의 반전 좌파 세력을 집결시켜나갔다. 2월에는 한때 석방되었지만 각지에서 반전데모를 조직했다는 이유로 '보호구금'의 명목으로 7월에 다시 투옥되었다.

1917년 2월에는 러시아혁명이 발발한다. 스파르타쿠스단의 좌파는 당연한 일이지만 러시아에서 일어난 혁명의 물결을 독일에 끌어들이려고 활동을 시작하게 된다. 룩셈부르크 역시 러시아혁명을 환영했다. 다만 그녀는 옥중에서 러시아혁명의 동향을 검토하면서 이에 "무비판적인 호교론"이 아닌 "사려 깊고 자세한 비판"을 시도했다. 이것이 1918년의 〈러시아혁명론〉이라는 점은 앞에서 이미 언급했다.

독일 국내에서는 1차 세계대전 발발 초기부터 전쟁의 영향으로 식량 등의 물자가 대량으로 부족했고, 이로 인해 각지에서는 시민들의 데모가 빈발했고 전쟁 말기에는 그 규모가 한층 커졌다. 1918년 11일 3일 킬 군항에서의 해병 반란을 계기로 혁명이 일어났고 11월 9일에 사민당 주류파의 필리프 샤이데만은 '독일공화국'의 성립을 선언하게 된다. 한편으로 좌파의 리프크네히트는 같은 날 '독일사회주의공화국'의 설립을 선언한다. 10일에 빌헬름 2세가 네덜란드에 망명하고 같은 날 룩셈부르크가 석방되어 혁명의 소용돌이에 몸을 던지게 된다.

그러나 샤이데만, 프리드리히 에베르트 등 사민당 주류파는 '공화국'의 설립선언 직후부터 혁명을 의회제민주주의의 틀 안에 억제하는 방침을 취하고 이로부터 벗어난 움직임을 단속하기 시작하여 독일군 참모차장인 빌헬름 그뢰너와도 손을 잡게 된다. 주류파의 이런 행동을 도저히 받아들일 수 없었던 룩셈부르크는 사민당으로부터 이탈하여 1918년 12월 30일에 독일공산당Kommunistische Partei Deutschlands을 만들어 혁명을 급진적으로 추진하려 했다.

사민당 주류파는 공산당 세력을 무력으로 봉쇄하는 방침을 굳히게 된다. 1919년 1월 이런 봉쇄를 주요한 임무로 군사사령관으로 임명된 사민당의 구스타프 노스케는 당시 이렇게 호언장담했다. "누군가가 피 묻힐 사냥개가 되지 않으면 안 된다면, 내가 그 일을 짊어지겠다"(野村修 編,《ドキュメント現代史2 ドイツ革命》, 平凡社, 1972, 107~109쪽 참조). 1월 15일 룩셈부르크는 리프크네히트와 함께 살해된다. 노스케가 이 살해 사건에 직접 관여하진 않았다고 하지만, 그와 사민당 주류파가 이에 "싸늘하게 만족했다"는 것은 사실이다(S.ハフナー, 山田義顕 訳,《裏切られたドイツ革命——ヒトラー前夜》, 平凡社, 1989, 256쪽). 이번 살해와 공산당의 '1월봉기'에 대한 노스케 등에 의한 무력탄압이 그 이후의 사민당 세력과 공산당 사이의 되돌릴 수 없는 대립—예컨대 코민테른에 의한 '사회파시즘' 비판—의 하나의 근원이 된 것은 두말할 나위도 없다.

문자 그대로 피비린내가 자욱한 이런 상황 속에서 1919년 1월 19일에 국민의회선거가 실시되어 에베르트가 대통령, 샤이데만이 수상으로 선출되고 같은 해 8월 11일에 바이마르헌법이 채택된다.

법을 조정措定하는 폭력과 의회

벤야민은 전쟁이 한창인 1917년 7월 독일을 떠나 스위스 베른 대학에서 공부하면서 1919년에 논문《독일 낭만주의에 있어서 예술비평의 개념》으로 박사학위를 받는다. 벤야민이 독일 베를린에 다시 돌아온 것은 1920년 4월이었다.

독일혁명이 일어나고 있던 때에 벤야민은 독일에 없었다. 그러나 그는 귀국 후 독일혁명에 대해 자기 나름대로 생각하기 시작했고 '정치'를 표제로 한 일련의 논고를 발표했는데 그 중 하나가 〈폭력비판론〉이다(市野川容孝, 〈暴力批判試論〉,《現代思想》2005年 11月号 참조). 이 논고에서 문제 삼고 있는 폭력이 독일혁명과 깊이 연관되어 있다는 것은 확실하다.

폭력이라는 시점으로 앞에서 살펴본 일련의 사건을 다시 한 번 정리해보자. 이 과정에서 어떠한 폭력들이 현출現出되었는가?

우선 첫째로, 1차 세계대전이라는 대규모 폭력이다. 룩셈부르크는 이에 반대했다. 벤야민 역시 이에 반대했다. 그가 중립국 스위스로 향한 이유 중 하나도 병역을 포함한 전쟁으로부터 벗어나기 위해서일 것이라고 생각된다. 다만 〈폭력비판론〉을 실마리로 이 전쟁의 의미에 대해 거듭 생각해보는 것도 가능하고 또한 필요하겠지만, 벤야민이 여기서 가장 초점을 두고 논의한 것은 이 1차 세계대전이라는 폭력이 아니다.

둘째는 사민당 주류파 특히 "피 묻힐 사냥개"라고 자부한 노스케가 룩셈부르크 등 공산당 세력에 대해 행사한 폭력이다. 벤야민이 문제 삼고 있는 것은 이런 폭력이다. 이 폭력은 무엇을 초래하게 되었는가? 이 폭력으로 1919년 1월에 국민의회가 조직되었고, 공산당 세력은 그 선거를 방해했다는 이유로 노스케 등에 의해 무력으로 제압당하게 된다. 따라서 벤야민이 〈폭력비판론〉에서 문제 삼고 있는 폭력은 구체적으로 말하자면 의회민주주의를 성립시켰고 또한 이를 유지하는 폭력이라고 할 수 있다.

앞에서 보았듯이 마르크스는 1848년 프랑스혁명에 관한 고찰을 통해 혁명의 수단으로서 의회민주주의적인 것은 유효하지 않고 오히려 유해하다고 주장하면서 동시에 사회민주주의적인 것을 부정했다.

그러나 훗날 엥겔스는 마르크스의 이 견해를 수정했다. 독일사민당이 당명에서 '사회주의'라는 말을 빼고 '사회민주주의'라는 표현을 부활시킨 것은 1891년이고, 그로부터 4년 후인 1895년에 엥겔스는 프랑스의 1848년혁명을 논한 마르크스의 《프랑스에서의 계급혁명》(1850)에 실은 서문에서 독일사민당의 성장을 칭송하면서 의회민주주의야말로 현재 노동자계급의 강력한 투쟁수단이라고 했다. 독일에서 25세 이상의 모든 남성에게 선거권을 평등하게 부여한 것은 1871년이고 그 후 이러한 "보통선거권이 유효하게 활용되고 동시에 완전히 새로운 프롤레타리아의 투쟁 방법이 이용되기 시작했으며 그런 방법은 급속히 발달했다. …… 노동자는 각 연방의회나 지방자치단체의회나 산업재판소의 선거에 참가

했다. 그들은 부르주아와 모든 부서를 놓고 다투었고 그 부서를 차지할 경우에는 프롤레타리아의 상당수가 그에 대해 발언했다. 부르주아 정부는 노동자들의 비합법적인 활동보다 합법적인 활동을 훨씬 무서워했고 반란의 결과보다는 선거의 결과를 훨씬 무서워하게 되었다. 그 이유는 이 점에서도 투쟁의 조건이 근본적으로 변했기 때문이다. 구식 반란, 즉 1848년까지 어디서나 최후의 승패를 정한 바리케이트에 의한 시가전은 시대에 뒤떨어진 것이 되었다"(中原稔生 訳,《フランスにおける階級闘争》, 国民文庫, 18쪽).

엥겔스 자신은 의회 외에서의 투쟁 가능성과 필요성을 인정하고 있었지만 독일사민당의 주류파는 엥겔스의 위의 언급을 근거로 '사회적인 것'을 실현하는 수단을 의회제에 한정했다. 1919년 독일혁명 때에도 그 방침을 완고하게 견지했고 일탈한 공산당세력에 대한 무력진압도 이 방침에 의해 정당화되었다.

다시 벤야민의 〈폭력비판론〉으로 돌아가서, 여기에는 크게 3가지 폭력이 있다. 첫째는 "법=권리를 유지하는rechtserhaltend" 폭력(독일어에서는 'Recht'라는 말에는 '법'이라는 의미와 함께 '권리'라는 의미가 있다), 둘째는 "법=권리를 조정措定하는rechtsetzend" 폭력이고 이 두 폭력을 합쳐 벤야민은 "신화적인mythisch" 폭력이라고 불렀다. 마지막으로 이런 신화적인 폭력과 대립하는 것으로 "신적인göttlich" 폭력이 등장하고 이는 "법=권리를 부정한다rechtsvernichtend"고 벤야민은 말했다.

〈폭력비판론〉의 주제는 이미 언급했듯이 정의란 무엇인가라는 물음은 일단 제쳐두고 그 정의를 실현하는 수단으로서 폭력이 정당화되는지 여부, 정당화가 가능하다면 그것은 어떠한 폭력인가에 대해 답하려는 것이다. 벤야민의 답은 첫째의 "법=권리를 유지하는" 폭력, 그리고 두 번째의 "법=권리를 조정하는" 폭력 즉 "신화적인" 폭력은 부정해야 하지만, 세 번째의 "법=권리를 부정하는" "신적인" 폭력은 긍정해야 한다고 했다.

이처럼 〈폭력비판론〉의 구도 자체는 극히 단순하지만 각 폭력이 구체적으로 무엇을 가리키는가의 문제는 그리 간단하지 않다.

그래도 첫 번째의 "법=권리를 유지하는" 폭력은 비교적 알기 쉽다. 그 전형으로 경찰을 생각하면 된다. 즉 조정(=제정)된 각종 법률을 사람들에게 준수시키기 위해 발동되는 폭력이다.

두 번째의 "법=권리를 조정하는" 폭력은 어떤가? 독일어에서 "법률"을 "Gesetz"라고 한다. 어원상 "조정한다setzen"라는 동사에서 유래하고 "법을 조정한다rechtsetzend"라는 벤야민의 표현과 결부시켜 말하자면, "올바른 것right"이 "법=권리를 조정하는" 폭력을 매개로 하여 구체적으로 "조정된gesetzt" 결과 생겨난 것이라고 할 수 있다. 즉 "법=권리를 조정하는" 폭력에 의해 생겨난 것이 "법률"인 것이다. 그렇다면 이 법률이 어디서 어떻게 만들어졌는가를 생각해보면 그 폭력의 내용을 반대로 산출해낼 수 있다.

"법률"은 어디서 어떻게 만들어졌는가? 근대사회를 전제로 생각해보면 그것은 "의회"다. 벤야민이 말한 "법=권리를 조정하는" 폭력은 이 의회와 깊이 관계되어 있다. 〈폭력비판론〉이 나올 당시

상황에 비추어 보다 구체적으로 말하자면 이 의회는 바로 1919년 1월의 선거로 구성되었고 같은 해 8월에 바이마르헌법을 제정하는 독일국민의회다.

법=권리를 조정하는 폭력은 하나하나의 구체적인 입법(법 조정)이 행해질 때 의회의 "내부"에서 행사되는 것이 아니다. 그렇지 않고 의회라는 공간 자체, 그 전체를 "외부"로부터 지탱하는 폭력인 것이다. 독일사민당의 주류파는, 룩셈부르크 등 공산당 세력이 예정된 선거에 대해 파괴활동을 진행하고 의회의 성립 자체를 저해하려 한다고 판단하고 이를 무력으로 제압했다. 이 폭력은 국민의회 자체를 지탱하면서 국민의회에 **앞서서,** 즉 의회의 밖에서 행사하는 폭력인 것이다.

밖에서 행사한다는 것은, 다시 말하면 의회 내에서 제정(=조정)되는 일련의 법률에 의해 구속받지 않는다는 의미이기도 하다. 그것은 일종의 예외다. 예외이면서 의회 자체를 지탱하는 것이다.

바이마르헌법 제48조는 다음과 같은 규정을 두고 있다. "제국대통령은 공공의 안전과 질서가 심하게 저해되거나 위기에 처해 있을 때 공공의 안전과 질서 회복을 위한 조치를 취할 수 있고, 필요한 경우에는 무력으로 개입할 수 있다. 제국대통령은 위의 목적을 달성하기 위해 제114조(인신의 자유), 115조(거주의 자유), 117조(통신에 있어서 프라이버시), 118조(표현의 자유), 123조(집회의 자유), 124조(무기명 선거권) 및 153조(사적 재산권)에서 규정한 기본권의 전부 혹은 일부를 일시적으로 무효화할 수 있다."

즉 "공공의 안전과 질서"가 위협받는다고 판단되는 경우, 제국 대통령은 헌법 자체에서 규정하고 있는 혹은 이 헌법에 근거하여 정한 법=권리를 위반하는 형식으로 무력 행사가 가능하다는 것이다. 이 규정은 말하자면 1919년 1월에 노케스 등이 국민의회선거에 앞서서 행사한 폭력을 제도화한 것이다. 그리고 이 제48조를 "예외적 상황"으로서 긍정적으로 평가한 것이 다름 아닌 칼 슈미트다(山田浩·原田武雄 訳,《政治神学》, 未来社, 1971).

게다가 슈미트는 이 조문을 확대해석하려 했다. 위의 제48조는 두 문구로 구성되어 있는데, 그 중 두 번째 문구는 제국대통령이 긴급 시에 무효화할 수 있는 기본권을 하나하나 열거해 무효화의 범위에 제한을 두었다. 당시 이렇게 해석하는 것이 주류였지만 슈미트는 그렇지 않다고 주장했다. 즉 중요한 것은 대통령이 할 수 있는 일에 아무런 제한을 두지 않은 첫 번째 문구이고, 두 번째 문구는 예시에 지나지 않고 여기서 열거하고 있는 것 외의 기본권에 대해서도 무효화할 수 있다는 것이다(田中浩·原田武雄 訳,《大統領の独裁》, 未来社, 1974). 이 제48조는 바이마르공화국의 와해와 나치 정권의 탄생으로 이어졌는데, 훗날 슈미트가 나치에 입당하고 당의 최고법률고문이 된 것은 결코 우연이 아니다. 정치에 소원한 철학자였고 좌도 우도 모르고 나치에 입당하고 말았다는 변명은 백보 양보하여 하이데거에 관해서는 인정된다 하더라도 슈미트에 관해서는 통용되지 않는다.

벤야민이 말하는 "법=권리를 조정하는" 폭력은 구체적으로 이런 것이었다. 그는 이런 폭력을 정의를 실현하는 수단으로서는 부정했다. 이 점이 중요하다.

"신적인 폭력"이란

이와 반대로 벤야민이 긍정해야 한다고 말한 세 번째의 "신적인" 폭력은 무엇인가? 3가지 폭력 중 이것이 가장 수수께끼 같고 가장 난해한 것이지만, 〈폭력비판론〉을 쓸 당시의 상황을 토대로 하나씩 밝혀보도록 하자.

우선 벤야민은 신적인 폭력이 "법=권리를 부정한다rechtsvernicht-end"고 했는데 이는 어떤 의미일까? 단순히 이해하면 어떠한 권리Recht도 부정하는 폭력이 된다. 하지만 그렇게 되면 어떠한 권리Recht도 인정하지 않고 올바른recht 일은 어디에도 없는 무법상태가 될 수밖에 없는가? 이것이 벤야민이 바라는 상황일까?

그렇지 않다. 벤야민은 처음부터 정의라는 목적을 실현하는 수단으로서 어떤 폭력이 정당화되는가에 대해 논의하고 있다. 확실히 벤야민은 정의가 무엇인가라는 물음은 우선 제쳐두고 있었지만 그 폭력에 의해 어떠한 "올바른 일Recht"도, 또한 어떠한 "정의Gerechtigkeit"도 없어진다는 것은 아무리 생각해도 이상하다. 정의가 구체적으로 무엇이고 올바른 일이 무엇인가라는 물음이 일단 보류되어 있다 하더라도 이러한 것의 존재 자체는 부정될 수 없다.

"신적인" 폭력이 "법을 부정하는rechtsvernichtend" 것은 "신화적" 폭력이 "법을 조정하는rechtsetzend" 것과 대비되어 논의되었다. 여기서 "법률"을 의미하는 "Gesetz"라는 독일어를 다시 끼워넣어 생각해보면 아래와 같이 개괄할 수 있다. 즉 신적인 폭력이 "법을 부정한다"는 것은 법Recht을 조정하는 신화적 폭력에 의해 조정되는 "법률"을 부정하고 그로부터 "법"을 의미하는 동시에 "권리"를 의미하는 "Recht"를 해방한다는 의미다. 그렇게 되면 신적인 폭력이라 함은 단순히 법=권리Recht를 부정하는 것이 아니라 법=권리 Recht의 새로운 가능성을 열어가는 (폭)력이라는 것이다. 이렇게 이해하면 "정의Gerechtigkeit"가 모든 "신적인 목적 설정의 원리"라는 벤야민의 말과의 정합성整合性도 가능해진다(W. Benjamin, "Zur Kritik der Gewalt", a.a.O.S.198. 강조는 인용자[앞의 책], 《暴力批判論》, 57쪽). 즉 신적인 폭력에 의해 신화적인 폭력으로부터 해방된 법=권리의 새로운 공간, 그것이 정의라는 것이다. 이는 벤야민의 최초의 문제 설정과도 정확히 합치한다.

다만 이야기는 아직 너무 추상적이다. 신적인 폭력이 정의를 개시한다는 것은 구체적으로 무엇을 의미하는가? 다시 의회민주주의의 문제로 돌아가자.

법을 조정하는 "신화적" 폭력은 노스케의 폭력 및 바이마르헌법 제48조와 같이 의회민주주의의 외부에 놓여 있는 현상인 동시에 의회민주주의를 탄생시키고 이를 공고히 한다. "신적인" 폭력이 이런 "신화적" 폭력과 별도로 존재한다면 의회민주주의와의 관계에서도 "신화적" 폭력과 정반대의 위치에 놓여 있어야 한다. 즉 역시 좀 추상적이고 난해한 표현이긴 하지만 "신적인" 폭력은 의회민주주의에 **내재**하면서 의회민주주의를 (공고히 하는 것이 아니라) **뒤흔드는** 것이다.

벤야민은 〈폭력비판론〉에서 소렐의 《폭력론》에 관해 언급하고 있다. 소렐은 그 책에서 자신의 생디칼리슴을 전면적으로 전개하면서 의회민주주의라는 회로를 거치지 않고 총파업에 의해 자본주의경제를 마비시켜 사회를 단번에 변혁시켜야 한다고 주장했다. 소렐에게 의회민주주의는 모욕의 대상일 뿐이다.

뒤르켐은 《자살론》(1897) 이후 사회의 '아노미'를 면하기 위해 가족 등은 이미 믿을 수가 없고 '동업조합corporation'이 중요하다고 주장하고 있지만 이는 소렐이 말하는 '노동조합syndicat'과는 완전히 별도의 개념이다. 전자는 노사협조를 지향하고 후자는 타협 없는 계급투쟁을 목표로 하고 있다. 따라서 소렐은 '사회학자'를 다음과 같이 공격했다. "총파업과 함께 …… 혁명은 단순한 반란으로서 일어났고, 사회학자나 사회 개량의 이웃인 상류계급의 사람들에게는, 프롤레타리아를 대체하여 사색하는 직업을 시작한 지식계급 등에게는 어떠한 빈자리도 남겨두지 않았다"(木下半治 訳, 《暴力論》, 岩波文庫, 上巻, 223쪽).

벤야민은 소렐의 이 《폭력론》을 높이 평가하고 있다. 절찬하고 있는 것처럼 보이기도 한다. 많은 사람들은 벤야민이 말하는 "신적" 폭력은 다름 아닌 소렐이 주장하는 생디칼리슴이라고 결론지었다. 그러나 이는 앞뒤가 맞지 않는다. 왜냐하면 《폭력론》에서 소렐은 자신의 생디칼리슴에 대해 여러 차례 "신화mythe"라는 말로 표현하고 있기 때문이다. "생디칼리슴의 총파업과 마르크스의 파국적인 혁명은 신화다"(앞의 책, 48~49쪽). 벤야민은 〈폭력비판론〉의 각주에서 소렐의 《폭력론》을 참고했고 나아가 '신적인göttlich' 이라는 말을 새롭게 추려내어 이를 '신화적mythisch' 이라는 말과 대치시키면서 사용하고 있다. "신화"라는 말에서 표현되는 소렐의 생디칼리슴을 벤야민이 말하는 "신적인" 폭력과 동일시할 수 없다.

그렇다면 "신적인" 폭력은 소렐의 생디칼리슴과도 다른 무언가인데, 그것은 도대체 무엇일까?

폭력과 의회의 관계에 대해 벤야민은 이렇게 적고 있다.

어떠한 법제도라도 그 속에 폭력이 잠재하고 있다는 인식이 잊히게 되면 그 제도는 도리어 몰락하고 만다. 현재의 의회가 그 일례다. **의회는 일찍이 자신을 성립시킨 혁명적인 힘을 잃게 되어** 주지의 비참한 구경거리가 되고 말았다. 특히 독일에서는 **의회를 위한 이러한 폭력의** 최후의 표명도 무효로 끝났다. 의회는 의회에 의해 대표되고 있는 **법 조정의 폭력에 대한 감각이 부족하다**("Zur Kritik der Gewalt", a.a.O.S.190[앞의 책, 《暴力批判論》, 46쪽]. 강조는 인용자).

이 짧은 구절에 대해서는 신중히 접근하지 않으면 안 된다. 여기에는 몇 가지 이해하기 어려운 점이 있다.

우선, 벤야민이 말하는 "의회를 위한 폭력Gewalt für die Parlamente"이라는 말이다. 의회에 "대항하는gegen" 폭력이라는 말을 하지 않은 점이다. 만일 벤야민의 생각이 의회를 부정하는 소렐의 생디칼리슴과 동일하다면 벤야민은 "의회에 대항하는 폭력"이라고 썼을 것이다. 실제로 벤야민은 이어서 "볼셰비스트와 생디칼리스트"는 "오늘의 의회에 대해 그것을 부정하면서, 총체적으로 적절하게 비판하고 있다"고 했다. 만일 벤야민의 생각이 볼셰비스트나 생디칼리스트와 동일하다면 그는 "의회에 대항하는 폭력" 혹은 "의회를 부정하는 폭력"이라고 썼을 것이다. 그럼에도 불구하고 벤야민은 "의회를 위한 폭력"이라고 했다.

또 한 가지 유의해야 할 점은 벤야민이 "의회를 성립시키는 힘"을 "혁명적"이라고 평가하고 이것이 "잊혔다"고 한 점이다. 이 힘은 노스케 등의 폭력이 아니다. 왜냐하면 우선 벤야민이 노스케 등의 폭력을 "혁명적"이라고 평가하는 것은 상상할 수 없고, 둘째로 그것이 노스케 등의 폭력이라 할지라도 그것이 "잊혔다"고 하는 것은 극히 부자연스럽기 때문이다. 2000년대의 우리가 잊어버렸다고 하면 이해된다. 그러나 벤야민이 이 〈폭력비판론〉을 집필한 1921년 1월의 단계에, 즉 1919년 1월의 국민의회선거를 앞두고 전개되던 일련의 피비린내 나는 사건으로부터 2년 밖에 지나지 않은 단계에 벤야민이 노스케 등의 폭력을 독자들을 향해 "지금

잊혀버렸다"라고 적는 것은 있을 수 없는 일이다.

따라서 벤야민이 여기서 문제 삼고 있는 것은 그 자체는 아직 생생히 기억되고 있는 노스케 등의 "법 조정의 폭력"에 의해 (1921년 1월의 단계에서) 망각으로 몰리고 있는, "법 조정의 폭력"과는 다른 또 하나의 폭력이다. 벤야민이 이런 망각에 대한 경고조치로 "법 조정의 폭력에 대한 감각이 부족하다"고 했다고 해석하는 것이 타당하다. 게다가 여기서 망각되고 있는 "혁명적인 힘"은 의회를 부정하는 볼셰비스트나 생디칼리스트의 총파업과도 미묘하게 다르다. 왜냐하면 벤야민은 이를 "의회를 위한 폭력"이라고 했기 때문이다.

"의회를 위한 폭력"이면서 동시에 노스케 등의 "법 조정의 폭력"과도 다른 또 하나의 "혁명적인 힘"은 무엇인가? 로자 룩셈부르크다. 이것이 나의 답이다.

앞에서 벤야민은 "의회를 위한 폭력"에 대해 약간 이해하기 어려운 2가지 형태로 구분하여 언급하고 있었다. 하나는 노스케에 의해 구현된 "법 조정의 폭력"이다. 이것이 의회(정확하게는 1919년 1월의 독일국민의회)를 성립시킨 것은 사실이다. 그러나 "의회를 위한 폭력"에는 또 하나가 있다. 벤야민은 이를 "혁명적인 힘"이라고 했다. 그리고 이런 구분이 텍스트의 후반에 나오는 문제의 "신화적" 폭력과 "신적인" 폭력이라는 변별과 연결되어 있다. 이러한 벤야민의 난해한 변별은 룩셈부르크를 상기시키므로 그 의미가 (역사적으로도) 명확해진다.

"법을 조정한다"와 그 반대인 "법을 부정한다", 위에서 언급한 이런 차이와 더불어 벤야민은 신화적 폭력과 신적인 폭력의 차이에 대해 이렇게 설명하고 있다. "전자가 **피의 냄새**가 난다고 하면 후자는 **피의 냄새가 나지는 않는다. 그러나 치명적**이다. ⋯⋯ 신화적 폭력은 단순한 생명에 대한, 폭력 그 자체를 위한, 피 냄새가 나는 폭력이나 신적인 폭력은 모든 생명에 대한, 생활자를 위한, 순수한 폭력이다. 전자는 **희생을 요구**하고 후자는 **희생을 받아들인다**(a.a.O.S.197-198[앞의 책, 59~60쪽]. 강조는 인용자).

벤야민이 말한 "피 냄새가 나는" 신화적인 폭력은 스스로를 역사적 사실이 된 "피 묻힐 사냥개"로 칭한 노스케와 겹친다. 그리고 이와 대치되는 신적인 폭력은 노스케 등에 의해 죽음이라는 "치명적"인 "희생"을 "받아들일 수"밖에 없었던 룩셈부르크에 귀속된다고 할 수 있지 않을까?

실제로 1920년 12월 29일자 게르숌 숄렘Gershom Scholem 앞으로 보내는 편지에서 벤야민은 일련의 '정치'론을 집필해 나가고 있다는 것을 알리면서 동생으로부터 "로자 룩셈부르크가 전쟁 중에 감옥에서 보낸 편지를 받아 보고, 나는 믿을 수 없을 만큼 그 훌륭함에 압도되었다"고 적고 있다. 룩셈부르크가 왜 훌륭하고 중요한지 그 이상 자세히 설명하지 않았지만, 어쨌든 벤야민이 〈폭력비판론〉을 집필할 때 룩셈부르크를 강하게 의식하고 있었다는 점은 확실하다.

이 해석이 정확하다면 벤야민이 말하는 "신적인" 폭력의 내용을

밝혀내기 위해서도 룩셈부르크의 사상을 다시 한 번 살펴볼 필요
가 있다.

의회제를 초월한 의회제

　룩셈부르크의 정치학, 그녀의 **사회민주주의**는 소렐의 생디칼리
슴과 다른 것이다.

　대중 파업에 관해 잘 알려진 1906년의 논고에서 룩셈부르크는
의회제를 통째로 부정한 생디칼리슴과 비판적으로 대치했다(R.
Luxemburg, "Massenstreik, Partei und Gewerkschaften", *Schriften zur Theorie
der Spontanität*, a.a.O.S.89-161[河野信子·谷川雁 訳, 〈大衆ストライキ, 党お
よび労働組合〉, 《ローザ·ルクセンブルク選集》第2卷, 172~265쪽]). 그녀에
따르면 대중 파업이라는 전술은 의회민주주의 자체를 부정하는
아나키즘에서 탄생된 것이지만, 1905년 (1차) 러시아혁명 이후 보
통선거 등의 "프롤레타리아를 위한 의회정치의 조건을 만들어낸
수단"으로 변했다. 따라서 대중 파업은 현재 그 자신의 근원인 아
나키즘과 반의회주의를 부정하기에 이른— '모아의 애인이 모아
자신의 손에 의해 죽음을 당한' —것이다(a.a.O.S.92[앞의 책, 176
쪽]). 다만 그녀는 단순한 정치적인 파업을 말한 것이 아니다. 그것
이 자본주의적 생산방식을 크게 변화시키는 경제적인 투쟁에까지
발전해갈 수 있는 가능성에 주목한 것이다. "만일 우리가 독일에

서 소용돌이와 같은 대중행동의 시기에 돌입한다면, 그 때 사회민주주의는 그 전술을 더 이상 단순한 의회정치의 옹호에 한정하는 일 등은 확실히 불가능하게 될 것이다"(a.a.O.S.142[앞의 책, 244쪽]).

의회제에 대한 룩셈부르크의 태도는 시종일관 극히 이중적이었다. 의회제의 한계와 협애성에 대해 그녀는 의회제의 부정에 이를 정도에까지 혹독하게 비판하면서도 의회제의 가능성을 마지막까지 포기하지 않았다. J. P. 네트로가 말한 것처럼 룩셈부르크는 "면도칼의 칼날 위에서 아슬아슬하게 균형을 잡고 있었다. 한편으로는 부르주아의 각종 제도를 멸시하고, 다른 한편으로는 선거나 의회와 같은 제도에 참여하는 그런 균형을"(諫山正 外 訳,《ローザ·ルクセンブルク》上卷, 河出書房新社, 1974, 258쪽).

룩셈부르크는 1918년 12월 독일공산당 설립 당시 엥겔스가《프랑스에 있어서 계급투쟁》의 서문에서 언급한 후 독일사민당의 기본노선이 된 "유일-의회주의Nur Parlamentarismus"를 부정한 건 사실이다(R. Luxemburg, "Rede zum Programm", a.a.O.S.195−220[野村修 訳,〈綱領について〉, 앞의 책,《ローザ·ルクセンブルク選集》第4卷, 127~160쪽]).

그러나 이 "유일-의회주의"라는 말에 대해서는 충분한 주의가 필요하다. 그 부정을 그대로 의회주의에 대한 부정으로 해석하는 것은 논리적인 오류다. "인간은 **빵만**으로 살 수 **없다**"고 하는 말은 인간이 살아남기 위해 빵을 필요로 한다는 점을 부정하지 않는다. 이와 같이 그녀의 비판은 의회 '만nur' 이 정치의 무대이고 여기서 다수파가 되지 않으면 아무것도 할 수 없다는 나약함 그리고 의회 밖에서 잠자고 있는 커다란 힘에 대한 통찰력의 결여에 대한 것이고, 의회제 자체를 부정한 것은 아니다.

실제로 룩셈부르크는 공산당 내에서도 지지를 얻지 못해 최종적으로는 단념할 수밖에 없었지만, 국민의회에 반대하기 위해서라도 예정되어 있는 1919년 1월의 선거에 참가해야 한다고 계속 주장했다. "국민의회는 혁명적인 프롤레타리아를 넘어뜨리기 위해 쌓은 반혁명의 요새다. 따라서 우리에게 있어서 …… 대중을 이 국민의회에 반대하게 하기 위해 동원하고 보다 첨예한 투쟁을 호소하기 위한, 단지 그것을 위해서만 **국민의회라는 무대를 마지막까지 이용하지 않으면 안 된다**"(高原宏平 訳, 〈国民議会のための選挙〉, 앞의 책, 124쪽).

룩셈부르크의 '유일-의회주의' 비판은 의회제를 봉쇄하고 배제하는 가능성을 열어두면서 의회제로 비판적으로 회귀하는 노선, 즉 다름 아닌 **의회제를 초월한 의회제**라는 구상이다. 1904년의 글에서 룩셈부르크는 이렇게 논하고 있다. "부르주아 의회제도를 부르주아로부터, 부르주아에 **대항하면서 지켜내는** 일이 현재의 사회민주주의에 있어서 요긴한 정치과제 중 하나다"(高原宏平 訳〈社会民主主義と議会主義〉, 앞의 책, 《ローザ·ルクセンブルク選集》第1卷, 1963, 147쪽).

"의회"를 "성립시키는 혁명적인 힘" 혹은 "의회를 **위한** 폭력"이라는 벤야민의 말도 위와 같은 룩셈부르크의 논의와 결부시켜 이해하면 더욱 확실한 이미지로 자리 잡힌다.

위에서 언급했듯이 벤야민이 말하는 "신적인" 폭력은 "신화적" 폭력에 의해 이미 조정되고 유지되고 있는 법으로부터 우리들을 해방시키면서, 정의는 무엇인가 또한 정의에 비추어볼 때 있어야 할 법=권리는 무엇인가라는 물음을 우리들에게 끊임없이 제기하고 있다. 룩셈부르크의 "유일-의회주의" 비판은 이와 깊은 관계가 있다고 볼 수 있다. 요컨대 유일-의회주의는 "유일-법률주의", 즉 의회에서 조정(=제정)된 법률만이 정당하다고 하는 생각이다. 벤야민이 말하는 "신적인" 폭력은 다름 아닌 이런 "유일-법률주의"를 해체하는 것인데 이는 룩셈부르크의 "유일-의회주의" 비판과 대체로, 아니 완전히 겹친다.

여기서 다시 한 번 되풀이하자면, "신화적" 폭력이라 함은 노스케의 폭력이나 슈미트를 즐겁게 한 바이마르헌법 제48조처럼 의회민주주의의 밖에 있는, 예외적이긴 하나 의회민주주의를 탄생시키고 이를 공고히 하는 것이다. "신적인" 폭력은 이와 정반대로 의회민주주의에 내재하면서 이를 (공고히 하는 것이 아니라) 뒤흔드는 무언가다. 룩셈부르크가 가리키는 것은 후자다.

전자는 의회민주주의를 밖으로부터 공고히 하는 것임에도 불구하고 최종적으로는 의회민주주의 자체를 파괴했다. 슈미트는 애초에 바이마르공화국헌법 제48조라는 "예외"가 바이마르공화국의 민주주의를 파괴하는 것이 아니라 역설적으로 이 민주주의를 유지한다고 주장했다. "예외는, 이탈하는 그 규범이 변함없이 계

속 통용되는 것을 전제로 한다. 일시적인 보류 없이 침해하고 효력의 정지 없이 이탈하는 것이 예외라는 개념의 구성요소다"(《大統領の独裁》, 31쪽). 그러나 이 예외는 슈미트가 바란 대로 그것이 확대되고 강화되어가는 과정에서, 슈미트의 해설과는 정반대로 의회민주주의를 일시적으로 **보류하면서 침해하고 그 효력을 정지시키는 형태로 이탈해간** 것이다.

룩셈부르크가 말하는 의회제를 초월한 의회제는 의회민주주의에 내재하면서 의회민주주의를 공고화하는 것이 아니라 뒤흔들고 있다. 그러나 이런 뒤흔듦은 슈미트의 "예외"와 달리 의회민주주의 자체를 최종적으로 강화해간다.

벤야민이 나치와 연을 끊는 최후의 수단으로 자살을 감행하기 직전에 쓴, 그의 사상적인 유서이기도 한 《역사의 개념에 대하여》(1940)에서 "사회민주주의"와 그 "진보주의"적인 면을 비판하면서 "억압당한 과거를 해방하는 투쟁 속에서의, 혁명적인 기회의 신호"에 대해 언급하고 있다(野村修 編訳, 《ボードレール 他五編》, 岩波文庫, 344쪽). 여기서 벤야민이 이야기하고 싶었던 것은 무엇일까?

그가 비판한 사회민주주의는 "유일-의회주의"로부터 한발 더 앞으로 나서려고 하지 않고 또한 그러한 완고함에 의해 룩셈부르크 등을 죽음에까지 몰아넣은 사람들의 것이고, 그와 반대로 해방되어야 할 "억압당한 과거"란 그녀의 죽음과 함께 막혀버린, 의회제를 초월한 의회제에 의해 지탱되는 사회민주주의의 가능성일 것이다.

또한 벤야민이 말하는 해방되어야 할 "억압당한 과거"는 레닌에 의해 창설되고 스탈린에 의해 고착화된 코민테른이 아니다. 이것이 《역사의 개념에 대하여》를 쓴 벤야민에게는 지나간 과거가 아니라 현재이기 때문만은 아니다. 벤야민이 자살한 것은 1940년 9월 말이지만 그 전해인 1939년 8월 23일에 스탈린은 히틀러와 독소불가침조약을 체결했고 이 조약이 최종적으로 파기되는 것은 독일이 소련을 향해 공격을 개시한 1941년 6월이다. 즉 벤야민이 자살할 때 코민테른은 아직 자살 이외엔 다른 퇴로가 없을 만큼 그를 집요하게 괴롭힌 나치의 편에 있었던 것이다. 벤야민이 그런 코민테른으로부터 "혁명적인 기회의 신호"를 찾을 수는 없었을 것이다.

그 외에 코민테른은 레닌 시대부터 룩셈부르크의 〈러시아혁명론〉을 오류라고 비판해왔다. 룩셈부르크의 이런 주장은 레닌에 의해 "1918년 옥중의 저작"에서 범한 "오류"라고 정리되고(〈政論家の覚え書〉, 《レーニン全集》第33卷, 208쪽), 그 이후 줄곧 코민테른 내에서 이단으로 봉인되었다.

룩셈부르크의 민주주의는 이중으로 억압당했다. 그것은 의회제를 **초월한** 의회제를 지향했기에 유일-의회주의를 신봉하는 독일 사회민주당의 주류파에 의해 부정되었고, 동시에 계속 의회민주주의 즉 "다른 생각을 가진 사람들의 자유"를 옹호했기에 "부르주아의 독재를 프롤레타리아의 독재로 대체하는 것"을 철저히 한 레닌(주의)에 의해서도(〈〈民主主義〉と独裁について〉, 《レーニン全集》第

28卷, 397쪽) 부정되었다.

1927년 9월 벤야민은 프랑스의 파시즘 단체인 '악시옹 프랑세즈'의 지도자 중 한 사람인 경제학자 조르주 발루아Georges Valois—그는 소렐의 제자다—에 대한 인터뷰에서 마지막에 이렇게 덧붙였다. "이 운동이 시류時流를 타면서 약진한 이유는 의회주의를 시대에 뒤떨어진 것으로 부정했기 때문이다. 이 운동은 신비스러운 특징을 지니고 있으면서, 새로운 활동에 신비스럽게 휩싸여 앞으로 돌입해 나간다. 속간束稈(Faszes)은 권력의 속束이 되었다. 그러나 그것에 꽂힌 '공포'와 '복종'이라는 두 도끼는 그 칼날을 한층 빛나게 했다"(W. Benjamin, "Für die Diktatur", *Gesammelte Schriften*, a.a.O.,Bd.4-1. S.487-492, S.491-492. 강조는 인용자).

의회주의의 부정이 새롭게 "신비함"을 탄생시켰고 그로부터 파시즘이라는 폭력이 탄생했다. 벤야민은 그 현장을 목격했다. 그로부터 "신적인" 폭력을 구출하기 위해서는 의회민주주의 자체를 구출할 필요가 있다고 나는 생각한다.

APO

마지막으로 우리들의 살고 있는 현재에 다시 돌아오기 위한 아래의 논의를 보충하면서 이 장을 마치도록 하자.

1992년의 한 문장에서 루만은 이렇게 말했다. "이의신청운동

Protest이나 규칙적으로 반복되는 위기 역시 시스템을 정기적으로 탈도그마하고 시스템의 (환경에 대한) 적응 방식을 갱신하는 기능을 가지고 있다"(N. Luhmann[k-u. Hellmann Hg.], *Protest: Systemtheorie und Soziale Bewegung*, Suhrkamp, 1996, S.9-10). 이의신청운동이 표명하는 것은 "모든 가능한 것이 가능해지지 않는 것에 대한 불만"이라고 하면서 루만은 이렇게 덧붙였다. "따라서 '의회 밖 반대세력'이 나오는 것도 필연적인 것처럼 보인다"(a.a.O.S.10).

서독의 '의회 밖 반대세력', 즉 APO(ausserparlamentasiche Opposition)—일본에서 '신좌익新左翼'이라고 총칭되는 것이 대체로 이에 해당한다—는 1961년 독일사민당의 하부조직이었던 '독일사회주의학생동맹SDS(Sozialistischer Deutscher Studentenbund)'의 조직원 전체가 사민당으로부터 제명된 사건을 계기로 탄생했다.

SDS가 사민당으로부터 이탈한 이유는 말할 것도 없이 1959년의 고데스베르크강령이다. 애당초 서독의 사민당은 소련과 동독에 대해 노골적인 적대심을 품고 있었지만, 그럼에도 불구하고 독일통일을 첫째로 내세웠고 사회주의인터내셔널이 지지한 북대서양조약기구NATO 가입에는 반대했으며 재무장도 반대했다. 그러나 독일사민당은 1959년 11월에 열린 임시당대회에서 1951년 사회주의인터내셔널의 '프랑크푸르트선언'을 토대로 새로운 강령(고데스베르크강령)을 채택하고 노선을 크게 전환하여 재무장을 시인하고 독일의 나토 가맹(1955)을 추인하게 된다. SDS는 사민당의 이러한 방침 전환, 특히 재군비의 용인에 대해 혹독하게 비판했고, 사민당은 이에 대해 조직 전체의 제명이라는 방식으로 응한 것이다.

이와 비슷한 시기 일본의 '60년안보투쟁60年安保鬪爭'[*]도 기존 정당과는 별도의 의회 밖 반대세력으로서 신좌파가 급성장하는 중요한 계기가 되었다.

이후 독일에서는 1966년의 '대연립' 정권에서 사민당의 브란트가 부수상으로 전 나치당원인 수상 쿠르트 키징거(기독교민주동맹)와 손을 잡았고, 이 정권은 1968년에 헌법을 개정하여 '비상사태법Notstandsgesetz'—이는 당시 많은 사람들에 의해 바이마르헌법 제48조의 재림이라고 비판받았다—을 제정한다. 이러한 흐름에 반대하여 루디 두치케를 중심으로 한 SDS는 기타 세력들과 연계하면서 독일연방의회에 대해 밖으로부터 비판하는 광범한 운동을 전개해나갔다.

그러나 APO가 비판한 대상은 위의 비상사태법에 그치지 않았

---

* [옮긴이주] "60년안보투쟁60年安保鬪爭"은 1960년 전후에 일어난 일미안전보장조약日米安全保障條約의 개정을 반대하여 일어난 대규모 반정부, 반미운동을 말한다. 패전 후 일본은 1951년에 자유진영 국가들과의 샌프란시스코조약을 통해 정상국의 지위를 회복하고 미국과 일미안전보장조약을 체결했다. 1958년부터 미일안보조약의 개정 교섭이 시작되어 당시 수상이던 기시 노부스케岸信介가 1960년에 미국을 방문, 개정된 안보조약에 서명했다. 개정된 안보조약의 국회비준을 계기로 이 조약이 일본을 다시금 전쟁으로 끌어들일 수 있다는 우려가 불거졌고, 이는 당시 일본사회의 반정부, 반미의식과 더불어 야당, 시민단체, 노동자, 학생 등 광범위한 사회계층이 참가한 반정부시위를 불러일으켰다. 개정된 안보조약은 국회 중의원에서 강행 처리되고 참의원의 의결을 거치지 않은 채 성립되었으나 기시 노부스케 내각은 국정 혼란의 책임을 지고 물러났다.

다. '1968년'이라는 시대 속에서 이는 베트남전쟁, 제3세계와 독일 등 선진국들과의 관계, 대학이라는 제도, 사회의 형태, 자기의 라이프스타일과 가치관 등 온갖 문제와 관련되었다.

루만은 이 APO에 대해 다음과 같이 해석한다.

루만에 따르면 정치라는 시스템, 더욱 정확히 말하면 "민주주의"라는 시스템은 "집권여당Regierung"과 "야당Opposition"이라는 코드(이항대립)에 의해 운영되고 있다. 이런 시스템은 위와 같은 코드 자체를 용인하지 않는 "독재"에 비해 복잡성(여러 가지 가능성)의 유지라는 점에서는 뛰어나지만, 그것이 시스템인 이상 그 복잡성은 감축된다. 즉 아직 많은 가능성이 "있을 수 없다"라고 제외되고 있는 것이다.

APO 및 그 연장선에 있는 "새로운 사회운동"은 이런 여당/야당의 코드 자체를 제쳐두고, 이 코드가 멀리했던 여러 가능성—위에서 말한 재군비나 비상사태법 제정의 저지라는 가능성—을 열어가는 작업이다(a.a.O.S.23). APO나 새로운 사회운동이라는 이의신청운동은 "중심"—그 속에는 "야당/여당"이라는 코드가 들어 있다—과 "주변"이라는 별도의 새 코드에 입각하면서 "주변"에 있는 여러 가능성을 "중심"으로 옮겨가고 있다(a.a.O.S.205). 이의신청운동의 이러한 움직임에 의해 민주주의라는 시스템은 자신이 대처해야 하는 복잡성이며 여러 가지 가능성 자체를 보급하고 있다는 의미에서 오토포이에시스autopoiesis가 되는 것이다(a.a.O.S.210).

또한 루만은 이렇게 말했다. "이의신청운동의 커뮤니케이션은 확실히 사회 속에서 일어난다. 그렇지 않으면 그것은 애당초 커뮤니케이션이 아니다. 그러나 그것은 마치 사회 밖에서 일어난 것처럼 보인다. 그것은 사회를 위한, 동시에 사회에 반대하는 책임으로 표현되고 있는 것이다"(a.a.O.S.204). "[이의신청운동에 있어서] 사람들은 문자 그대로 사회 속에서 사회를 위해 그리고 사회에 대항하여 생각하고 있는 것이다"(a.a.O.S.211).

루만은 예컨대 그와 논쟁을 벌인 하버마스에 비해 사회학 내부에서 보수파/체제파로 불렸다. 어떤 의미에서 이는 정확하다. 나 역시 그의 주장에 모두 동의하는 것은 아니지만 적어도 APO에 관한 이상의 분석에서 루만은 사태를 정확히 분석하고 있다고 생각된다. 또한 그의 이런 분석은 룩셈부르크가 가능성을 제시한 "의회제를 초월한 의회제"를 이해하는 데 있어서도 시사하는 바가 크다.

본 장의 물음은 하나의 가치로서, 하나의 목적으로서 '사회적인 것'을 이해할 경우 그것을 실현하는 **수단**이 무엇이어야 하는가다. 지금까지의 고찰을 통해 얻어낸 답은 민주주의, 그것도 '의회제를 초월한 의회제'에 의해 지탱되는 민주주의다. 이는 의회 밖(APO)으로부터 여러 가지 힘을 보급하는 민주주의이고, 그 과정에서 목적으로서의 '사회적인 것' 역시 보다 단련되고 완성될 것이다. 반대로 말하자면 이러한 힘이 결여될 때 사회적인 것은 경직되고 빈약해진다.

혹은 이렇게 말할 수도 있다. 1장 첫머리에서 언급했듯이, 현재 일본의 의회민주주의에서 '사회(적)'라는 말은 극단적으로 빈약해지고 말았다. 사회적인 것의 개념을 다시 한 번 보급補給하는 작업은 현재로서 그 자체가 APO(의회 밖 반대세력), 즉 "사회를 위한 동시에 사회에 대항하여 생각하는"(루만) 일인 것이고, 또한 바로 눈앞의 의회를 초월하여 의회제민주주의 자체를 단련시키는 것이다라고.

02

사회적인 것의 계보와 그에 대한 비판

루소

정치적인 것과 사회적인 것

'사회적인'이라는 말 없이는 사회학의 존재가 불가능하다. 그러나 사회학의 역사를 서술한 사회학사 교과서에서 다음과 같은 사실에 주목한 적은 거의 없다. 드니 디드로와 장 르 롱 달랑베르의 《백과전서》(전28권)에는 '사회적social'이라는 항목을 두고 있고 그 항목에 대해 간단히 이렇게 설명하고 있다. **"최근에 이르러 사용하기 시작한 새로운 말로서,** 어떤 인간을 사회—특히 인적교류—에서 유용하도록 하는 성질을 표현한다. 예컨대 사회적인 미덕"(제15권, 1765, 강조는 인용자).

영어에서의 'social'은 이하에서 언급하듯이 이미 17세기 말경에 로크 등이 사용해왔으나, 프랑스에서 'social'이라는 표현은 1765년의 시점에서 "최근에 이르러 사용되기 시작한 새로운 말"로 인식되어 있었던 것이다. 그리고 당시 이 'social'이라는 새 프랑스어를 보급시키는 데 가장 중요한 역할을 한 인물은 장자크 루소다. 여기서 루소에 초점을 두면서 사회적인 것의 기원을 찾아보도록 하자.

그전에 우선 다음과 같은 사실을 확인해두자.

주지하다시피 한나 아렌트는 "공적인 것"과 "정치적인 것"을 부흥시켜야 한다는 입장에서 "사회적인 것"에 대해 혹독한 비판을 가했다. 아렌트에 의하면 공적인 것, 정치적인 것이 잊히게 된 이유 중 하나가 언어의 문제, 보다 구체적으로는 그리스어를 라틴어로 번역하는 문제에 있다고 했다. "아리스토텔레스가 말하는 정치적인 동물zôon politikon이라는 말"은 "이미 세네카에서 보다시피 사회적인 동물animal socialis이라는 말로 번역되었다." "이 번역어는 훗날 토마스 아퀴나스에 의해 표준적인 번역어가 되었다. homo est naturaliter politicus, id est, socialis(인간은 본성상 정치적이다. 즉 사회적이다). 그러나 이처럼 무의식적으로 정치적인 것을 사회적인 것으로 대체하는 일은 정치에 관한 본래의 그리스적인 이해가 어떻게 잊히게 되었는지에 대해 그 어떤 정교한 이론보다 더 명백히 폭로하고 있다"(志水速雄 訳, 《人間の条件》, ちくま学芸文庫, 44쪽).

"정치적politikon"이라는 그리스어가 "사회적socialis"이라는 라틴어로 대체에 따라 "정치적인 것"이 잊히게 되고 "사회적인 것"이 비대해지는 토대가 만들어지고 말았다는 것이다. 그러나 아렌트의 이런 주장은 문헌학적으로 틀리다고는 할 수 없지만 정확하진 않다. 왜냐하면 아리스토텔레스의 "politikon"에 대해 아퀴나스는

"socialis" 외에 또 하나의 표현을 사용하여 번역했기 때문이다. 몇 가지 사례를 인용해두자.

quod politicum idem est quod civile[정치적인 것은 civilis적인 것과 동일하다 (*S. Thomae Aquinalis Opera Omnia* 4. Frommann—Holzboog, Stuttgart—Bad Cannstatt, 1980. p. 188)]

quod homo est naturaliter animal civile[인간이라는 것은 본성적으로 civilis한 동물이다(ibid., p. 249)].

politicus enim facit hominem civilem[정치적인 것은 즉 인간을 civilis로 만든다](ibid., p. 448)].

여기서 아리스토텔레스의 "정치적politikon"은 일관적으로 "civilis" 라는 라틴어로 번역되었다. "civilis"라는 말은 "civis"(시민)라는 명사에서 파생한 형용사이고 "civitas"(도시, 국가)와도 관련되어 있다. 그리스어의 politikon의 어원이 역시 '도시'나 '국가'를 의미하는 'polis'라는 점을 생각하면 아퀴나스의 위 번역은 심사숙고한 결과라고 할 수 있다.

이 civilis라는 라틴어 형용사를 토대로 중세 유럽의 각 세속언어에는 'civil'(영어, 프랑스어), 'zivil'(독일어)이라는 표현이 탄생했다. 이런 형용사들은 여러 가지 의미를 가지고 있었는데, 그 중에 '예의바르다' 라는 의미가 있다. 이 뜻은 명사형인 'civility'(영어), 'civilité'(프랑스어), 'Zivilität'(독일어)—모두 '예의바르다'나 '예의 범절'을 의미하고 civilis에서 파생한 civilitas라는 명사에 대응하고 있다—에서 한층 명확히 표현된다.

이런 흐름을 본다면 아리스토텔레스의 'zóon politikon'(정치적인 동물)은 아퀴나스를 통해 우선 'animal civile'로 번역되고 나아가 이 라틴어는 세속언어로서의 영어에서는 'civil animal'로 변하게 되나 그 뜻은 '예의바른 동물'이 되는 것이다. 이 '예의바른 동물'은 어떤 동물인가?

독일어에는 'Zivilität'의 동의어로 'Höflichkeit'라는 말이 있다. 이것은 'höflich'(예의바르다)라는 형용사의 동사형으로 이 형용사의 어원을 거슬러 올라가면 'Hof'라는 명사에 이른다. 이 명사는 '궁정'이라는 의미다.

노베르트 엘리아스는 데시데리우스 에라스무스의 《소년예의작법론De civilitate morum purerilium》(1530)을 예로 들면서 다음과 같이 말했다. "에라스무스는 그의 저작을 통해 옛날부터 잘 알려지고 또한 잘 쓰이고 있던 civilitas라는 말의 의미를 새롭게 극단화시켜 이 말에 새로운 움직임을 부여했다. …… civilitas라는 개념은 그 후 이 저작의 테마에 의해 얻은 독특한 의미로 사람들의 의식 속에 고정되었다. 그리고 널리 사용되는 각종 언어에서 이에 상응하는 유행어가 만들어졌다. 프랑스의 civilité, 영어의 civility, 이탈리아어의 civilità, 그리고 독일어의 Zivilitat가 그것들이다. …… 예컨대 에라스무스는 인간의 눈에 대해 말하고 있다. '눈은 침착하고 조심스럽고 평온한 것이 바람직하다. …… 매서운 것은 좋지 않다. 왜냐하면 상냥하지 않은 감을 주기 때문이다. …… 침착함이 없고 두리번거리는 것도 좋지 않다. 왜냐하면 그것은 광기를 나타내기 때문이다. 사팔뜨기도 좋지 않다. 왜냐하면 그것은 불신감을 주고 속마음이 있음을 표현하기 때문이다'"(赤井慧爾外 訳, 《文明化の過程》上, 法政大学出版会, 1977, 141~143쪽).

에라스무스가 가르치고 있는 이러한 예의바름을 터득함으로써 사람은 '궁정사회'라는 공간에 참여할 수 있도록 허용된다. 그리고 그 예의바름은 그대로 궁정사회의 내부와 외부를 경계 짓고 있다. 엘리아스는 "예의작법 속에는 궁정사회 그 자체가 보인다. 즉 각 개인이 서로 뽐내면서 또한 함께 되어서 그 사회에 귀속하지 않는 자들에 대해 자신들을 두드러지게 하고, 그렇게 함으로써 개개인으로서 또한 전체로서 자신들의 존재를 자기가치로서 실증하고 있는 것이다"라고 말했다(波田節夫外 訳, 《宮廷社会》, 法政大学出版会, 1981, 163쪽).

그리스어 polis나 라틴어 civilitas가 '도시'를 의미하고, 여기로부터 예컨대 존 그레빌 포칵이 16세기 이탈리아의 도시국가에 초점을 두고 분석한 'civinik humanism'의 계보, 고전적 공화주의의 계보가 추론된 것은 사실이다(P. G. A. Pocock, *The Machiavellian Moment*, Princeton University Press, 1975). 그러나 이것만이 civil한 것의 계보가 아니다. 그것은 또한 '궁정사회'라는 일반인으로부터

격리된 특권적인 공간을 의미하고, 아리스토텔레스의 정치적인 동물도 이 궁정사회에서 예의바르게 행동하는 동물을 의미하게 된다. 혹은 그러한 동물을 의미하는 데까지 타락한 것이다. 그리고 중요한 것은 이 궁정사회가 무엇에 의해 지탱되고 있는가 하는 점이다. 말할 것도 없이 그것은 다름 아닌 중세 이래의 신분제다.

서론이 약간 길어지긴 했지만 정치적인 동물이라는 말의 이러한 계보, 즉 아렌트가 언급하지 않은 계보에 대해 별도로 파헤치는 것은, 이 계보를 토대로 하지 않는 한 루소의 아래와 같은 말을 우리는 정확히 이해할 수 없기 때문이다.

> 어떠한 편견도 가지지 않고 사회인l' homme civil을 미개인l' homme sauvage 과 비교해보면 된다. 그리고 사회인이 얼마나 그 사악함과 욕망과 비참함으로 향함과 동시에 고통과 죽음을 향해 새로운 문을 열었는가에 대해 가급적 연구해봤으면 한다(本田喜代治·平岡昇 訳, 《人間平等起原論》, 岩波文庫, 150쪽, 이하《불평등론》).

여기서 나타난 '사회인l' homme civil'이라는 말, 즉 위의 경위를 고려하여 '예의바른 인간'으로도 번역될 수 있는 이 말에 대해서는 보통이라면 상세한 주석이 필요할 것이다. 이외에도《불평등론》에는 '정치사회société civile'(《불평등론》, 21쪽), '문명인l' homme civilisé'(《불평등론》, 43쪽), '사회생활la vie civile'(《불평등론》, 68쪽), '사회상태' état civil'(《불평등론》, 127쪽)라는 말이 언급되었다.

'civil'에 이어지는 이러한 말에 대해 우리는 현재로부터 역으로 읽어서 근대 시민사회나 이와 관련한 것들을 투영시키면 안 된다. 그렇게 하지 않고 적어도《불평등론》에 대해서는 이쪽(현재)으로부터가 아닌 저쪽(과거)으로부터 출발하여 'civil'이라는 말에서 궁정사회와 그 속에서 예의바르게 행동하는 동물과 그것을 지탱하고 있는 신분제 전반을 간파해야 할 것이다. 신분제를 배경으로 해야 비로소 '사회상태'의 "각 계급을 지배하고 있는 교육과 생활양식의 놀랄만한 다양성"(《불평등론》, 81쪽)이라는 루소의 말의 뜻도 명확히 할 수 있다. 그러나 루소가 이 '다양성'을 긍정하는 것은 아니며 **불평등**으로서 고발한 것이다.

이 civil적인 것을 루소는 '정치적인 것'과 동일시했다. "정치적인 차별은 반드시 시민 간의 차별을 초래한다"(《불평등론》, 122쪽). 《불평등론》에서 정치적인 것은 궁정사회와 그 속에서 예의바르게 행동하는 동물들을 의미하는 civil적인 것과 동의어이고 양자는 모두 신분제라는 불평등에 깊이 결합되어 있다. 그리고 루소의《불평등론》은 이러한 의미의 정치적인 것과 civil적인 것을 '자연상태'라는 **사고실험**에 반조反照시키면서 철저하게 비판한 것이다.

아렌트는 '정치적politikon'의 번역어 중 하나인 'civilis'의 계보를 간과했다. 이는 일견 사소한 간과이긴 하나 아렌트의 논의 자체의 문제점을 부각시키고 있다. 'politikon'의 번역어로 출발하여 중세 이래 유럽에서는 궁정사회와 신분제의 별칭이기도 했던 'civilis'와 'civil'은 무엇보다도 불평등의 장치를 의미한다. 아렌트가 이상적이라고 생각한 고대 그리스의 '정치적politikon'인 것은 노예제를 전제로 하고 있다. '정치적인 것'에서 끊어지지 않고 흐르고 있는 이 불평등이라는 기만성에 대해 아렌트는 충분히 인식하지 못했다.

그리고 루소는 《불평등론》에 이어 《사회계약론》에서 '정치적인 것'의 이런 기만성에 대해 아렌트가 간과한 그 '사회적social'이라는 말로서 비판적으로 극복해갔고, 또한 이 '사회적'이라는 말을 토대로 'civil'이라는 말의 의미를 마이너스에서 플러스로 역전시킨 것이다. 우선 이 점이 무엇보다 중요하다.

《불평등론》

에밀 뒤르켐에게 루소는 사회학의 중요한 원천 중 한 명이기는 하지만 아직 사회학으로 불릴 만큼의 수준에 도달하지는 못했다. 왜냐하면 뒤르켐에게 사회학의 과제는 "현재 있는 그대로의 혹은 과거에 존재했던 그대로의 사회를 기술하고 설명하는 일"인 데 비해, 루소는 "있어야 할 사회, 가능한 완벽해지기 위해 사회가 어떻게 조직되어야 하는가"를 탐구했기 때문이다(이 책, 61쪽).

그러나 사회학이 탈규범화를 통해 그 우유성偶有性을 폭로했고 동시에 그 복잡성을 증대시킨 '사회적인 것'의 개념에 초점을 두고 검토하려는 이 책에 있어서, 루소가 사회학의 수준에 달하지 않았기에 루소의 논의가 반대로 새로운 실마리를 제공할 수 있을 것이라고 기대된다. 루소의 사색의 궤적을 1755년의 《불평등론》에서부터 차례로 검토하여 '사회적'이라는 말이 어떤 형태로 등장했는가를 보도록 하자.

《불평등론》은 신분제라는 불평등과 결합한 '정치사회société civile'(《불평등론》, 21쪽)를 '자연상태'에 반조反照하면서 고발했다. 여기서 루소는 "자연이 사람들 사이에 마련한 평등"과 "사람들이 수립한 불평등"을 대비시키면서(《불평등론》, 9쪽) 전자에 입각하여 "사회의 정신"과 그 "사회가 만든 불평등"을 해체시켜나갔다(《불평등론》, 130쪽).

다만 아래와 같은 점에는 주의가 필요하다. 《불평등론》에서는 '사회société'라는 명사가 많이 사용되었지만 '사회적social'이라는 형용사는 거의 나타나지 않았고, 불평등과 깊이 결합된 'civil'이라는 표현이 이를 대체하는 형식으로 빈번히 사용되었다.

'social'이라는 형용사가 《불평등론》에서 등장하는 몇 안 되는 예는 다음과 같다. "만일 자연이 인간에게 이성의 지주支柱로서 연민의 감정을 부여하지 않았다면 인간은 그 모든 덕성을 가졌다하더라도 괴물에 지나지 않는다는 점을 맨더빌은 충분히 인식하고 있었지만, 그는 이 유일한 특성으로부터 그가 인간에게 인정하지 않으려 했던 모든 사회적인 미덕이 태어나고 있음을 보지 못했다. 실제로 관대, 인자, 인간애라고 하는 것들이 약자, 죄인 혹은 인류 일반에 적용되는 동정의 감정이 아니라면 또 무엇일까?"(《불평등론》, 73쪽).

《꿀벌의 우화》의 버나드 맨더빌도 연관되지만, 여기서 루소는 자신이 말하는 '자존심' — '이기심'으로 번역되기도 한다—을 보완하는 인간의 심성으로서 '연민'에 대해 언급하고 그것을 '사회적인 미덕'이라고 칭한 것이다. 앞질러서 말하자면, 사리의 추구야말로 사회 전체의 번영이라는 의도하지 않은 결과를 초래한다는 스미스 등의 경제적 자유주의에 대항하여 타자를 염려하는 심성, 그것이 루소가 말하는 '사회적인 미덕'이다.

'social'이라는 표현을 사용하는 또 하나의 예는 다음과 같다. "정부의 기본적인 계약의 각종 성질에 대해 더 진행해야 할 탐구에는 깊숙이 들어가지 않고, 나는 다만 세상의 통념에 따라 여기서 정치체政治体의 설립을 **인민과 그들이 선택한 수장이 맺은 하나의 진정한 계약**이라고 보는 데 머문다. …… 인민은 사회적인 관계라는 점에서 그 모든 의지를 단 하나의 의지로 결합했기에 그 의지가 설명되는 모든 조항은 각각 기본 법률이 되고 그것은 사회의 전체 구성원을 예외 없이 의무화하고 있다"(《불평등론》, 117쪽, 강조는 인용자).

이는 《불평등론》으로부터 7년 후인 1762년에 출간된 《사회계약론》으로 이어지는 가교에 해당되는 부분이라고도 할 수 있는데 마침 이 곳에서 'social'이라는 말이 등장했다.

《사회계약론》

그러나《불평등론》에서 언급된 위의 '기본적인 계약' 은《사회계약론》에서의 계약과 완전히 다른 것이다. 전자는 종래의 계약론자(휴고 그로티우스 등)들이 반복적으로 주장해온 복종계약, 즉 지배자와 그에 복종하는 자들이 체결한 계약의 범위를 벗어나지 않았다.《사회계약론》의 중요성은 이러한 복종계약을 벗어난 다른 계약을 주장했다는 점에 있다. 실제로《사회계약론》에서 루소는 위의《불평등론》에서의 계약 개념을 스스로 부정했다. "인민이 수장에 복종하는 행위는 결코 계약이 아니다"(桑原武夫·前川貞次郎 訳,《社会契約論》, 岩波文庫 , 84쪽).

복종계약에 있어서 계약 당사자(지배자와 복종자)는 그 계약에 앞서서, 그 계약과는 독립적으로 존재한다. 이에 대해 루소가 제시하는 사회계약에서는 일방의 계약자로서 인민이 존재하고 있다 하더라도, 계약을 맺는 상대방—그것도 인민이지만—은 루이 알튀세르가 말한 것처럼 "계약 이전에도 계약의 밖에도 존재하지 않는다"(西川長夫·阪上孝 訳,《政治と歴史—モンテスキュー·ルソー·ヘーゲルとマルクス》, 紀伊國屋書店, 1974, 168쪽). 계약을 맺는 상대방이 계약 그 자체에 의해 창출된다는 이해하기 어려운 구조이긴 하지만, 루소는 이렇게 함으로써 계약을 종래의 복종계약이라는 틀에서 해방시켰다.

홉스의 계약론은 종래의 '복종계약' 에 비해 좀 더 복잡해서, 우선 자연상태를 전쟁상태로 상정한 후 이를 종결하는 제3자(리바이어던)가 등장하고 각자가 이 제3자와 계약을 체결하는 형태가 되었다. 그러나 알튀세르가 말한 것처럼 이 '제3자'가 "군주의 외재성이라는 사실상의 초월성"으로부터 빠져나오지 못하고 지배-복종이라는 도식圖式을 벗어나지 못한 데 비해, 루소의 사회계약은, 아니 루소의 사회계약**만**이 '제3자'의 "어떠한 도움을 빌리지도 않고 내재성內在性 속에 머물러 있었다." 바꾸어 말하면 지배-복종이라는 도식으로부터 진짜 자유롭게 된 것이다(앞의 책, 177쪽).

그렇다면 이러한 구조를 가진 《사회계약론》에서 '사회'는 어떠한 것으로 인식되고 있는가? 《불평등론》에서는 사회에 대해, 정확하게는 "civil적인 사회société civile"에 대해 그것이 신분제라는 불평등을 부자연적으로=인위적으로 탄생시키는 장치라고 고발했다. 이와 정반대로 《사회계약론》에서의 사회는, 굳이 기묘한 표현을 쓰자면 "사회적인 사회société sociale"는 오히려 평등을 창출한다고 언급했다. 비록 이 두 저작은 그다지 오랜 시간의 간격을 두지 않고 출간되었지만 이 점에서는 서로 정반대였다. 루소는 다음과 같이 말했다. "나는 틀림없이 모든 사회조직의 기초로서 도움이 되는 점에 대해 한마디 하면서 본장 및 본편을 끝마친다. 그것은 즉이 기본계약은 자연적인 평등을 파괴하는 것이 아니고 반대로 인간 사이에 자연적으로 있을 수 있는 신체적 불평등을 도덕 및 법률상의 평등으로 대체하는 것이라는 점, 또한 인간은 체력이나 정신에 있어서 불평등할 수 있지만 약속에 의해 또한 권리에 의해 모두 평등해진다는 점이다"(桑原武夫·前川貞次郎 訳,《社会契約論》, 40~41쪽).

루소는《불평등론》과《사회계약론》이 두 텍스트에서 사회에 대해 이중적으로 언급하고 있다. 한편으로는 불평등을 만들어내는 것으로, 다른 한편으로는 평등을 창출하는 것으로. 이중적인 것은 사회뿐만이 아니다. '자연'이라는 개념과 그 위치 설정도 이중적이었다.

《불평등론》에서 루소는 자연을 평등에 끌어들여 언급하는 동시에 다른 곳에서는 "자연적인 또는 신체적인 불평등" 즉 "자연에 의해 정해진 것으로, 나이나 건강이나 체력의 차이와 정신 혹은 영혼의 질의 차이에서 생기는" 불평등의 존재를 인정하고 있다 《불평등론》, 36쪽). 이 자연적인 불평등을 스파르타에 대한 동경과 결부하여 언급하면서 루소는 다원식의 선택과 도태를 정당화하는 데까지 이르게 된다(市野川容孝, 〈優生思想の系譜〉, 石川准·長瀬修 編著, 《障害学への招待──社会·文化·ディスアビリティ》, 明石書店, 1999, 127~157쪽).

그러나 루소는 이러한 방향에 대해《사회계약론》에서는 스스로 부정했다. "인간 사이에 자연적으로 있을 수 있는 신체적 불평등을 도덕 및 법률상의 평등으로 대체하는" 것. 또는 "인간은 체력이나 정신에 있어서 불평등할 수 있지만 약속에 의해 또한 권리에 의해 모두 평등해진다는" 것. 사회계약에 루소가 걸고 있는 이러한 과제에서 도출해야 할 것은 약자의 도태 등이 아니라 자연이 부여한 모든 차이=불평등을 넘어 인간 사이에 평등을 실현하는 일이어야 한다. 《불평등론》이 자연을 토대로 하면서 인간은 평등**하다고** 주장한 데 반해, 《사회계약론》은 자연을 초월하면서 인간은 (계약에 의해) 평등하게 **된다고** 역설하고 있다.

그리고 가장 중요한 점은 평등의 실현으로 향하는 이러한 작업을 루소가 '사회적social'인 계약이라고 명명했다는 점이다.

오늘날 사회계약론의 계보로서 홉스나 로크 등의 이름을 언급하는 것은 상식이 되었지만 실제로 '사회계약'이라는 말을 엄밀히 적용할 수 있는 것은 루소 이후다. "정치사상의 여러 차원에서 현재 사회계약이라는 발상은 충분히 정착하고 있다. 그러나 '사회계약'이라는 말을 사용하는 것은 어떤 의미에서 부정확하고, 부적절하며 또한 수수께끼처럼 보인다. 왜냐하면 사회계약설을 역사적으로 만들어낸 저자나 작품에서 이 말이 사용된 일은 거의 없기 때문이다. 그 예외로 두드러지게 눈에 띄는 것은 1762년에 《사회계약론》을 출간한 루소다. 루소 이전의 사람들은 오로지 'pact'나 'compact'나 'covenant'라는 말을 사용했고, 'contract'라는 말을 사용한 경우에도 사회계약이라는 표현은 거의 없었다"(M. Lessnoff ed. *Social Contract Theory*, Basil Blackwell, 1990, p. 2). 즉 '사회적social'이라는 말은 루소에 의해 처음으로 '계약'이라는 말과 접속되었고, 게다가 이 사회적인 계약에 루소가 의탁한 것은 평등이라는 자연적 사실의 확인이 아닌, 자연적인 불평등을 초월해 의도적으로 평등을 창출해야 한다는 과제인 것이다.

'social'의 계보—영국 도덕철학

여기서 시계 바늘을 앞으로 돌려 루소에 이르기까지 'social'이
라는 말의 계보에 대해 간단히 되돌아보자.

'social'(영어, 프랑스어) 혹은 'sozial'(독일어)의 어원은 라틴어
'socialis'(형용사)였고 이 단어는 세네카에게서 "사회적인 동물이고
그것은 공동체 속에서 태어난다sociale animal et in commune genitus"
라는 식으로 아리스토텔레스의 정치적인 동물과 겹쳐서 사용되어
왔다(*De beneficiis* VII, 1~7).

한편 라틴어 불가타성서에는 societas와 같은 명사는 종종 보이지
만 형용사인 'socialis'는 한 번도 나타나지 않았다. 아우구스티누스
에서 다시, 고대 아카데미아파 철학자들은 행복한 삶을 "사회적인
삶vita socialis"이라고 부르고 있다는 식으로 나타났고(服部英次郎·藤
本雄三 訳,《神の国》, 岩波文庫, 第5分冊, 26쪽), 아렌트가 말했듯 아퀴나
스가 'animal sociale'라는 표현을 아리스토텔레스의 정치적 동물의
번역어 중 **하나**로 사용했다.

17세기에 이르러 'socialis'라는 말은 "사회의 자연적인 법naturale
jus sociale"(그로티우스) 혹은 "자연적인 사회의 법jus naturale sociale"
(고트프리트 라이프니츠)이라는 형태로 법학의 영역에서 사용되었

다. 사무엘 푸펜도르프는 1672년의 저작에서 "사회성socialitas"이라는 개념을 제시하면서 이를 "선의, 평화를 향한 사랑, 상호 의무를 토대로 만인이 만인에 대해 맺어진 상태"로 정의하고 여기에 법에 대한 하나의 기원이 있다고 했다(*De jure naturae et gentium* Ⅱ, 3~15).

같은 시기에 영국(정확히는 잉글랜드 및 스코틀랜드)의 도덕철학에서 'social'이라는 영어(세속어)가 빈번히 사용되기 시작했다. 일찍이 로크는 1693년에 펴낸《교육에 관한 고찰》에서는 "사회적인 미덕social virtue"이라는 말을, 사후 1706년에 출판된《지성의 정확한 안내 방법》에서는 "사회적인 도덕성social morality"이라는 말을 사용했다. 그 외에도 데이비드 흄이《인성론》제3편(1740) 및《도덕 원리의 연구》(1751)에서 역시 "사회적인 미덕" 등의 말을 썼고 스미스도《도덕감정론》(1759)에서 "사회적인 정념social passions"이라는 말을 사용했다. 영국 도덕철학에서 이런 '사회적인 것'은 어떤 개념일까?

적어도 세 가지 점에 대해 언급할 필요가 있다.

첫째, 푸펜도르프의 "사회성socialitas"과도 겹치지만 이 개념은 **애타주의**愛他主義가 하나의 구성요소다. 로크는 만물은 서로 끌어당긴다는 뉴턴의 법칙에 비유하면서 "사회적인 도덕성"의 구체적인 예로 기독교의 이웃 사랑을 소개하고 있다(下川潔 訳,《知性の正しい導き方》, 御茶ノ水書房, 1999, 114~115쪽). 또한 흄은 "사회적인 미덕"의 하나로 자애慈愛를 언급했고(渡部峻明 訳,《道徳原理の研究》, 哲書

房, 1993, 8쪽) 스미스도 "사회적인 정념"으로서 "관대", "인간애", "친절" 등 "모든 사회적이고 자애로운 의향"을 들었다(石田洋 訳, 《道德感情論》, 筑摩書房, 1973, 54쪽).

그러나 실제로 이런 애타주의는 영국 도덕철학에서 그렇게 중요한 위치를 차지하지 않는다. 영국 도덕철학에서 사회적인 것의 제2의, 그러나 더욱 중요한 특징은 **소유권**에 대한 강조다.

로크가 "사회적인 미덕"을 언급한 것은 다음과 같은 문맥에서다 (服部知文 訳, 《教育に関する考察》, 岩波文庫, 163~166쪽). 어린이들에게는 우선 '시원스러움', 즉 "자신이 가지고 있는 것을 자신의 친구들과 가볍게, 보답 없이 나누는 일"을 가르치지 않으면 안 된다. 그러나 이와 짝을 이루는 식으로 어린이들에게는 정의라는 것을 가르쳐야 하고 "이 중대한 사회적인 미덕"에서 어린이가 "극히 사소한 어떤 잘못을 범해도 조심히 교정하지 않으면 안 된다." 그렇다면 '정의'를 가르치는 것은 무엇을 의미하는가? 그것은 다름 아닌 '소유권'이라는 개념, 즉 '나의 것'과 '남의 것'의 구별을 깨우치는 일이다. 따라서 어린이가 부정不正에 의해 타인의 것을 취득할 경우에는 이를 받아서 절대로 어린이에게 돌려주면 안 된다.

흄은 '사회적인 미덕'의 하나로 '자애'를 들었으나, 또 하나의 미덕은 로크와 마찬가지로 '정의'였고(《道德原理の研究》, 8쪽), 흄에게도 정의는 '소유권'과 불가분의 관계에 있다(앞의 책, 20쪽 이하). 그리고 사회적인 도덕을 구성하는 두 요소 중, '자애'보다도 소유권에 기초를 둔 '정의' 쪽이 좀 더 중요한 것으로 인식되고 있었

다. "사회를 유지하기 위한 정의의 필요성이 **사회의 미덕의 유일한 기초**다. 그리고 그 이상으로 높은 평가를 받는 도덕적인 탁월성은 존재하지 않는다"(앞의 책, 46쪽, 강조는 인용자).

만일 자연이 무한히 풍요하다면 또한 인간이 타자들에게 무한히 애타적이라면 애당초 '정의'는 필요 없을 것이라면서 흄은 다음과 같이 말했다. "내 생각엔 절대적으로 확실해 보이는 하나의 명제가 있다. 그것은 다름 아닌, **정의**의 기원이 유래하는 곳은 오로지 **사람들의 이기심과 국한된 관인**寬仁 및 인간의 요구에 대한 **자연자원의 부족**에 있다는 것이다"(大槻春彦 訳, 《人生論》, 岩波文庫, 第4分冊, 71쪽, 강조는 인용자). 즉 각자가 자신의 이익을 최우선으로 생각하여 한정된 생활자원을 분할=소유해갈 때 '정의'가 탄생하고 이런 정의에 비하면 '자애'는 2차적일 뿐이라는 것이다. 흄에 있어서 '자애'나 '관인'은 그 자체가 자연과 같이 한정적인 것이고, 이기심에 대해 그것이 있어야 할 곳을 제공하는 범위를 벗어난다면 '정의'를 위협하기까지 한다.

사회적인 도덕에서 '정의'나 '자애'의 이러한 우열 비교는 스미스에게도 타당하다. "소유권의 유린"을 '부정의'의 하나라고 하면서(《道德感情論》, 131쪽) 스미스는 다음과 같이 말했다. "사회는 자애慈愛 없이도 …… 존재할 수 있지만 부정의 횡행은 오로지 사회를 파괴할 뿐이다 …… [자애의 여러 행동은] 건축물을 아름답게 하는 장식이지 건축물을 지탱하는 토대가 아니다. 따라서 그것은 권장하면 충분한 것이지 결코 강요할 필요는 없다. 반대로 정의는 큰 건축물의 토대를 지지하는 기둥이다"(앞의 책, 135쪽).

그리고 셋째로, 영국 도덕철학에서 사회적인 것은 **불평등**을 시인한다.

로크는 '사회적인 미덕'을 "모든 사람들에 대한 선의와 존경의 염원"으로 설명했다. 이 존경과 경의는 상대방의 "신분과 지위에 따라" 표명되어야 하고 이러한 구별=차별이 결여될 때 그것은 '무례'(궁정사회에 서식하고 있는 '예의바른 동물'에게는 알맞지 않는 행동!)로 변하고 만다(《教育に関する考察》, 224쪽).

또한 흄은 말했다. **"완전한 평등이라는 관념**은 아무리 그럴싸하게 보인다고 하더라도 실제로는 실행 불가능한 것이고, 불가능하지 않다고 하더라도 인간사회에 극도로 유해하다는 점을 역사가들은 물론 상식마저도 우리에게 가르치고 있다. …… 재산의 완전한 평등은 온갖 종속관계를 파괴하므로 고관의 권위를 약화시켜 모든 권력을 소유권과 같이 거의 동일 수준으로 격하시키는 것이다"(《道徳原理の研究》, 33쪽, 강조는 인용자).

요약하면 다음과 같다. 17세기말 이후 영국 도덕철학은 '사회적'이라는 말을 사용하기 시작했지만, 그 개념에서 '자애'(애타주의)는 2차적인 의미만 지니고 있고 소유권과 불평등을 시인하는, 아니 그런 것을 정당화하는 '정의'가 무엇보다 중요시되고 있다.

루소에 있어서 'social'

앞에서 루소의 《불평등론》(1755)에는 'social'이라는 용어가 극히 드물고 'civil'이라는 말이 많이 사용되었다고 했는데 이는 당연한 일이다. 본장의 앞머리에서 언급했듯이 디드로와 달랑베르의 《백과전서》 제15권(1765)은 'social'이라는 말에 대해 "최근에 이르러 사용되기 시작한 새로운 말"이라고 설명했는데, 루소의 《불평등론》이 발표된 것은 그로부터 10년 전의 일이기에 'social'이라는 말은 아직 신기한 프랑스어인 것이 틀림없었다.

《백과전서》가 구체적인 사용 사례로서 '사회적인 미덕'을 언급했다는 점에서도 알 수 있듯이 'social'이라는 말이 프랑스어권에서 유포되기 시작한 배경 중 하나는 로크 등의 영국 도덕철학의 영향이었다. 그리고 위에서 봤듯이 이 '사회적인 도덕'이라는 말을 '연민의 정'으로 프랑스어에서 가장 일찍 사용한 텍스트 중 하나가 다름 아닌 루소의 《불평등론》이다.

다만 중요한 점은 영국 도덕철학과 루소의 근접성이 아니다. 중요한 것은 오히려 양자 사이의 간격이다. 영국 도덕철학에서 사회적인 것은 '자애'(애타주의)를 하나의 요소로서 인정하면서도 소유권과 불평등을 시정하는 '정의' 앞에서 좌절했다. 이에 대해 루소는 영국 도덕철학으로부터 사회적인 것을 계승하는 동시에 이를 정반대의 것으로 재해석했다. 루소의 이런 재해석은 《불평등론》의 그것과 《정치경제론》 및 《사회계약론》에서의 재해석 두 단계로 나눌 수 있다.

제1단계. 우선《불평등론》에서 루소는 '정의'를 구성하고 있다는 소유권과 그에서 파생한 불평등을 비판의 도마 위에 올려놓았다. "어떤 토지에 울타리를 치고 '이것은 나의 것이다'라고 선언하는 일을 인식하고 또한 그것을 그대로 믿을 만큼 어수룩한 사람들을 발견한 최초의 인간이 정치사회의 진정한 설립자다"라는 말에서(《不平等論》, 85쪽) 루소가 비판한 것은 소유권 혹은 사적 소유라고 하는 발상 그 자체다. 실제로 로크가《인간지성론》에서 "절대적으로 확실하다"고 단언한 "사유私有가 없는 곳에는 부정不正이 있을 수 없다"라는 명제에 대해, 루소는 이를 자연상태에 반조反照하면서 탈구脫臼시키고 있다(《不平等論》, 95쪽).

그러나 이는 비판의 제1단계에 지나지 않는다.《불평등론》에서 이러한 비판은 자연상태에 반조시킨 civil적인 것에 대한 비판이었고,《사회계약론》에서 전면적으로 전개된 '사회적social'인 것, civil적인 것을 비판하는 '자연'을 한층 초월한 '사회적인 것'은 아직 충분히 모습을 드러내지 않았다.

제2단계.《백과전서》제5권(1755)의 한 항목으로,《불평등론》완성 (직)후에 쓴《정치경제론》—첫머리에서 루소가 해설한 것처럼 'économie'라는 말은 18세기에도 그 어원인 그리스어 oikos와 같이 '가정家政'을 의미하는 데 그쳤기에 이를 초월한 국가나 사회규모의 경제를 표현하기 위해서는 'politique'라는 수식어가 필요했다(영어도 마찬가지임)—에서 루소는《불평등론》에서와는 대조적으로 소유권 자체를 명확히 긍정했다. "소유권이 시민의 모든 권리 중에서 가장 신성한 것이고 어떤 점에서는 자유보다도 더욱 중요한 것은 사실이다. 왜냐하면 그것은 생명의 유지와 가장 밀접한 관계가 있고, 또한 재산은 신체 이상으로 쉽게 약탈당하고 수호하기 어렵기에 쉽게 약탈당하는 만큼 더욱 존중되어야 하기 때문이고, 마지막으로 소유권이야말로 시민사회의 진정한 기초이고 시민 간 약속의 진정한 보증인이기 때문이다"(河野健二 訳, 《政治経済論》, 岩波文庫, 42쪽).

《사회계약론》에 앞서 루소는 이미 이 저작에서 '사회적인 계약'이라는 말을 사용하면서 그 계약은 무엇보다도 소유권의 보장을 위해 체결한다고 했다. "여기서 상기해야 할 점은 사회계약의 기초가 소유에 있다는 것, 그리고 그것의 첫째 조건이 각자가 자신의 것을 평온히 누릴 수 있는 일이 인정된다는 것이다"(《政治経済論》, 53쪽).

"**네 것**인가 또는 **내 것**인가라고 하는, 이 무서운 말." 일찍이 루소는 이렇게 언급한 적이 있었지만(前川貞次郎 訳, 《学問芸術論》, 岩波文庫, 141쪽), 자연상태를 초월한 '사회적인 계약'을 새롭게 논의할 때 그는 다시 이 '무서운 말'을 꺼내며 시작했고 그런 의미에서 로크, 흄, 스미스의 도덕철학에 다가서고 있다. 그러나 영국 도덕철학에서 사회적인 것이, 특히 흄에서 나타나듯이 불평등의 긍정과 정당화에서 멈추어버린 데 비해, 루소는 반대로 '사회적'이라는 말을 이 불평등을 비판하고 또한 그것을 시정하기 위해 동원했다. 게다가 그것도 애당초에 부정했던 소유권이라는 관념을 도입하면서.

사회적인 계약의 기초는 소유권의 긍정과 보장에 있다. 그러나 그 계약은 동시에 "공공의 필요에 대해 갹금醵金하는 의무"를 규정하기도 한다(《政治経済論》, 53쪽). 즉 납세의 의무다. 이 세금은 어떠한 원칙에 의해 징수해야 하는가?

루소는 여기서 세 가지 원칙을 제시했다(앞의 책, 55쪽 이하). 첫째, 자산비례의 원칙. 즉 "모든 사정이 동일하다면 타인에 비해 10배의 자산을 가진 사람은 10배만큼 많이 지불해야 한다"는 원칙. 둘째, 공제의 원칙. "단순한 필요품밖에 가지고 있지 않은 사람은 아무것도 지불하지 않아도 된다."

그리고 세 번째는 "각자가 사회적인 결합에서 끌어내는 효용의 비율"이라는 원칙. 즉 납세에 걸맞은 정당한 이익이 납세자에게 환원되어야 한다는 것이다. 그러나 루소에 따르면 이 제3의 원칙이야말로 "늘 우선 고려되지 않으면 안 되는 것"임에도 불구하고 이를 "사람들은 결코 고려하려 하지 않는다." 그 결과 커다란 불평등이 생성된다. 사회는 "부자의 막대한 소유물은 강력히 보호하지만 가난한 자에게는 그들 자신이 지은 초가집에서 사는 것을 겨우 인정하는 데 불과하다"(앞의 책, 55쪽). 가난한 자들은 고액의 징세에 의해 고통 받고 있음에도 불구하고 사회로부터 어떤 은혜도 받지 못하고 있다. "인류가 그에게 빚지는 것이 많을수록 사회는 그에게 등을 돌린다. 그는 문을 여는 권리를 가지고 있을 때조차 모든 문은 그에게 닫혀" 있다(앞의 책, 56쪽). 또한 설령 납세할 수 없을지라도 아니 납세할 수 없을 만큼 곤궁하면 할수록, 가난한 자에게 할당되어야 할 "온갖 무상원조는 그가 그것을 필요로 할 때 그로부터 멀어진다. 그 이유는 마침 그에게 지불해야 할 돈은 없다는 데 있다"(앞의 책, 57쪽).

루소가 여기서 논의하도 있는 것을 현대식으로 말하면 소득의 재분배다. 루소는 소득의 재분배가 전적으로 기능하지 않고, 역으로만 기능한다는 점을 고발하고 있다. 소득의 적절한 재분배를 통한 평등 실현의 필요성은 《사회계약론》에서 재차 강조되었다. "약속"에 의해 인간은 "모두 평등해진다"는 위의 말에 첨부한 주석에서 루소는 이렇게 말했다. "나쁜 정부 아래서는 이 평등은 외견뿐인 환상에 지나지 않는다. 그것은 가난한 자를 비참한 상태에, 부자를 부당한 지위에 올려놓는 일에만 도움이 될 뿐이다. …… 사회상태가 각자에 유리한 것은 **모든 사람이 일정한 것을 가지고 있고 또한 그 누구도 너무 많이 가지고 있지 않을** 때에 한하는 것이다"(《社会契約論》, 41쪽, 강조는 인용자).

'자존심'과 '소유' — '평등'의 시작

루소는 '사회적'이라는 말을 '평등'의 이념과 깊이 결합시켜, 영국 도덕철학과 정반대로 해석했다.

로크의 경우 (1) '평등'은 '자유'와 함께 '자연상태'에 속해 있고, (2) 이 자연상태에서 출발하여 각자가 자신에게 평등하게 부여된(부여되어야 할) '신체'를 자유롭게 사용하는 것, 즉 자유롭게 '노동'하는 것을 통해 '소유권'이 정당화되며, (3) 사회적인 것('사회적인 미덕'이나 '사회적인 도덕성')은 이 소유권에서 도출된 불평등의 틀 속에 머무르게 된다는 구도로 되어 있다. 여기서 사회적인 것은 결코 불평등을 비판하거나 고발하는 것이 아니다.

로크가 소유에 대해 "각자는 자신이 이용할 수 있는 만큼의 물건을 소유해야 한다"는 제약, 즉 사람은 부패할 정도로 많은 물건을 소유해서는 안 된다는 제약을 부과한 것은 사실이다(鵜飼信成 訳,《市民政府論》, 岩波文庫, 第36節). 그러나 이런 제약은 부패시키지 않고 축적할 수 있는 '화폐'의 등장으로 타당성을 잃게 된다. 그 결과 사람들의 소유에는 '불균등'과 '불평등'이 증대해간다(《市民政府論》, 第47節 이하). 로크는 계약에 의해 설립된 '시민정부'의 주된 목적이 '소유의 유지'에 있다고 반복해서 강조하지만, 그것은 동시에 '불균등'과 '불평등'의 유지를 의미하는 것으로, 로크가 말하는 '계약'은 '평등'을 지향하는 것이 아니었다.

이와 달리 루소의 '평등'은 자연상태가 아닌 '사회적인 계약'에 귀속되고 있다. 여기서 루소 역시 평등을 자연상태에 귀속시키고 있지 않았냐는 반론이 가능할 것이다. 그러나 엄밀히 따져보면 '평등'이라는 개념 자체는 루소가 생각한 자연상태에는 **존재하지 않는** 것이다.

루소가 "자연이 사람 사이에 설치한 평등"에 대해 말하고(《不平等

論》, 9쪽) "사람과 사람 사이의 차이는 사회상태에 비해 자연상태에서 얼마나 적은가, 또는 인류에게 자연의 불평등이 제도의 불평등에 의해 왜 증대할 수밖에 없는가" 등을 문제 삼은 것은(앞의 책, 81쪽) 사실이다. 그러나 후자의 "자연의 불평등"이라는 표현에서 이미 나타났듯이 자연에도 불평등이 존재한다. 이렇게 되면 자연에는 평등과 불평등이 혼재하게 되는데 "자연인l'homme naturel"은 **이 차이를 알지 못하는** 것이다. 자연인이 "선한 자가 무엇인지 모르기" 때문에 "악한 자는 아니다"와 같이(앞의 책, 71쪽), 자연인은 평등이 무엇인지 모르기 때문에 불평등을 알지 못하고 그 반대이기도 하다. 자연상태에서도 불평등은 존재하지만 그것은 "거의 느낄 수 없는" 것이고 "불평등의 영향도 그곳에서는 무에 가깝다"는 것이다(앞의 책, 83쪽).

평등과 불평등에 관한 이러한 차이 없음=무관심은 자타의 비분리라는 또 하나의 차이 없음=무관심과 표리일체가 된다. 자연인은 "자기애"와 함께 "동정의 정"을 지니고 있다. 이에 사로잡혀 "타인이 고통스러워하는" 것을 보고 "아무런 생각도 없이 돕게 되는" 것은 다름 아니라 자연인이 타자에 "동화되었기" 때문이다(앞의 책, 74쪽). 루소가 그린 자연인은 모리스 메를로퐁티가 "유아의 대인관계"를 서술할 때 사용한 표현을 본떠서 말하면 마치 "현기증이 날 만큼 타인과 가까운 곳"에서 살고 있는 것이다(滝浦静雄·木田元 訳, 《眼と精神》, みすず書房, 1966, 189쪽).

평등과 불평등이라는 개념의 구분이 성립되기 위해서는 자타의 분리가 필요하다. 이런 분리를 루소는 '자존심'이라고 불렀다. 이는 '나의 것'과 '당신의 것'의 구별 즉 소유라는 개념의 성립의 근원이 된다. 자타의 분리를 초래하는 **사적 소유를 전제하지 않는 한 평등과 불평등이라는 코드 자체가 기능하지** 않는 것이다. 이점이 중요하다.

'사회적인 미덕'은 루소가 로크나 흄과 공유하는 개념이고 그 내용으로 모두 '동정의 감정'이나 '자애'를 들고 있다. 그러나 영국 도덕철학의 경우 사회적인 미덕은 소유와 소유에서 파생된 불평등을 정당화하는 '정의'의 개념 앞에서 좌절했다. 사회적인 미덕은 '평등'이라는 개념과 함께 어디까지나 2차적인 것, 스미스의 말을 빌리자면 '권장으로 충분한 것이고 결코 강요할 필요는 없는' 것으로서 뒤로 물러나게 되었다. 그에 비해 루소는 평등도 모르고 불평등도 모르는 자연인의 즉자적卽自的인 '동정의 감정'을 소유권=사적인 소유를 매개로 하여 '평등'이라는 이념에까지 대자화對自化하여 완성시켰다. 사적인 소유를 매개로 함으로써 우선 '나의 것'과 '당신의 것'을 구별하는 소유가 승인되었고, 이것이 루소 자신에 의해 '사회적인 계약'의 기초가 되었다. 그러나 루소의 사회계약은 여기서 그치지 않는다. 이 계약은 그 기초인 사적인 소유를 탄생시킨 불평등을 초월하여 "약속"에 의해 "모두 평등해지기" 위해 다시금 소유된 것의 **재분배를** 향하고 있는 것이다.

루소와 마르크스

엥겔스는 루소의 이런 노력을 "언어를 모르는 원시인의 자연 그대로의 평등"에서 "사회계약에 기초한 보다 고도화된 평등"으로의 비약이라고 하면서 그것은 "마르크스의 《자본론》이 걸어간 길과 똑같은 사상적인 여정"이라고 평가했다(村田陽一 訳, 《反デューリング論》, 国民文庫, 第1分冊, 217쪽). 이는 어떤 의미일까?

카를 마르크스는 소유에 있어서의 '부정의 부정'에 주목했다. 그에 따르면 자본주의적 생산방식이 가져다주는 것은 각자에 의한 생산수단의 소유에 입각한 "사유Privateigentum"에 대한 부정이다. 이는 생산수단이 갈수록 많은 사람들로부터 수탈되어 소수의 사람들에게 집중되고, 이와 병행해 생산과정 자체가 보다 사회적인gesellschaftlich≠sozial! 것 즉 개인으로는 완결되지 못하는 것으로 변해간다.

그러나 이러한 1차적인 부정, 즉 '생산수단의 집중'과 '노동의 사회화'에는 2차적인 부정이 추가된다. 다름 아닌 사회적으로 생산된 것을 소수자(자본가)의 점유에서 해방시켜 각 개인에게 되돌려주는 것이다. 마르크스는 이렇게 말했다. "자본주의적 생산방식에서 탄생한 자본주의적 취득방식, 따라서 자본주의적 소유는 자신의 노동에 기초한 개인적인 사유Privateigentum에 대한 1차적인 부정이다. 그러나 자본주의적 생산은 자연과정의 필요성에 따라 그 자체의 부정을 탄생시킨다. 그것은 부정의 부정이다. 이 부정

은 사유를 재건하지는 않지만 자본주의 자체의 성과를 기초로 하는 **개인적인 소유**individuelles Eigentum를 만들어낸다. 즉 협업과 토지의 공동점유 및 노동에 의해 생산되는 생산수단의 공동점유를 기초로 한 개인적인 소유를 만들어내는 것이다"(マルクス=エンゲルス全集刊行委員会 訳,《資本論》第1卷, 第2分册, 大月書店, 1961, 995쪽, 강조는 인용자).

자본주의는 종종 '사유'의 확대로 인식되지만 마르크스에 따르면 사태는 이와 완전히 반대다. 자본주의야말로 '사유'를 갈수록 불가능하게 하고 생산양식을 보다 '사회화' 시켜간다는 것이다. 다만 그 이상으로 중요한 것은 '사유'와 '개인적 소유'의 구별이다. 마르크스도 루소가 (자연상태에서 벗어나) '평등'이라는 이념을 추구하기 위해 인정한 '사적 소유'를 부정한 것은 아니다. 그게 아니라 이를 각자가 고립된 상태에서 손에 넣은 '사유'와 사회적인(개인으로서는 완결되지 않는) 생산과정 및 생산된 부의 재분배를 토대로 한 '개인적 소유'로 분리한 후 전자를 부정하고 후자에 대해서는 긍정한 것이고, 루소와 같이 "모든 사람이 어느 정도의 것을 가지고 있는" 중요성을 인정하고 있다. 아니, 이 점을 강조하고 있다.

공동성共同性은 사적인 것의 해체라는 수난을 통과함으로써 재생되는 것이 **아니다**. 그것은 헤겔의 변증법이다. 머리로 서 있던 헤겔의 변증법을 발로 서게끔 한 마르크스는 그 전도轉倒와 함께 사적인 것이 사회적인 것과 평등의 이념을 매개로 하면서 자신을 완성해가는 역방향의 여정을 루소와 같이 보여준 것이다. 중요한 것은 사적 소유의 폐절廃絶이 아니다. 오히려 사적 소유라는 말에 의해 무엇이 누군가에 의해 점유되고 있는 사태에 대해, 내가 소유해야 하는 것이 "너만의 것"이 되어 있는 혹은 반대로 네가 소유해야 하는 것이 "나만의 것"이 된 사태에 대해 우리가 비판적으로 파악하여, 그로부터 평등에 대한 물음을 끊임없이 재개再開해가는 일이 중요한 것이다. 이 때 '사적 소유'라는 말은 이중적으로 기능한다. 점유를 고발하는 경우 그것은 부정적으로 나타난다. 하지만, 그 점유를 해체시켜 재분배 즉 "모든 사람이 어느 정도의 것을 가지고 있"도록 재편성하기 위해, 사적 소유는 예컨대 마르크스가 말한 '개인적 소유'로서 다시 요구되는 것이다.

그렇다면 마르크스는 '개인적 소유'를 어떤 원리에 따라 편성했는가? 이 점에 대해서는 다음 장에서 **비판적으로** 검토하도록 하자.

평등과 불평등—사회적인 것의 코드

니클라스 루만에 의하면 시스템은 (환경)세계에 채워진 여러 가지 가능성과 복잡성을 이항대립으로 된 코드로 축소시켜 유지한다(N. Luhmann, *Soziale Systeme*, Suhrkamp, 1984. S.602 ff). 일례로 현재 내 앞에 있는 세계에 대해서는 수많은 방법으로 기술할 수 있다. '비'를 주제로 한다면 비가 내리고 **있는**가 아니면 내리지 **않는**가라는 형태로 세상을 구별할 수 있고, 이런 구별에 기초하여 우리는 빨래를 널거나 반대로 빨래를 거두는 행동을 한다. 사회적인 개념이 여러 가능성을 줄이는 하나의 시스템이라고 한다면 그 코드는 무엇인가? 바로 '평등'과 '불평등'의 분별이다. 이 코드에 기초하여 사회적인 것의 개념은 우리들로 하여금 세계를 구별하게 하고, 우리가 해야 하는 행위를 선택하게 한다.

다만 학문의 코드인 '진리'가 그렇듯이 코드는 늘 논쟁적이다. 즉 진리가 무엇인가에 대해서는 끊임없이 새롭게 되물어야 하고 그를 통해 진리라는 코드는 여러 가능성을 감축하는 동시에 그런 가능성을 열어나가면서 학문이라는 시스템 자체를 끊임없이 구동驅動시켜 나간다. 마찬가지로 '평등'이라는 코드도 에센이 말했듯이 늘 '무엇의 평등'이라는 물음에 대해 열려 있다(池元幸生外 訳, 《不平等の再検討—潜在能力と自由》, 岩波書店, 1999, 第1章). 평등이란 무엇인가에 대해 끊임없이 질문함으로, 사회적인 것은 하나의 시스템으로 계속 작동해나가는 것이다.

여러 번 강조하지만 평등/불평등이라는 코드는 "모든 사람이 어느 정도의 것을 가지는" 것을 승인하는 사적 소유라는 개념 없이는 작동하지 않는다.

로크, 흄이나 스미스 등 영국 도덕철학과 루소는 사적 소유의 승인이라는 점에서는 일치하면서도 사회적인 것의 개념은 서로 크게 다르다. 전자는 루소와 달리 사회적인 것을 불평등의 시정에까지 전개하지 않았다. 다른 말로 표현하면, '교환의 정의'를 언급하면서도 '분배의 정의'는 주장하지 않은 것이다. 이런 차이를 지리적인 차이, 즉 영국(영어)과 유럽 대륙(프랑스어 등)의 차이로 이해할 수는 없다. 왜냐하면 다음 장에서 보듯이 '사회과학social science' 등의 등장과 함께 19세기 이후 영어권에서도 '사회적'이라는 말에 '평등'의 이념이 깊숙이 스며들어가기 때문이다.

영국의 사회학자 토머스 험프리 마셜이 제시한 '사회적social'인 권리라는 개념이 하나의 예다(岩崎信彦·中村健吾 訳,《シティズンシップと社会的階級―近現代を総括するマニフェスト》, 法律文化社, 1993). 마셜에 따르면 '권리'의 개념은 역사적으로 신체의 자유를 정한 '시민적 civil'인 권리에서 재산의 유무와 관계없이 정치에 참여할 수 있는 '정치적political'인 권리(보통선거권)로, 나아가 실질적인 평등을 요구하는 '사회적'인 권리(복지국가)로 발전해왔다. 마가렛 대처가 복지국가를 축소시키면서 했던 '사회라고 하는 것은 존재하지 않는다'는 말도 '사회'라는 말의 의미를 방증하고 있다.

영국 도덕철학과 루소의 차이는 지리적인 차이가 아니라 **역사적인** 차이다. 루소가 18세기 사람이고 흄이나 스미스와 같은 시대의 사람이긴 하지만, 루소는 그들로부터 사회적인 개념을 받아들이면서 이에 평등의 이념을 접목시켜 그것을 19세기를 향해 던져주었다.

자유를 둘러싸고

사회적인 것에 관한 루소의 사색에는 평등을 둘러싼 물음과 함께 또 하나의 중요한 물음이 겹쳐 있다. **자유**는 무엇인가라는 물음이다.

루소는 만년에 쓴 저작에서 다음과 같이 말했다. "나는 결코 시민사회에 적합한 인간이 아니라고 할 수 있다. 시민사회에서는 모든 것이 구속이 되고 의리義理가 되고 의무가 된다. 불기독립不羈獨立을 좋아하는 나의 천성은 사람들과 공생하는 자들에게 필요한, 굴종을 견디는 일을 도저히 할 수 없게 했다. 자유롭게 행동하는 한 나는 선량하고 내가 하는 일은 모두 선이다. 그러나 구속을 느끼게 되면 그것이 필연적인 것이든 사람에 의한 것이든 나는 즉시 반항적으로 변한다. 오히려 뒤틀어진다. 그렇게 되면 나는 무와 다름없는 존재가 된다"(今野一雄 訳,《孤独な散歩者の夢想》, 岩波文庫, 105~106쪽).

《불평등론》에서 루소가 '정치사회'를 비판한 것은 그것이 불평등을 부자연적=인위적으로 만들어냈기 때문만은 아니다. 사회는 또 '자유롭고 독립적이었던 인간'으로부터 그 자유를 빼앗아갔기 때문에 비판받았다.

이 자유의 문제가 다른 텍스트인《사회계약론》에서는 어떻게 논의되었는가? 평등의 창출을 향한 사회적인 계약에서 자유는 어떻게 인식되고 있는가? 일반적으로 알려진 루소의 답은 이렇다. 사회적인 계약에서 "각자는 모든 사람들과 계약을 맺으면서도 자기 자신에게만 복종하고 종전과 같이 자유롭다"(《社会契約論》, 29쪽). 혹은 이 계약에 있어 인간은 "자유롭게끔 강제 당한다"(앞의 책, 35쪽).

약간 수수께끼처럼 느껴지는 이 답과 연계되어 다음과 같은 테제가 도출된다. "통치자가 시민을 향해 '자네가 죽는 일이 국가에 도움이 된다'고 할 경우 시민은 죽을 수밖에 없다. 왜냐하면 그는 오늘날까지 이러한 조건에 의해서만 살아왔고, 그의 생명은 더 이상 자연의 단순한 축복일 뿐만 아니라 국가가 준 조건부의 선물이기 때문이다"(앞의 책, 54쪽). 혹은 "주권자"는 "시민종교"를 "믿지 않는 자라면 그가 누구일지라도 국가로부터 추방할 수 있다. …… 저주받고 있다고 생각되는 자들과는 평화적으로 함께 생활할 수 없다. 그들을 사랑하는 것은 그들을 처벌하는 신을 증오하는 것이 될 수밖에 없다. 그들을 [올바른 종교로] 데려오든가 아니면 박해하든가 하는 것은 절대로 필요하다"(앞의 책, 191~192쪽).

사회를 부자유와 억압의 공간으로 고발한 《불평등론》과 《사회계약론》에 나타난, 과잉적인 통합을 강요하는 불관용의 원칙은 대체로 정반대인 것으로 보인다. 그렇다면 이 둘은 어떤 관계인가?

비교와 평등

《불평등론》과《사회계약론》의 주장을 다시 한 번 정리하면 다음과 같다.

《불평등론》: 사회=불평등+부자유(↔ 자유)
《사회계약론》: 사회=평등+자유

《불평등론》에서 사회(자연상태에 반조反照되면서)는 불평등하고 부자유한 공간으로 그려졌다. 이와 반대로《사회계약론》은 사회를 평등과 자유의 공간으로 묘사했다. 다만《불평등론》에서도 자유는 사회가 만들어낸 부자유의 대비 속에서—잠재적이긴 하지만—설정되어 있다. 그렇다면《불평등론》에서의 자유와《사회계약론》에서의 자유의 관계가 문제가 된다. 두 자유는 같은 것인가, 서로 다른 것인가.

결론부터 말하면, 이 두 자유는 실제로 동일한 것이고 또한 동일하기 때문에 위험한 것이다.

우선《불평등론》에서의 자유는 사익 추구를 조장하는 경제적 자유주의와 공통점을 가지고 있지 않다. 왜냐하면 그것은 '사적 소유'라는 발상 자체로부터의 자유이기 때문이다. 동시에 그것은 '평등'과 '불평등'이라는 구별(코드)로부터의 자유이기도 하다. 위에서 언급했듯이 '사적 소유' 개념은 '평등'이라는 이념과 대립하는 것이 **아니다.** 양자는 서로 연결되어 하나의 원형을 이루고 있는데 《불평등론》에서 말하는 자유는 이 원형 자체로부터의 자유인 것이다.

인간이 자유에서 부자유로 전락하는 데 대해 《불평등론》은 '자기애'에서 '자존심'으로의 변용으로 묘사하고 있지만 양자는 어떻게 다른가? 우선 그 차이는 자타의 분절의 유무有無에 있다. 자기애는 자기와 타자를 구별하지 않지만 자존심은 소유권이라는 발상을 만들어내며 나(의 것)와 너(의 것)를 구별한다.

여기서 두 번째 차이점이 생긴다. 자기애를 특징짓는 것은 타자로의 동화同化(《不平等論》, 74쪽)인 데 비해 자존심은 사람들로 하여금 비교 즉 타자를 자신에게, 자신을 타자에게 비교하도록 한다. 루소는 이렇게 말했다. "우리의 원시상태, 진정한 원시상태에는 자존심은 존재하지 않는다고 나는 말할 것이다. 왜냐하면 개인으로서의 인간은 그 누구나 모두 그를 관찰하는 **단 한명의 구경꾼,** 우주에서 그에 대해 관심을 가지는 **단 한명의 존재,** 그의 가치에 대한 **단 한명의 심판자로서** 자기 자신을 꼽고 있기 때문에, 자신의 힘이 닿지 않는 **비교**라는 것에 근원이 있는 감정이 그의 마음에서 싹트는 것은 불가능하기 때문이다. 같은 이유로 이러한 인간은 **증오**나 **복수**의 염원도 가질 수 없을 것이다. 그러한 것은 어떤 모욕을 받았다는 생각으로부터 나올 수밖에 없는 감정들이기 때문이다"(앞의 책, 강조는 인용자).

루소가 말하는 '원시상태', '진정한 자유상태'에는 타자가 존재하지 않는다. 거기에는 '단 한 명의 구경꾼', '단 한 명의 심판자' 가 있을 뿐이고, 심판자가 단 한 사람이기에 한 사람이라는 수적 인 제한마저도 실은 무의미하다. 이에 대해 '자존심'은 자신과 다른 타자를 존재하게 하지만, 동시에 이로부터 자연인으로서는 상상도 하지 못하는 '비교'가 태어난다.

　사회적인 것의 개념을 지탱하는 평등/불평등이라는 코드는 위의 '비교'에 귀속된다. 이 코드는 나도 소유해야 하는 것이 너만의 것이 되어 있는, 너도 소유해야 하는 것이 나만의 것이 되어 있는 점유를 비판적으로 인식하도록 하지만, 동시에 사람들은 이 코드에 의해 타인으로부터의 '모욕'을 감수하고 타인을 향해 '증오'나 '복수'를 하기 시작한다. 나아가 '질투'나 '흠모'가 여기에 추가된다. 평등을 향한 의지가 질투, 흠모, 증오, 복수 등 어두운 정념들을 유발할 수밖에 없다. 자유를 논하면서 루소가 문제 삼고 있는 것은 실제로 이런 점이다.

루소와 니체

　평등의 뒷면에서 루소가 찾아낸 이러한 어두운 정념을 니체는 '르상티망ressentiment'이라고 불렀다. 그런 의미에서 니체는 그 자신이 무엇을 말하든지 루소의 직계 후계자임이 틀림없다. 니체는 이상하게 우리가 그렇게 되어야 할 '새로운 인간'을 '비교 불가능한unvergleichbar' 인간으로 표현했는데(《즐거운 학문》, 335절), 이는 다름 아닌 '비교'를 모르는 루소의 자연인의 재생이다. 니체는 이렇게 말했다. "너에게 가장 인간적인 일은 무엇인가? 그 누구도 부끄럽게 느끼게 하지 않는 일이다"(앞의 책, 274절), "달성된 자유의 징표는 무엇인가? 더 이상 자기 자신을 부끄러워하지 않는 일이다"(앞의 책, 275절). 루소와 마찬가지로 니체에게도 '자유'란 타인과의 비교에 의해 타인과 자신을 부끄러운 느낌을 받게 하는 일로부터의 자유다. 더 자세히 말하면 타인과 자신의 비교에 의해 처음으로 의미를 가지는 평등과 이에 위치한 사회적인 것 그 자체로부터의 자유인 것이다.

그렇다면 이런 자유는 결국 우리를 어디로 데리고 가는가?

니체는 '사회학'을 공격하면서 이렇게 말했다(Kröner판, 《권력에의 의지》 제35절). '우리의 사회학 전반'이 보여주고 있는 것은 '퇴폐頹廢'에 지나지 않는다. 그것은 '귀족사회에 기초한 사회성'을 망각하고 '축군본능畜群本能'에 뿌리를 둔 '퇴락한 사회정의 형태'만을 추구하고 있다. 그것은 총합계로의 무리에 중심을 두고 있고, 그 무리를 구성하는 하나하나의 '단위'(개인)의 위대함과 고귀함은 전혀 고려하지 않고 있다. 또한 만인의 '평등=동일성'을 지향하고 있지만 '귀족사회'는 이와 다르다. 몇 명만의, 아니 단 한 명의 위대하고 고귀한 인간이 있는 것으로 족하다. 이런 사람이 수천, 수만의 하등인간들과의 비교에서 벗어나 군립한다. 단지 그것으로 참으로 아름다운 '사회성'은 실현될 수 있다. 이를 위해서는 약자들을 구축驅逐하는 '전쟁'이 필요하지만, "애타주의의 승리를 바람직한 것으로 보는" 스펜서와 같은 사회학자―그는 콩트와 함께 '군사형 사회'에서 '산업형 사회'로의 이행을 긍정적으로 평가했다―는 이런 것을 전혀 모르고 있다. "우리의 사회학 전반은 축군畜群의 것 이외의 본능을 전혀 알지 못한다. 축군畜群은 총합계로서도 제로에 지나지 않는 존재들이고, 거기에서는 각각의 제로가 '평등한 여러 가지 권리'를 가지고 있고 무가 되는 것을 미덕으로 인식하고 있다."

'최적자의 생존'이라는 말로 자유경쟁을 진화론적으로 미화하고 사회주의나 공산주의에 대해 노골적인 적대감을 표시한 스펜서의 사회학을 간단히 '애타주의'로 표현할 수 없고 오히려 스펜서와 니체의 유사성을 문제 삼아야 하겠지만, 여기서는 이에 대해 더 이상 논하지 않는다. 비교를 거부하는 것, 그리고 평등=동일함을 거부하는 것. 즉 사회적인 것의 무대에서 내려오는 것. 이것이 니체와《불평등론》의 루소가 말하는 '자유'다. 평등의 추구는 인간이 동일하게 변해가는 것, 즉 획일성을 의미한다. 따라서 아렌트가 "사회적인 것이 강요하는 일체화의 요구" 혹은 "사회에 고유한 획일주의"에 대해 비판한 것에는 그런 대로 근거가 있다고 할 수 있다. "사회라는 것은 언제나 그 구성원이 단 하나의 의견과 하나의 이해관계만 가지도록, 그가 단일한 거대가족의 구성원 중 한 명인 것처럼 행동하도록 요구한다"(앞의 책,《人間の条件》, 62쪽).

루소야말로 이러한 획일성을 반대한 사람이라고 아렌트는 말한다. 다만 여기서 진정으로 고려해야 할 점은 다른 데 있다. 우리가 여기서 명확히 해야 할 점은, 획일성을 거부한 루소가 왜 《사회계약론》에서는 국가를 위해 죽는 일을 시민에 강제하고, "저주받은" 자에 대한 박해를 정당화했는가, 또한 왜 그토록 숨 막힐 정도로 획일성과 동화를 요구하고 있는가라는 것이다.

이와 같은 물음을 니체에게도 던질 수 있다. '비교' 라는 주술로부터 인간을 해방시키고 건전한 자기긍정으로의 변화에서 진정한 자유를 찾아낸 니체가, '귀족' 이라는 비교 없이는 그 자체가 성립되지 않는 상대적인 개념에 집착하고 또한 귀족들에 의한 타자의 지배와 그런 타자를 힘으로 배제하는 '전쟁' 을 찬양하면서 '사회성' 이라는 바퀴를 더 한층 죄어 매려고 한 것은 왜일까?

이 문제는 루소와 니체가 늘 파시즘과 전체주의에 매혹되어왔다는 엄연한 사실과도 깊이 관계되어 있다.

차이의 평등과 평등의 차이

루소의 사회적인 계약은 인간이 자연상태에서 벗어나면서 비로소 가능해진다. 그것은 자타의 구별과 사적 소유의 승인 및 평등 이념의 정립을 의미하지만, 동시에 이렇게 결합되어 만들어진 고리는 자연인이 누리고 있던 자유와의 결별에 기초하고 있다.

루소의 사회계약에서 보이는 지나칠 정도의 통합統合 지향은, 실제로 이 억압된 자유가 사회적인 것 속에서 드러난 형태로 재참입 再參入함으로써 나타나게 된 것이다. 루소가 자연인이 누리고 있는 '자연적 자유'와 인간이 사회상태로 이행함으로써 손에 넣은 '시민적 자유'를 구별한 것은 사실이다. 그러나 양자의 단절은 최후까지 유지되지 못하고 전자의 자유가 회귀함으로써 후자의 자유가 질식당하는 자유의 자가당착이 생기게 된 것이다. 자연인을 상징하는 '동화'의 원리, 자타의 구별을 모르는 자연인의 "현기증을 느끼게 하는 타인과의 가까운 곳"(메를로퐁티)은 파시즘에 있어서 '인민의 갈채', '반론의 여지가 허용되지 않는 자명한 것' 및 '이질적인 것의 배제 혹은 절멸'(칼 슈미트)로서, 또한 강제적인 동일화의 폭력으로서 재현되고 있었다.

그러나 파시즘과 전체주의에서 자유는 룩셈부르크가 레닌과 러시아혁명에 대한 '사려 깊고 상세한 비판'에서 옹호했던 자유 즉 '다른 생각을 가진 자의 자유'가 아니다. 파시즘과 구별되는 자유,를 구상하기 위해서는 루소와 다른 방식으로 자유에 대해 다시 한번 생각해볼 필요가 있다. 그것은 이를테면 자연상태로 퇴행하지 않고 사회적인 권역의 한복판에서 나와 너의 구별 속에서 자유를 생각해내는 것이다. 타자에 동화된다는 가여운 생각으로 꽉 차 있을지라도, 아니 어떤 의미에서는 마침 그렇게 되기 때문에 루소의 자연인은 타자에 대해 전혀 무관심하다. 왜냐하면 나와 너의 차이를 알려고 하지 않기 때문이다.

에리히 프롬은 나치스의 지지기반이 '하층 중산계급'에 있다면

서 이렇게 설명했다. "그들의 인생관은 협애狹隘하고 미지의 사람을 의심하고 혐오하나 지인에 대해서는 수소문하기 좋아하고 질투심이 강하다. 게다가 그런 질투심을 도덕적인 공분公憤으로 합리화하고 있다"(日高六郞 訳, 《自由からの逃走》, 東京創元社, 1965, 234쪽). 나치즘을 열렬히 환영한 이들은 모르는 타자에 대해서는 마음을 닫으면서 아는 사람들에게는 강렬한 질투심을 안고 있는 그런 사람들이었다.

질투심은 다름 아닌 루소가 말한 '비교'의 산물이다. 루소는 자존심에 눈을 뜨게 된 사회인들에게 나타나는 이 '비교'라는 함정과 자기애밖에 모르는 자연인의 '동화'를 서로 대립시켰지만, 실제로 이는 잘못된 것이다. 니체가 (독일어에 근거하여) 지적한 것처럼 '비교Vergleich'는 '같아gleich'지려고 하는 욕망이고 '비교'는 '동화'의 원리가 자타의 분절이 생긴 후에도 반복되어 생기는 것이다(인간은 상대방과 달라지기 위해서가 아니라 같아지려고 질투한다). 여기에도 사회적인 것으로의 자연의 회귀가 나타난다. 질투를 최종적으로 소멸시키는 것은 자연인의 자기애에 갖추어진 '동화'의 원리가 아니다. 자존심의 기초가 되는 나와 너의 구별이다.

나와 너의 차이에 대한 존중은 자유에 대한 물음에 관해서뿐만 아니라 평등에 대한 물음에 관해서도 중요하다. 엥겔스는 루소의 사색 과정을 "언어를 모르는 원시인의 자연 그대로의 평등"에서 "사회계약에 기초한 보다 고도의 평등"을 향한 비상이라고 했는데 마침 차이의 존중이 전자와 후자의 평등을 구별한 것이다.

차이의 존중은 타자에 대한 무관심을, 즉 타자에 대해 등을 돌려 자기 자신 속에 움츠려 있음을 의미하지 않는다. 정반대로 마침 이 무관심에 대한 부정이 (논리적으로도) 진정한 의미에서의 차이의 존중을 가능케 한다. 루소가 노골적인 사리사익의 추구와 대치시킨 '사회적인 미덕'은 소멸되어야 할 것이 아니라 세련의 대상으로서 보존되어야 하는 것이고, 이를 보존하지 못하는 사람은 타자에 마음을 닫고 타자를 배제하고 동시에 자기 자신을 부정하면서 나치즘의 가학적인 지배구조에 피학적으로 복종하게 되는 것이다. 프롬이 말했듯이 자기만을 사랑하는 것처럼 보이는 '이기주의'는 실제로는 자기마저도 사랑하지 않는 것이다. 왜냐하면 "한 인간에 대한 사랑은 인간 그 자체에 대한 사랑"이기 때문이고 타자를 환대하는 일—그것은 현기증이 날 정도의 타자와의 '동화'와는 다르다—없이는 자기를 사랑할 수 없기 때문이다(앞의 책, 132쪽).

'사회적인 것'을 불평등의 논리 앞에서 좌절시킨 영국 도덕철학에 비해 루소는 그것을 평등이라는 이념에 다시 접속시키려 했다. 그러나 루소의 이런 시도 역시 좌절된다. 나(의 것)와 너(의 것)의 차이를 존중하는 소유와 자존심으로부터 '사회적인 계약'을 성립시키면서 도중에 그런 것들을 방치해버렸기 때문이다. 영국 도덕철학이 평등의 이념을 소유의 논리 속에 보존하는 데 실패했다면, 루소는 반대로 소유=자존심의 논리를 평등의 이념 속에 보존하는 데 실패한 것이다.

차이의 존중과 평등이라는 이 두 이념을 통합하여 양립시키는 것, 즉 **차이의 평등과 평등의 차이를** 실현할 수 있는 '사회적인 것'의 변증법은 아직 완성하지 못한 과제로서 우리에게 남겨졌다.

죽음, 고유명固有名 그리고 사회적인 것

《사회계약론》보다 1년 앞서 출판된 《신 엘로이즈》(1761)는 어떤 남녀의 사랑 이야기지만 이 소설은 매우 흥미롭게 구성되어 있다. 주인공 남성의 이름이 전반부까지 전혀 알려지지 않은 채로 스토리가 전개된다. '생 프뢰'라는 그의 이름이 명확히 언급되는 것은 후반부의 제4부에서인데(安土正夫 訳, 岩波文庫, 第3分冊, 40쪽) 그 직전의 제3부에서 큰 사건이 터진다. 그가 사랑하는 '쥘리'가 천연두에 걸려 위독한 상태에 처하게 되는 것이다. 그녀는 회복했지만 그녀의 죽음을 누구나 각오해야 할 그 때 그의 이름이 처음으로 나타난다(《신 엘로이즈》, 제2分冊, 245쪽).

죽음과 고유명固有名─양자는 어떻게 서로 연관되는가?

이 책의 서문에서 루소는, 서간체 소설에 나오는 '편지의 필자들'은 '농촌사람', '이국인', '은둔자', '거의 어린이라고도 할 수 있는 젊은 친구들'이라고 하면서(《신 엘로이즈》, 제1分冊, 12쪽) 이렇게 말한다. "그들 사이에는 자존심이 존재할 여지가 없다"(앞의 책, 22쪽). 자존심을 가지고 있지 않은 사람들, 그것은 바로 《불평등론》에서 말하는 자연인이고 이런 사람은 자기와 타인을 구별하지 않는다. 이런 사람은 **이름을 필요로 하지 않는다.** 또한 서로 사랑하는 사람에게도 이름은 필요 없다. "너라는 말과 나라는 말은 연인 사이의 용어에서 추방된 말이다. 연인 사이는 이미 둘이 아니다. 하나다"(앞의 책, 제4分冊, 162쪽).

그러나 이처럼 현기증 날 정도로 가까운 타자와의 거리는 죽음에 의해 찢어진다. 죽음은—마르틴 하이데거가 지적한 동시에 오인한 것이지만—자기와 타자의 근원적인 차이를 여는 것이다. 죽음을 지켜봄으로써 인간은 좋든 싫든 고유명과 결부되고, 동시에 자기애에서 자존심으로의 이행을 강요당한다.

그러나 바로 앞에 있는 자연인의 자기애는 죽음이 개시하고 있는 이러한 차이를 거부하고 봉쇄하기 위해 역설적으로 죽음을 요구한다. 쥘리가 천연두로 위기상태에 처해 있을 때 생 프뢰는 감염의 위험을 무릅쓰고 쥘리의 손에 키스하는데 그 때 그는 쥘리와 함께 죽을 생각이었다. 한편 천연두에 걸리기 조금 전에 쥘리는 생 프뢰와 함께할 수 없다는 것이 분명해졌을 때의 심경을 다음과 같이 표현한다. "나는 당신이 나의 것이 될 수 없다면 당신이 차라리 죽는 것이 났다고 생각할 정도다. **나는 이미 당신의 죽음을 바랄 만큼, 당신에게 죽음을 요구할 만큼**에 이르렀다(앞의 책, 제2分冊, 262쪽, 강조는 인용자).

"네가 죽는 일이 국가에 도움이 된다"고 인정될 때 시민은 죽을 수밖에 없다. 《사회계약론》의 루소 역시 죽음을 요구했는데 이는 왜일까? 다름 아니라 루소가 사회적인 계약에서 자연상태로 퇴행했기 때문이고, 고유명과 자존심을 버리고 그 현기증 날 정도로 가까운 곳의 타자와의 거리로 되돌아가려 했기 때문이다.

그러나 이야기의 마지막에서 죽음을 맞이한 쥘리는 천연두로 목숨을 잃지 않는다. 생 프뢰도 죽지 않는다. 다만 쥘리가 천연두에 걸리는 것을 통해 두 사람은 상징적인 의미에서 죽은 것이다. 즉 타인과 현기증 날 정도로 가까운 거리에서 살 수 없음을 서로 수용하면서, 생 프뢰는 고유명을 획득하고 쥘리는 비마루라는 다른 남성과 결혼하게 된다. 그리고 비마루, 쥘리, 생 프뢰 및 기타 사람들이 이상한 관계를 유지하면서 함께 생활하는 '클랑'이라는 **사회적인 것**의 이야기가 후반부부터 시작되지만 이에 대해서는 자세히 논하지 않는다.

다음과 같은 점만을 확인하고 강조해두자. "우리는 제2의 탄생을 한 것이다. 쥘리"(앞의 책, 251쪽). 천연두에서 회복한 후 생 프뢰는 쥘리에게 이렇게 보냈는데, 이 '제2의 탄생'은 자연인이 고유명이 없는 상태의 타자에서 현기증이 날 정도로 타자와 가까운 곳으로부터 벗어나 죽음을 개시하고 있는 순간, 즉 자기와 타자의 근본적인 차이에 입각하면서 사회적인 것을 성립시킨 그 순간을 의미하는 것이다. 다시 말하면 죽음을 수용하게 됨으로써 사회적인 것이 개시되는 것이고, 그것은 고유명을 가지고 있지 않은 자연인의, 나와 너의 구별을 알지 못하는 자연인의 사랑과는 달리 더 이상 죽음을 **요구**하지 **않는다.**

자연인은 죽음을 요구하고 사회적인 것과 거기에서 살고 있는 사람들은 죽음을 그냥 받아들인다. 벤야민이 '희생'을 둘러싸고 제시한 '신화적인' 폭력과 '신적인' 폭력의 차이를 여기서 상기하고 싶다.

반니체

"자식을 가지는 일이 범죄라고 불리는 경우가 있다. 만성질병을 앓는 자, 제3도의 신경쇠약에 있는 자의 경우가 그렇다. 이런 경우 사람들은 무엇을 해야 하는가? …… 사회는 생명에 관해 전권全權을 위임받은 제1인자로서 결함을 가진 생명 전체에 대해 그들이 태어나기 **전부터** 책임을 지고 있다. 또한 사회는 이러한 생명들에 대해 보상을 하지 않으면 안 된다. 따라서 사회는 이러한 생명이 태어나지 않도록 해야 한다. 사회가 생을 저지해야 하는 경우는 실제로 많이 있다. 그럴 경우 사회는 가계나 신분이나 교육의 정도가 어떻게 되든지, 가장 엄한 강제조치, 자유의 박탈, 경우에 따라서는 거세수술을 단행할 생각으로 임하지 않으면 안 된다. '사람을 죽이지 말라'는 성서의 금지는 퇴폐자頹廢者들에 대한 '자식을 가지지 말라'는 생명의 절실한 금지에 비하면 뻔한 속임수에 지나지 않는다. …… 생명은 유기체의 건강한 부분과 변질된 부분 사이에 어떠한 연대도 인정하지 않고 그들이 '평등한 권리'를 가지는 것을 인정하지 않는다. 변질된 부분은 베어버려야 한다. 그렇지 않으면 전체가 사멸해버린다. 퇴폐자들을 동정하는 것, 잘못된 것들에도 **평등의 각종 권리**를 인정하는 것은 가장 비도덕적인 일이고 **완전히 부자연스러운** 도덕이다"(앞의 책, 《권력에의 의지》第734節).

위와 같이 말한 자는 1933년 〈유전병후손예방법〉(단종법斷種法)을 만든 히틀러가 아니다. 1888년 10월의 니체, 정신병자로 입원하기 직전의 니체다. 비슷한 주장은 그해 봄부터 여러 차례 있었다. "차라투스트라가 제시한 생명의 지고한 규칙은 이렇게 요구한다. 모든 생명의 잘못 탄생한 쓰레기에는 **동정할 필요가 없다.** 상승해가는 생명에 대해 단지 장애물, 해독, 배반자, 지상의 방해자만 되는 것들을, 한마디로 말하면 **기독교**를 말살하라"(F. Nietzche, *Sämtliche Werke*: *Kritische Studienausgabe*[KSA]. Walter de Gruyter. Bd.13. S.594[《ニーチェ全集》第2期, 第12卷, 白水社, 1985, 120쪽]). "생명의 잘못 탄생한 쓰레기에 대해서는 말살이라는 단 하나의 의무가 있을 뿐이다"(a.a.O.S.611[앞의 책, 140쪽]). 니체는 이미 1882년 《즐거운 학문》(제73절)에서 금방 태어난 장애아를 살해하는 일의 정당성에 대해 언급했고 이듬해인 1883년 《차라투스트라는 이렇게 말했다》 제1부에서도 비슷한 주장을 했다.

또한 '귀족지배'를 긍정하고 '사회학'을 증오한 니체는 "결함을 가진 생명"이나 "잘못 탄생한 생명"의 "말살"을 선동하면서 평등과 사회적인 것의 이념을 부정했다. 니체의 말을 은유로 생각해서는 안 된다. 문자 그대로 이해해야 하고 이 점에서 니체는 틀림없

는 우생학자다. 사회적인 것의 개념은 이런 니체와 정면으로 대결하지 않고는 옹호될 수 없다. 잘못된 것은 사회적인 것인가, 아니면 니체인가? 그리고 니체가 틀렸다고 주장하기 위해 사회적인 것 자체는 어떤 것이 되지 않으면 안 되는가? 후자의 물음이 특히 중요하다. 왜냐하면 당시 사회적인 것의 진영에 있던 사람의 절반 이상이 니체와 거의 같은 생각을 하고 있었기 때문이다(市野川容孝, 〈社会的なものの概念と生命──福祉国家と優生学〉,《思想》2000年 2月号).

잠정적인 답을 먼저 말하자면 이 점에서 니체가 틀렸다. 왜인가? 자기 스스로 자신의 사상을 배반했기 때문이다.

위의 글과 같은 시기에 쓴《이 사람을 보라》의 〈나는 왜 이렇게 현명한가〉 첫머리에 수록된 글에서 니체는 이렇게 말했다. "나의 아버지는 36세에 죽었다. 아버지는 화사하고 사랑스러운 사람이었으나 병약했다. 그는 단지 이 세상을 스쳐 지나가기 위해서만 태어난 사람 같았다. …… 아버지의 생명이 쇠멸해간 때와 같은 나이에 나의 생명도 쇠멸했다. 36세에 나의 활력은 바닥을 쳤다. 나는 아직 살아 있었지만 코앞도 보이지 않을 정도로 시력이 저하했다. 1879년에 나는 바젤대학의 교수직을 사직했다"(KSA, Bd.13. S.629《ニーチェ全集》第2期, 第12卷, 159~160쪽).

자식을 가지는 것이 범죄가 되는 사람은 누구일까? 니체는 자신이라고 말하고 있다. 자신이 건강하다고 우기면서 다른 한편으로 인정한 것이다. "나는 퇴폐자 중 한 사람이다"(a.a.O.S.631《ニーチェ全集》, 161쪽). 니체가 아무런 동정도 하지 말고 단지 말살해야 한다

는 생명은 니체 자신인 것이다. 실제로 니체가 나치 시대에 살았다면 그는 제일 먼저 단종斷種의 대상, 안락사 계획의 대상으로 분류되었을 것이다. 게다가 그렇게 되는 것을 니체 자신이 바라고 있었다. 내세의 관념을 통해 현세의 삶에 대한 구가謳歌를 불가능하게 한다는 이유로 니체는 기독교를 철저하게 공격했으나, 위에서 보인 니체의 자학적 성격은 기독교 이상으로 비틀어지고 추한 것이며 니체가 비판한 아르투르 쇼펜하우어의 페시미즘과 비교해도 훨씬 음울陰鬱하다.

다만 이러한 자학적인 성격만으로 니체가 자기 자신의 사상을 배반했다고 할 수는 없다. 니체의 오류는 그가 이러한 자학적인 성격과 더불어 삶을 전면적으로 긍정하는, 자기 자신의 '퇴폐자'의 삶을 포함하여 긍정하는 사상을 전개했다는 점에 있다.

영겁회귀永劫回帰와 '용기'

각 부분의 출판 시기가 조금씩 어긋나고 있는 니체의《차라투스트라는 이렇게 말했다》는 내용 면에서 몇 가지 단절이 존재한다. 그 중 가장 중요한 단절은 이른바 '영겁회귀'의 사상이 등장하는 제2부 마지막의 '예언자'의 전과 후다. 그 앞부분인 제1부 〈자식과 혼인에 대해〉에서 니체는 이렇게 말했다. "당신은 젊고, 자식과 혼인을 바라고 있다. 다만 나는 당신에게 묻고 싶다. 당신은 자식

을 바라도 되는 인간인가라고. …… 그저 자식을 가지는 것만으로
는 안 된다. 보다 우수한 자식을 가져야 한다." 우생학의 프로파간
다로서 최적의 주장이다. 실제로 많은 우생학자들이 니체를 인용
했다.

보다 좋게 되는 일. 보다 높게 되는 일. 따라서 '생명'은 "늘 자
기 자신을 초극超克하는 것"이라고 니체는 말하고, 이런 생명의 상
승을 지탱하는 것을 '권력에의 의지'라고 표현했다. "생명이 있는
곳에만 의지도 존재한다. 다만 알려주겠다. 생명에의 의지가 아니
다. 권력에의 의지다"(제2부, 〈자기초극自己超克에 대하여〉). 니체의
우생학을 지탱하는 것도 이 '권력에의 의지'다.

그렇지만 여기서 큰 전환이 일어난다. 이 '의지Wille'는 영겁회귀
가 주장되면서 폐기되고 그 대신에 '용기Mut'가 등장한 것이다.

영겁회귀는 무엇인가? 그것은 생명에 대한 철저한, 냉혹할 정도
의 **긍정**이다. "참으로 우리는 죽는 일에도 질렸다. 자, 눈을 뜨자.
그리고 계속 살아나가자. 무덤 속에서!"(제2부 〈예언자에 대해〉). 삶
에 대한 이런 긍정과 함께 '의지'라는 말은 실효한다. "스쳐지나
간 사람을 구제하고 모든 '그랬었다'는 것을 '내가 그것을 원했
다'로 바꾸는 일. 이렇게 함으로써 비로소 구제라고 하는 것이 우
리를 찾아온다! 친구들이여, 의지, 그것이 사람을 자유롭게 하고
즐거움을 가져온다고 나는 가르쳤다. 그러나 지금은 더 나아가 이
런 것을 배워두어야 한다. **의지 그 자체는 아직 잡혀 있는 것에 불
과하다.** …… 의지는 이미 행해진 일에 대해 무력하고 지나간 일

전체에 대해서는 나쁜 방관자에 지나지 않는다"(제2부 〈규제에 대하여〉, 강조는 인용자).

나는 이렇게 태어나 이렇게 살 수밖에 없다. 나는 이 삶을 조금도 바꿀 수 없다. '의지'는, '권력에의 의지'는 나에게 아무것도 가져다주지 않는다. 그래도 여전히 내가 이 삶을 긍정할 때 할 수 있는 것, 그것은 '용기'다. 혹은 '의지'가 '용기'로써 완성되는 것이다. "용기는 최강의 살인청부업자다. 용기가 덮쳐서 죽음을 쳐 죽인다." 그리고 이렇게 말한다. "이것이 산다는 것인가? 좋다! 다시 한 번"(제3부, 〈환영幻影과 수수께끼에 대하여〉). 나는 이 삶을 변화시킬 수 없다. 다만 이 삶을 추호도 변화시키지 않고 수천 번이고 수만 번이고 되풀이해서 보여주겠다. 이것이 영겁회귀의 가르침이고 '용기'다. 이렇게 되어 '퇴폐자'—니체 자신—를 포함한 모든 생명은 '용기'에 의해 긍정되어야 하는 것이 된다. 니체의 우생학도 여기서는 죽음을 맞이해야 한다. 본래대로라면.

니체는 '용기'에 대해 중요한 점을 또 하나 말했다. "용기는 동정하는 것마저도 쳐 죽인다"(앞과 같음). 동정, 그리고 타자를 염려하는 심성은 사회적인 것의 기초다. 그러나 여기서 니체에 항복할 필요는 전혀 없다. 반대로 니체와 함께 동정이나 측은이 가지고 있는 위험함을 자각적으로 쳐 죽이면서 사회적인 것을 세련洗練해 나가야 한다.

니체가 여기서 부정하는 동정의 하나가 《신 엘로이즈》의 생 프뢰가 천연두를 앓고 있는 쥘리에 대해 가진 측은함이다. '동정

Mitleid'은 "함께 괴로워하는mit-leiden" 것이다. 생 프뢰는 쥘리와 함께 천연두를 괴로워하고, 현기증을 느낄 정도로 타인과 가까운 곳에서 죽으려고 했다. 니체가 부정한 것은 이러한 동정이다.

그러나 동정은 타자와 같아지기 위해 자신에게 죽음을 요구하는 것만이 아니다. 자신과 같아지도록 타자에게 죽음을 요구하기도 한다.

나치의 우생 정책과 안락사 계획에 대해 독일의 한 정신과 의사로서 비판적으로 검증한 K. 도르나는 그 배후에 있는 사람들의 심성을 "죽음에 이른 측은함"이라고 표현했다. "어쩌면 그렇게 불쌍한 사람", "어쩌면 그렇게 딱한 사람", "어쩌면 그렇게 비참한 사람". 이런 깊은 동정과 함께 '건강'한 사람들은 자기들과 다른 생명을 대량으로 살해한 것이다. "질병이 없는 사회, 질병이 없는 인간이라는 이상에 들떠 많은 의사들이 …… 어떻게 해서라도 눈앞에 있는 인간을 바꾸지 않으면 안 된다고 생각했다. 그 결과 일정한 치료를 해도 낫지 않는 사람들은 불치병을 선고받고, 그들의 질병은 견딜 수 없는 것이고 따라서 끝내지 않으면 안 된다고 여겨진다. 그러나 의사들이 품고 있는 동정은 대체의 경우 자기에 대한 동정이었고, 지금도 그렇다. 눈앞의 질병이나 장애를 그대로 받아들이는 것을 의사들은 굴욕으로 느낀다. 그것은 자신들이 갖고 있는 건강한 인간이라는 상像에 반하고 치료라고 하는 자신들의 노력에 역행하는 일이기 때문이다"(K. Dörner, *Tödliches Mitleid*, Gütersloh, 1989. S.90).

현기증 날 정도의 타인과의 가까움에서 벗어나 자신과 다른 삶을 긍정하고 동시에 타인과는 동일하지 않은, 아니 동일하게 될 수 없는 자신을 긍정하는 일. 이를 불가능하게 하는 동정을 쳐 죽이지 않는 이상 사회적인 것은 자신과 타자 양쪽에 대해 죽음을 계속 요구하게 된다.

니체의 광기

'용기'에 의한 삶에 대한 전면적인 긍정을 역설하는 한편, 자신도 그 중 한 사람이라고 자인하는 '퇴폐자'에 대해서는 '권력에의 의지'로 말살해야 한다고 선동하는 니체. 자기 자신의 사상에 대한 배신자라는 의미에서 니체의 말은 '미친 말'이다. 이는 서로 모순되지 않는다는 해석이 가능할지도 모른다. 또는 사회학의 레이베링이론 등에 근거하여 단지 "니체가 미쳤다"라는 인식이 사회적으로 구축되어 있는 데 지나지 않는다고 말할 수도 있을 것이다. 그러나 적어도 이 책에서 나는 니체에 대해 그러한 사회학적인 방관에 그치지 않는다. 보다 진지하고 보다 절실하게 니체와 마주하고 니체와 대결하지 않으면 안 된다. 왜냐하면 니체는 하나의 가치로서의 '사회학적인 것'의 최대의 적이기 때문이다. 니체에는 모순이 없고 오류도 없다고 하는 해석도 받아들일 수 없다. 왜냐하면 그것은 니체의 우생학 역시 바람직하다고 주장하는 것이 되기 때문이다. 다시 한 번 강조하지만 그의 우생학은 단순한 은유가 아니다.

굳이 단언하자면 이렇다. 니체는 미쳐 있다. 매독이 원인이었던 것으로 알려진 진행성 마비 때문에 그렇게 된 것이 아니다. 미쳤다고 인정되는 생명들의 절멸을 계획한 나치의 우생 정책과 안락사 계획을 완전히 정당화하는 그의 말이 지닌 극도의 자상타해성 自傷他害性 때문에, 또한 그 이상으로 자기 자신의 사상에 대한 배반 때문에 그는 미친 것이다.

다만 이렇게 단언하는 나의 이성 역시 니체의 말 앞에서 착란상태에 빠진다. 니체의 말이 옳다면 나는 미쳐 있는 니체를 말살하지 않으면 안 된다. 그러나 니체의 말에 따르는 한 나는 니체가 미치지 않았다고 생각할 수밖에 없고 따라서 그를 말살할 수 없다. 역으로 그가 미쳤다고 한다면 그가 한 말은 잘못되었기에 니체가 미쳤다고 그를 말살하면 안 된다. 또 한편으로 그가 미쳤다고 보는 한 나는 니체를 이미 부정하고 있는 것이다. 이 출구가 보이지 않는 역설 속에서 나의 이성 자체가 미쳐간다.

니체의 광기에 대해 푸코는 이렇게 말했다. "니체의 광기, 즉 그의 사고의 와해에 의해 그의 사고는 근대 세계에 퍼져나갔다. …… 지금은 광기 쪽이 세계에 대해 요구를 제기하고, 세계는 광기의 언어에 따를 수밖에 없게 되었다. 세계는 광기로부터 사물을 새롭게 인식하고 수정해야 하는 의무를 떠안게 되었다. 즉 비이성에서 이성을 헤아리고 비이성에 대해 이성을 인정하는 책무다"(田

村倣 訳,《狂気の歴史——古典主義時代における》, 新潮社, 1975, 559쪽, 번역문 변경).

니체의 사고는 그대로는 근대 세계에서 퍼지지 않는다. 그것은 와해되면서 비로소 퍼져나간다고 푸코는 말했다. 니체의 사고가 와해되고 그가 미치게 되는 것은, 자신의 사상을 배반하고 회복 불가능한 자기모순에 빠지는 순간, 즉 영겁회귀의 사상에 의해 삶을 전면적으로 긍정하면서 동시에 생명을 그것도 자기 자신의 '퇴폐자'의 생명을 부정하고 말살하려고 하는 순간이다. 그러나 푸코에 따르면, 바로 이 순간부터 근대 세계는 니체의 비이성에서 이성을 헤아리고 그의 모독적인 비이성에 대해 이성을 인정하기 시작한 것이다.

우생학이라고 하는 것은 니체의 비이성과 근대 세계의 이성이 융합한 하나의 형태라고 할 수도 있다. 그러나 이러한 융합에서 반드시 우생학이 탄생해야 한다는 이유는 어디에도 없다. 아니, 사태는 완전히 정반대라고 해야 할 것이다. 나치즘을 경험한 우리에게 우생학은 일종의 비이성의 상징이지만, 19세기 후반에서 20세기 전반에 이르기까지 우생학은 반대로 이성과 합리성의 상징이었고, 기독교 도덕에 대해서는 계몽이 필요한 시대착오적인 몽매함이라고 비판하면서 생명의 재생산의 합리화를 지향했던 것이다. 따라서 우생학은 '사회적인 것'과도 깊이 연관되어 있고 2차 세계대전 이후 오늘날에 이르기까지 끊임없이 진화=심화되어왔다(市野川容孝 外 共著,《優生学と人間社会——生命科学の世紀はどこへ向かうのか》, 講

談社現代新書, 2000). 본래 비이성의 부정=말살만큼 이성적인 것은 없다. '퇴폐자'의 생명의 말살을 주장하는 니체의 우생학에 이성이 종속한다고 하더라도 이는 단지 동어반복Tautology에 지나지 않는다. 1888년의 시점에 한정할 필요는 없겠지만, 비이성과 이성의 융합이라고 부를 만한 것은 니체의 또 다른 하나의 사고인 영겁회귀에 의해 이성이 "사물을 새롭게 인식하고 수정하는" 쪽이라고 해야 할 것이다.

그러나 생명을 전면적으로 긍정하는 영겁회귀의 사상에 의해 우생학이라는 이성raison을 좌절시킨 것은 비이성déraison 그 자체다. 왜일까? 그렇게 해야 할 이유raison를 결코 찾을 수 없기 때문이다. 그것은 니체의 말로 표현하자면 "용기"에 의해 선택된 것에 지나지 않는 하나의 부조리déraison다. 생명윤리의 논의가 우생학을 부정하는 확실한 논거raison를 발견하려다가 늘 좌절하는 이유도 아마 여기에 있을 것이다. 생명윤리의 세계에서는 이성이 때로는 '인간성의 종말' 등으로 욕먹으면서도 계속 승리하고 있다. 다만 그런 것은 욕이 아니고 이성의 교지狡知가 자신을 비이성으로 눈가림하고 있는 데 불과한 것이다.

니체와 '사회적인 것'의 대결은 어떤 승부로 끝났는가? 니체가 절반 이겼고 '사회적인 것'이 절반 패했다. '사회적인 것'이라는 이성에 대해 수정을 요구했다는 의미에서 니체는 이겼지만, 그의 비이성에 의해 '사회적인 것'은 자신과 함께 니체의 이성을 동시에 쳐 죽인 것이다.

사회과학의 탄생

　이 장에서는 '사회과학'이라는 말의 탄생을 실마리로 하여 평등의 이념에 의해 지탱되고 있는 사회적인 것의 개념이 어떻게 루소에서 19세기로 넘겨졌는지 알아보도록 한다. 이하에서 언급하는 많은 인물은 사회과학의 역사에서 이름이 지워졌거나 혹은 이름은 아직 남아 있으나 그들이 사색했던 내용의 대부분이 생략된 사람들이지만, 그들은 모두 '사회과학'은 무엇인가 또는 무엇이야 하는가, 사회과학이라는 이 새로운 말을 통해 무엇을 지향해야 하는가 등에 대해 나름대로 깊이 생각했다. 그리고 새롭게 느낀 것은 그들이 '사회과학'이라는 말로 생각하려고 한 많은 문제들은 가능성과 위험성을 모두 포함하여 오늘날 우리의 과제이기도 하다는 점이다.

19세기의 과제—자유와 평등의 균열

　게오르크 지멜은 18세기 서양의 사회사상에 있어서 '자연'의 개념이 차지한 독특한 역할에 대해 주의를 환기시켰다(清水幾太郎 訳, 《社会学の根本問題》, 岩波文庫, 第4章). 지멜에 의하면 여기서 '자연'은 기존의 사회 구조가 탄생하는 각종 족쇄와 질곡을 부정하는 심급審級으로서 기능하고 이런 자연으로의 회귀를 통해 인간의 '자유'와 '평등'이 단번에 실현되는 구조로 되어 있다. 간단히 요약하자면 이렇다. "보편적인 인간, 이른바 자연법칙으로서의 인간이 경험적 성질, 사회적 지위, 우연하게 받은 교육에 의해 개성화된 각 개인의 내부에 본질적 핵심으로 자리 잡고 있다고 한다면 이는 인간의 가장 깊은 곳에 있는 본질을 은폐해버린다. 이러한 모든 역사적인 영향이나 편견으로부터 각 개인을 **자유롭게 함을** 통해 만인에 공통되는 것, 즉 인간 자체가 본질로서의 각 개인 속에서 모습을 드러내게 될 것이다"(《社会学の根本問題》, 107쪽, 번역문 변경, 강조는 인용자).

　위에서 언급했듯이 루소의 《불평등론》의 대략은 이런 것이고 로크의 계약설은 더욱 전형적이다. 로크에게 인간의 '천연자연'의 상태는 '완전히 자유로운 상태'인 동시에 '평등의 상태'를 의미한다(앞의 책, 《市民政府論》, 10쪽). 다른 한편으로 경제이론에 있어서도 '자연'은 있어야 할 질서의 대명사로 인식되었고, 그 전형이 18세기 프랑스 중농주의(원어인 physiocratie는 '자연의 지배'라는 뜻이다)

에서 나타났다. 케네를 중심으로 한 이 학파는 농업을 희생하고 각종 특혜를 부여하면서 상공업을 **부자연스럽게** 우대하는 종래의 경제 정책(콜베르의 중상주의)에 대해 그것이 자연적인 경제 질서를 인위적으로 왜곡하고 있다고 비판했다. 그리고 '자유방임laissez-faire'이라는 말이 이 학파의 그루네J. C. M. V. de Gournay(1712~ 1759)에 의해 도입되었다. 중농주의는 '자유방임'에 의해서만 생성될 수 있다는 '자연적'인 경제 질서와는 무시할 수 없는 차이가 있지만, 스미스의 '보이지 않는 손' 즉 각 개인이 자신의 이익만을 추구하고 자유롭게 경제활동을 진행한다면 의도하지 않은 귀결로서 전체 사회의 번영이 극대화된다는 주장과 서로 크게 겹치는 것도 사실이다.

그러나 19세기에 이르러 이러한 '자연' 개념을 대체하는 형태로 '사회적인 것'이 부상한다. 그 배경에는 자유와 평등 사이에 깊은 균열이 생기게 되는 사태가 있다. 지멜은 '자연'의 개념 하에 자유와 평등이 조화되어 있던 18세기와 달리, 19세기에 진입하면서 '평등 없는 자유에의 경향'과 '자유 없는 평등에의 경향'의 양극화가 일어났다고 했다(《社会学の根本問題》, 114쪽). 전자는 위의 자유방임을 추구한 결과로 나타난 주장이고 후자는 이에 대항하여 등장한 '사회주의'를 관철한 것이라고 지멜은 설명했다.

어쨌든 '자연'이라는 개념을 토대로 한 자유와 평등의 18세기적인 예정조화予定調和는 허물어지고 양자 사이에는 돌이킬 수 없는 균열이 생기게 된 것이다. 그리고 19세기의 '사회적인 것'은 이미 루소를 하나의 연원으로 하면서, 이런 균열을 개구부開口部로 하여 분출하게 된다. 이는 또한 '사회과학'의 탄생을 의미하지만, 사회과학의 과제는 비대해가는 '자유' 속에서 말라가는 듯 보이는 '평등'을 다시 한 번 구상하는 일이었다.

콩도르세의 '사회과학'

일부 선행연구를 종합하면(아래 제3부의 〈기본문헌안내〉 참조) '사회과학'이라는 말의 영어, 프랑스어, 독일어에서의 탄생과 보급은 대체로 〈표 3〉과 같다.

〈표 3〉 영어, 프랑스어, 독일어에서 '사회과학'이라는 말의 탄생과 보급

1792	Condorcet의 리세교육개혁안: "**la science sociale**, l'economie politique, les finances et le commerce"
1805	Destutt de Tracy, *Eléments d'Idéologie, Logique*. "**science sociale**"
1808	Frourier, *Théorie des quatre mouvements et des destinées generales*. "**une science sociale** encire inconue"
1810	Buchholz, *Hermes oder über die Natur der Gesellschaft mit Blicken in die Zukunft*. "**Wissenschaft der Gesellschaft**"
1817	Saint-Simon, *L'industrie*. "*science des sociétés*"
1822	Comte, *Prospectus des travaux scientifiques nécessaires pour réorganiser lasociété*. "science sociale"
1824	Thompson, *An Inquiry into the Principles of the Distribution of Wealth Most Conductive to Human Happiness*. "social science"
1836	J. S. Mill, *On the Definition of Political Economy*. "social science" Sismondi, *Etudes sur **les sciences sociales**: t.1 Etudes sur les constitutions des peuoles libres*.

1838	Lavergne–Peguilhen, *Grundzüge der* **Gesellschaftswissenschaft**: *Bd.1 Die Bewegungs–und Produktionsgesetz.*
1842	Stein, *Der Socialismus und Communismus des heutigen Frankreich.* **"Wissenschaft der Gesellschaft"**
1851	Mohl, **Gesellschafts–Wissenschaften** *und Staats–Wissenschaft.*
1859	Treitschke, *Die* **Gesellschaftswissenschaft**: Ein kritischer Versuch.

《옥스퍼드 영어사전*Oxford English Dictionary*(OED)》(2판, 1989)에서는 애덤스(미국 2대 대통령)가 1785년 9월 10일자 서신에서 '사회과학social science'이라는 말을 최초로 사용했다고 했다. 거기서 애덤스는 이렇게 썼다. "인민이 일치하여 자신들이 권력의 원천이라는 것을 알고 또한 그렇게 인식하지 않는 한, 그리고 인민이 그들의 권력을 현명하고 성실하게 행사하는 기술을 습득하지 않는 한 **사회과학**이라는 것은 결코 발달하지 않을 것이다"(*The Works of John Adams* vol.9. Boston, 1854. p. 540). 우리는 "'주권재민'의 사상과 제도 없이는 '사회과학'이라는 것은 있을 수 없다"는 애덤스의 이 말을 지금 다시 한 번 곱씹어봐야 할 것이다. 그러나 애덤스가 영국 신학자 존 제브에게 보낸 사적인 편지에서 등장한 '사회과학'이라는 말을 두고 최초의 공적인 사용이라고 하는 것은 적절하지 않을지도 모른다.

'사회과학'이라는 말의 최초의 공적인 사용, 적어도 그 사용례의 하나는 콩도르세에서 찾아야 한다. 그가 1792년 4월 혁명의회에 제출한 교육개혁안에서 '사회과학science sociale'이라는 말이 나타난다(渡辺誠 訳, 《革命議会における教育計画》, 岩波文庫, 56쪽). 다만 여

기에도 주석이 필요하다. 왜냐하면 그 전해인 1791년 12월에 훗날 프랑스 혁명정부의 법무장관에 임명되는 도미니크 가라Dominique Joseph Garat(1749~1833)가 콩도르세에게 보낸 편지에서 부정적인 의미의 문맥이긴 하지만 '사회과학'이라는 말을 사용했기 때문이다. 엄밀히 따지면 이것이 먼저다. 가라에 의하면, 정당한 주권은 단지 인민의 의지에서부터 유래한다고 한, 루소의 《사회계약론》 등에서 제시한 이론은 "사회과학이 제시한 최초의 진리"이긴 하지만 "그 진리는 아직 과학이 아니고" 사회의 재조직화를 위해서는 그 이상의 지식이 필요하다고 했다. 이에 대해 콩도르세는 '사회과학'은 이미 확립된 하나의 과학이고 이를 리세lycée의 교육과정에 넣어야 한다는 입장을 취했다.

'사회과학'이라는 말은 콩도르세의 《인간 정신의 진보 역사》 (1793~94)에서 딱 한 번 나타났지만, 이 책에서는 '사회과학'이라는 말보다 콩도르세가 이 말의 동의어로 사용하고 또한 중농학파가 이미 사용해온 '사회적 기술art social'이라는 말이 많이 사용되었다.

콩도르세는 '사회적 기술'의 과제로서 최소한 두 가지를 들었다. 하나는 "사회적 기술의 최후의 목적인 실제적 평등"이라는 표현에서 보이는 것처럼(앞의 책, 248쪽), 인간의 실질적인 평등의 달성이다. 다른 하나는 "개인적인 이익이 기타 사람들의 이익과 대립하게 되는 경우를 최소화하고 그 이익들이 서로 고립되어 존재하는 형태를 개변하여 서로 일치시키는" 것이었다(앞의 책, 241쪽).

루소는 사회적인 계약의 과제로서 '평등'과 '일반의지'의 창출을 주장했는데, 콩도르세의 '사회적 기술', '사회과학'은 바로 이 루소의 '사회적인 계약'을 구체화한 프로그램이라고 할 수 있다.

콩도르세는 교육에 대해 다음과 같이 주장했다. "공권력은 가난한 시민들에게 이렇게 말해주지 않으면 안 된다고 우리는 생각한다. 당신들은 부모의 재산상황으로 인해 필요한 최소한의 지식밖에 얻지 못했다. 그러나 우리는 당신들이 그러한 지식을 유지하고 확대하는 데 알맞은 수단을 보장한다. 만일 **당신들이 자연으로부터 재능을 부여받았다면** 당신들은 그 재능을 발휘할 수 있을 것이다. 그리고 그런 재능은 당신들에게도 조국에게도 도움이 될 것이다. 이처럼 교육은 보편적이지 않으면 안 된다. 즉 모든 시민들에게 보장되어야 한다. 교육은 경비의 필연적인 한계나 인구의 분포상황이나 어린이들이 교육에 할당한 시간이 허용하는 한 전적으로 평등하게 분배되지 않으면 안 된다"(阪上孝 編訳,《フランス革命期の公教育論》, 岩波文庫, 15면, 강조는 인용자).

이처럼 콩도르세는 '평등'의 이념에 기초하여 교육을 재편할 것을 주장했고, 이 이념은 동시에 그가 말한 '사회적 기술', '사회과학'과 밀접히 연관되어 있다. 그러나 콩도르세는 지멜의 분류에 따르자면 아직 18세기의 틀 속에 있다. 콩도르세는 강요된 각종 왜곡을 해소하면서, 예컨대 보편적인 교육을 통해 인간으로 하여금 만인에 공통된 것을 향해 자유롭게 할 수 있다고 했다. 그러나 그는 아직 자유가 불평등을 초래한다는 19세기적인 모순을 인식하지 못했다.

교육의 역설이라는 것이 있다. 교육은 인간의 평등을 지향하면서도 결과적으로는 학력에 의해 인간을 서열화하거나 능력에 따라 차별한다. 더 나아가 콩도르세가 보편적인 교육과 결부하여 주장한 평등은 루소가 '사회적인 평등'이라는 표현으로 제시한 평등과도 어긋나고 있는 것처럼 보인다. 루소는 자연이 인간에게 가져다 준 불평등을 초월하여 평등을 창조해야 한다고 주장했기 때문이다. 콩도르세는 '당신들이 자연으로부터 재능을 부여받았다면'이라고 말하고 있다. 여기서 '자연'이 부여한 '재능' 자체에서 불평등이 있다면? 콩도르세의 교육론은 이 물음 앞에서 멈추었으나 루소는 그 이상에 대해 생각하도록 했다.

문명과 식민지주의

한 가지 더 부연하자면 이렇다.

콩도르세의 《인간 정신의 진보 역사》에서 '사회적 기술'이나 '사회과학'은 그렇게 중요한 개념이 아니다. 그 저서에서 가장 중요한 개념은 '문명civilisation'이고, 주제는 인류의 역사를 그 문명의 정도에 따라 10단계로 구분하는 것이다. '사회적 기술'이나 '사회과학'은 인류가 도달할 수 있는 정점인 문명의 제10기(프랑스혁명 이후의 인류의 미래)에 출현하게 된다고 했다. '문명'의 어원인 라틴어 'civilitas'는 한때 궁정사회에서의 예의바름을 의미했지만 궁정사회와 신분제를 해체한 프랑스혁명 이후에 등장한 '문명'은 루소의 'civil'과 마찬가지로 그 의미가 부정적인 것에서 긍정적인 것으로 변화했다.

동시에 시드니 폴라드가 말했듯이 '진보'라는 개념이 하나의 긍정적인 가치로서 새롭게 도입되었다. "역사를 여러 사회 유형의 연속으로 볼 경우, 각 유형은 논리적으로도 필연적으로도 앞선 사회에서 발생하고 동시에 불가피하게 나타나게 되는 다음 단계의 씨앗을 자신의 내부에 잉태하고 있다고 한 것이 콩도르세의 공적이다"(舟橋喜恵 訳,《進歩の思想—歴史と社会》, 紀伊国屋書店, 1971, 100쪽). '사회과학'에는 그 탄생 시부터 이 '진보'라는 개념이 깊게 관여되어 있다. 그 예로는 오귀스트 콩트의 3단계설, 허버트 스펜서의 '군사형 사회'에서 '산업형 사회'로, 마르크스주의의 유물론적인 발전사관, 페르디난트 퇴니스의 '게마인샤프트'에서 '게젤샤프트'로, 에밀 뒤르켐의 '기계적 연대'에서 '유기적 연대'로와 같은 학설 및 그 외의 각종 사회진화론을 들 수 있다.

그러나 '문명'과 '진보'의 개념은 늘 식민지주의를 정당화하는 것이기도 했다. 1798년 6월 나폴레옹은 이집트정복 시 "병사 제군, 당신들이 지금부터 시작하는 정복은 전 세계의 문명화와 상업에 대해 헤아릴 수 없는 결과를 초래할 것이다"라고 했고, 1884년 11월 콩고는 '자유국'이라는 얄궂은 이름으로 벨기에의 식민지로 전락했으며, 프랑스와 포르투갈이 할당을 받는 국제회의의 개막

시에 오토 폰 비스마르크는 다음과 같이 역설했다. "여기에 참석한 각국 정부는 모두, 아프리카 대륙의 주민들에게 통상을 개설하도록 하거나 주민들에게 교육의 기회를 부여하거나 사절단이나 기업에 유익한 지식의 전파를 격려하거나 노예제도의 폐지를 준비하게 함으로써, 아프리카의 원주민들을 문명의 대열에 합류시켜야겠다는 생각을 공유하고 있는 것이다"(J. Fisch, "Zivilisation, Kultur", O. Brunner u.a.Hg. *Geschichtliche Grundbegriffe*. Bd. 7. Stuttgart. S. 679~774쪽).

서양인들이 말하는 이 훌륭한 '문명'에 대해 프란츠 파농은 다음과 같이 비판했다. "흑인들은 갑자기 두 개의 좌표계를 가지게 되었고 그것을 기준으로 자신의 위치를 설정하지 않으면 안 되었다. 그들의 형이상학, 만일 이렇게 표현하는 것이 너무 요란스럽다면, 그들의 관습 및 관습을 지탱하는 각종 권위는 그들이 알지도 못하는 또한 그들에게 강요되는 하나의 문명과 모순된다는 이유로 파괴되어버린 것이다"(海老坂武·加藤晴久 訳, 《黒い皮膚·白い仮面》, みすず書房, 1998, 77쪽).

탄생 시부터 자신과 깊이 연관되어온 '문명'이나 '진보'의 개념에 대해 새롭게 검토하지 않고, 그런 개념에 대한 탈구축脫構築이 없다면 사회과학이 파농의 문제제기를 공유하는 일은 불가능할 것이다.

정치경제학 비판—시스몽디와 콩트

잠깐 프랑스어권의 동향을 살펴보자면, 콩도르세에 이어 데스튀트 드 트라시가 《이데올로기 요강》 제3권 《논리학》(1805)에서 사람들의 욕망을 최대한 만족시키는 방법을 탐구하는 학문으로서 '사회과학'이라는 말을 사용했다. 그 외 샤를 푸리에의 《4개의 운동이론》(1808)에서는 "아직까지 알려지지 않은 하나의 사회과학"이라는 표현이 등장한다(巖谷国土 訳, 現代思潮社, 1970, 上巻, 16쪽). 푸리에 주변에 모인 사람들은 자신을 '사회과학파社会科学派'라고 칭했다.

1817년에는 생시몽이 '사회의 과학'이라는 말을 사용했다. 여기서 생시몽은 '정치학'을 부가 어떻게 생산·배분·소비되는가에 대해 연구하는 '정치경제학'과 구별한 장 바티스트 세이의 주장을 언급하면서 후자를 '생산의 과학'(온갖 종류의 생산에 가장 적합한 질서의 창출을 그 목적으로 하는 과학)으로 재해석하고 이를 '사회의 과학'으로 불렀다(森博 編訳, 《サン-シモン著作集》 第2巻, 恒星社厚生閣, 1987, 343쪽). 이듬해인 1818년에 쓴 《산업의 정치적인 이익》이라는 초고에서 "사회과학"이라는 말도 함께 사용하기 시작했다(《サン-シモン著作集》 第3巻, 145쪽). 그 후의 생시몽의 문헌에서는 오히려 "사회과학"이라는 용어가 정착하게 된다(森博 訳, 《産業者の教理問答》, 岩波文庫, 203쪽 외).

생시몽으로부터 많은 것을 배웠지만 최종적으로는 그와 결별하는 콩트도 《사회재조직에 필요한 과학적인 작업의 계획》(1822)에서 "사회과학"이라는 말을 사용했다. 또한 "사회과학"이라는 표현은 시스몽디의 1836년의 작품 《사회제과학의 연구》의 제목으로도 사용되었다. 이 두 사람을 중심으로 '사회과학'이 무엇을 지향하고 있는지에 대해 보다 자세히 살펴보도록 하자.

일반적으로 시스몽디의 대표작으로 여겨지는 것은 《사회제과학의 연구》가 아닌 《정치경제학신원리》, 특히 2판(1827)이다. 시스몽디는 훗날 마르크스가 '착취'라고 해명한 현상에 대해 마르크스와는 다른 시각이기는 하나 이미 깊게 주목하고 있었던 것이다. "노동자는 그의 매일 노동을 통해 그의 매일 지출에 비해 훨씬 많은 것을 생산하고 있다. 하지만 토지의 소유자 및 자본가와 [그 생산물을] 배분한 후 그의 손에 최소한의 필요를 초과하는 상당한 생산물이 남는 경우는 드물다"(菅間正朔 訳, 《経済学新原理》 上, 日本評論社, 1949, 377쪽).

이와 병행하여 시스몽디는 공황이 경제적 자유주의(자본제도)에 내재하는 것이라는 인식에 도달한다. 시스몽디와 함께, 스미스의 정치경제학을 프랑스에 도입한 세이는 모든 판매는 구매다, 즉 생산물의 총공급은 항상 총수요와 동일하다고 주장했다. 세이에게 구매나 교환은 생산물이 화폐라는 투명한 막을 사이에 두고 자기 자신에게 접히는 것을 의미한다. 예를 들면 그것은 모서리와 모서리를 맞춰 종이를 접는 것과 비슷하여 모서리와 모서리가 서로 어긋나 일시적으로 과잉생산이 출현하더라도 그런 어긋남은 스스로 바로잡힌다고 했다. 또한 세이에게 빈곤은 공급이 수요를 따라가지 못한 상태로 이해되었기에 빈곤의 기본적인 해결은 수요를 따라잡을 수 있는 수준까지 공급, 즉 생산력을 더욱 향상시킴으로써 가능해진다.

이에 대해 시스몽디는 모든 판매가 구매라는 보장은 없고 생산력의 (무계획적인) 증대야말로 빈곤의 진정한 원인이라고 했다. 그는 빈곤을 공급이 수요에 따라가지 못한 상태가 아니라 수요가 공급을 따라가지 못한 상태로 이해하고, 생산력의 증대가 오히려 수요를 위축시킨다고 했다. 기계화에 의한 생산력의 증가는 우선 실업 노동자들을 양산한다. "공예의 진보, 산업의 발달 및 그 결과로서의 부와 번영의 증진은 각종 노동의 성과를 한층 소수의 노동자의 사용의 의해 가능케 하는 여러 가지 경제적인 방법을 발견하게 한다"(《經濟學新原理》下, 236쪽). 동시에 이런 실업자의 증대는 총수요의 저하를 의미한다. "기계의 개량과 인간노동의 절약은 직접적으로 국민적 소비자수 감소에 공헌한다. 왜냐하면 없어지는 노동자는 모두 소비자이기 때문이다"(앞의 책, 244쪽). 기계화에 의한 생산력의 증가는 노동자의 궁핍 즉 총수요의 저하를 초래하고 과잉생산=공황을 일으킨다고 주장하면서 경제적 자유주의의 메커니즘에 경종을 울렸다. 그에게 정치경제학은 더 이상 브레이크가 없는 자유방임이나 분별이 없는 부의 증대를 의미하는 것이 아니다. "정치경제학은 그대로 은혜의 이론이 되기에, 궁극의 결과에 있어서 인간의 행복에 관계되지 않는 모든 것은 이 과학에 속하지 않는다"(앞의 책, 190쪽).

시스몽디는 줄곧 스미스를 스승으로 모시면서 '정치경제학'이라는 말을 사용했지만, 후세 사람들은 그의 경제학에 '사회적인 경제학'이라는 새 이름을 부여했다. "시스몽디가 진정으로 관심을 기울인 것은 정치경제학이라는 학문이 아니라 훗날 프랑스에서 '사회경제학'으로, 독일에서는 '사회정책'으로 알려진 것이다"(C. Gide & C. Rist, *A History of Economic Doctrines*, George G. Harrap & Co. Ltd. London, 1948, p. 192). 그리고 시스몽디의 '사회정책학'과 그 이전의 '정치경제학'의 차이는 후자와 달리 전자가 부의 '생산'이 아닌 '분배'에 주목하고 분배의 개선을 주장했다는 점에 있다(M. A. Lutz ed., *Social Economics*: *Retrospect and Prospect*, Kluwer Academic Publishers, Boston, 1990, p. 9).

한편으로 콩트는 최초로 자신의 사회(과)학을 지금까지의 정치경제학과 명확하게 대치시켰다. "산업에 대한 통제의 도입에 대해 그것이 어떠한 것이라 하더라도 저지하려고 하는 정치경제학의 형이상학적인 경향은 매우 위험한 것이다. 저절로 생성하는 질서만을 인정하는 이 무익하고 비합리적인 지향은 공공연하게 사회적 실천으로서 자신의 임무를 포기하는 일과 같다. 이와 같은 자칭 '학문'은 산업 발전의 결과로 나타나는 심각한 난국에 직면할 경우 언제나 그렇게 된다. 이러한 난국에서 가장 명백한 것은 기계화가 초래한 경제 문제다. 자세히 보면 그것이 발생하는 곳에는 언제나 각종 사회적인 폐단이 동시에 나타난다. 이런 폐단은 산업

발전에 반드시 따라오는 것이고 노동자계급의 현재 생활을 지속적으로 또한 근본적으로 망가뜨린다. 우리의 사회질서가 품고 있는 이 깊은 균열이 초래하는 정당하고 절박한 항의나 불만에 대해, 우리 경제학자들은 자비는 손톱만큼도 없는 획일성에 근거해 경제활동의 무제한 자유라는 불모의 문구만을 반복하면서 이 위기 속에서 진정한 정치학을 실천해야 하는 가장 중요하고 가장 절박한 계기에 대해서는 보려고 하지 않는다. …… 이러한 [정치경제학] 속에서 우리는 사회의 실증과학physique sociale을 구성하는 요소를 절대로 발견할 수 없다"(A. Comte, *Cours de philosophie positive*, tome 4, 1839[Paris, 1908, pp. 145~146]).

여기에 나오는 'physique sociale'을 지금까지 일본에서는 '사회물리학'으로 번역해왔는데 이는 오역이다. 위의 〈실증철학 강의〉에서 콩트는 과학의 발전을 수학, 천문학, 물리학, 화학, 생물학의 순서로 언급했는데 콩트가 말하는 'physique sociale'은 마지막 생물학에서 파생한 것이다. 따라서 '사회물리학'이라는 번역어는 콩트가 말하려고 한 '무기적인 사고'에서 '유기적인 사고'로의 전환을 반영하지 못했다. 콩트의 'physique sociale'은 위의 인용에서도 나타난 '정치경제학'의 '형이상학'과 대조되는, 사회에 관한 형이하학=실증과학의 뜻을 지니고 있다.

이 'physique sociale'를 대체해 콩트가 고안한 것이 '사회학socio-logie'이라는 말이다. 대체 이유에 대해 콩트는 'physique sociale'을 "오용"하여 "단순히 통계에만 의거하여" 사회를 논하려고 한 케틀

레와 자신을 구별하기 위해서라고 했다(ibid, 4쪽). 콩트에 따르면 통계학은 자신이 중요시하는 '유기적인 사고'를 누락시키고 있다. 통계학은 원자로서의 개인을 전제로 하여 그 원자가 어떤 장소, 어떤 카테고리에서 어느 만큼의 규모로 집결하고 있는가를 표시할 뿐이다. 케틀레의 '평균인'도 원자=개인 간의 유기적인 연결이나 관련을 (예컨대 화학이나 생물학처럼) 해명할 수는 없다. A의 연간수입이 2,000만 엔이고 B의 수입이 200만 엔이라고 하자. A와 B만으로 보면 케틀레의 '평균인' 연간수입은 1,100만 엔이 되지만 이 수치만으로 콩트가 사회학에 요구한 '유기적인 사고'가 되지는 않는다. 이런 격차를 초래하는 사회의 구조에 대한 해명이 이루어져야 한다. '사회물리학'이라는 일본어는 케틀레의 통계학에 대해서는 정확하지만 콩트의 사회(과)학에 대해서는 부적절한 것이다.

시스몽디의 '사회경제학'과 콩트의 '사회학'은 모두 종전의 '정치경제학'을 비판하는 형태로 등장했다. 그리고 이 정치경제학을 비판한 마르크스는 시스몽디나 콩트를 다시 비판하면서 《자본론》으로 완성시켰다. 다만 여기서 추려낸 결론이 정확한지 여부는 별도의 문제다.

분배의 문제와 '사회과학'—톰슨

다음으로 영어권에 대해 알아보자.

위에서 언급했듯이 《옥스퍼드 영어사전》 2판은 '사회과학social science'이라는 말의 최초 사용을 애덤스의 1785년의 서신에서 찾았다. 또한 애덤스 이외에 사람들이 이 말을 사용했다는 가능성도 완전히 배재할 수는 없겠지만 영어권에서 '사회과학'이라는 말의 확립을 추적할 경우 아일랜드의 톰슨William Thompson(1775~1833)을 빼놓고 이야기할 수 없다.

지주이면서 자본가인 집안에서 태어나 1814년에 아버지의 죽음으로 유산을 상속한 톰슨은 자신의 생활과 아일랜드 농민들의 궁핍한 생활 사이의 괴리로 사회적 모순을 통감하고 고뇌에 빠지게된다. 이러한 현실을 응시하면서 톰슨은 벤담, 오언과의 교류를 통해 그리고 리카도와의 간접적인 교류를 통해 자신의 사색을 심화시켰다.

1827년에 출간된 《보상받아야 하는 노동*Labour Rewarded*》에서 톰슨은 다음과 같이 말했다. "오늘날에 이르기까지 모든 정치경제학자들의 관심은 거의 대부분 부를 어떻게 생산하는가, 어떻게 대량으로 생산하는가, 특히 어떻게 하여 눈이 휘둥그레지게 할 만큼 산더미처럼 많이 만들어내야 하는가에 관한 싸구려 논문을 쓰는 일에만 집중되어왔다. 그러나 사회과학은 부와 기타 인간의 행복을 위한 자원 전체를 최대량의 행복을 탄생시키는 형태로 분배하는 수단이 무엇인가를 탐구하는 것이다. 이 학문은 **최근에 막 그 첫 울음소리를 내기 시작한** 것이다"(W. Thompson, Labour Rewarded, London, 1827, pp. 40~41, 강조는 인용자).

톰슨은 '정치경제학'에는 '사회과학'을, '생산'에는 '분배'를 대치시켰다. 그렇다면 '사회과학'이 제시해야 할 '분배'의 원리는 어떤 것인가?

《보상받아야 하는 노동》에 앞서 1824년에 쓴 《부의 분배원리에 관한 일고찰》에서 톰슨은 이렇게 역설하고 있다. "정치경제학의 여러 가지 고상한 발견을 …… 그 응용이 사회의 행복을 가져다주는 기술이 되는 사회과학에 유용한 것으로 만들기 위해서는 인간의, 즉 그러한 여러 가지 발견을 능동적으로 실천하는 도구인 동시에 그러한 영향 하에 있는 피조물이기도 한 인간의 복잡한 본성을 늘 고려하지 않으면 안 된다. 이 점을 고려하지 않고서는 효용의 의한 통제의 원리는 전혀 기능하지 않고 정치경제학에서의 최고 목표, 이른바 부의, 즉 다른 말로 표현하자면 매년 생산량의 끊임없는 증가는 무가치한 것이 되고 만다. 그리고 그 무가치한 것을 위해 인류의 3/4 혹은 9/10가 무보수의 고역이라는 비참함으로 내몰리게 되는 한편, 그 외의 소수자는 소비할 수 없을 만큼의 부가 있음에도 불구하고 노동은 하지 않고 그 무가치한 것의 추구에만 몰두하게 된다. 공동체에 중요한 것은 부의 소유가 아니고 부의 **올바른 분배다**"(W. Thompson, *An Inquiry into the Principles of the Distribution of Wealth Most Conductive to Human Happiness*, London,

1824, pp. viii−ix).

톰슨의 분배론에서 중요한 점은 위의 인용에서 보듯 그가 벤담에서 이어받은 '효용'이라는 개념이다. 우선 톰슨은 리카도 등의 노동가치설을 따랐다. "부는 노동에 의해 창출되고" 노동이야말로 "부에 관한 유일한 보편적인 척도"다(ibid., p. 6). 이에 대해 "교환에 있어서의 가치는 거의 부라는 관념에 꼭 엉겨 붙어 있지만 본래는 불필요한 것이다." 왜냐하면 예컨대 자급자족의 공동체는 교환이 일절 없음에도 불구하고 노동에 의한 부를 창출할 수 있고 충분히 풍요로워질 수 있기 때문이다.

부라는 가치의 원천이 노동에 있다고 하면 부는 우선, 노동에 의해 그것을 생산한 사람들에게 되돌아가야 한다. 분배의 제1원리에 따르면 실제로 노동하고 있는 다수의 사람들에게는 보다 적은 부가, 반대로 노동하지 않고 단지 생산수단만 소유하고 있는 소수의 사람들에게 보다 많은 부가 분배되는 상황은 잘못된 것이다. "축적된 사회의 자본이 한줌의 사람들 손에 놓여 있는 한편 부를 창출하는 생산력이 이와 별도의 사람들에게 귀속되어 있는 한, 축적된 이 자본은 …… 분배의 자연법칙에 반하는 형태로 이용되고 실제로 노동에 종사하는 사람들이 자신의 노동에 의해 생산된 것을 이용하는 것을 방해하게 될 것이다"(ibid., p. 594).

노동가치설, 정확하게는 투하노동가치설에 기초한 이런 분배의 제1원리에 대해 톰슨은 이와 다른 제2원리를 통해 보충하고 있다. 왜냐하면 제1원리만으로는 부의 평등한 분배가 이루어질 수 없기 때문이다. 제1원리에만 따르면 노동의 유무 및 그 다소에 따라 부를 **불평등하게** 분배하는 것이 정의가 되기 때문이다.

톰슨은 "최대량의 행복을 창출하는 형태로 배분하는 방식"을 '효용'의 개념을 토대로 구상했다. 예를 들면 1만 엔의 현금이 있다고 가정할 때 이 돈을 이미 1억 엔을 가지고 있는 사람에게 주는 경우와 한 푼도 가지고 있지 않은 사람에게 주는 경우 같은 1만 엔이 보다 큰 효용을 가지는 것은 어느 쪽일까? 한 푼도 가지지 않은 사람에게 주는 경우다. 즉 부가 보다 적은 사람들로부터 순서대로 배분하여 그 결과 모든 사람이 동등한 부를 받을 수 있도록 하는 것이 '최대량의 행복'을 창출하는 것이다. "부를 동일 인물에게만 계속 배분한다면 매 차례 부의 배분이 행복을 만들어내는 힘은 점점 상실된다. 그러나 부를 많은 사람들에게 배분해 준다면 각자가 받는 분배분이 만들어내는 힘은 비약적으로 증대한다. 따라서 정의는 사회의 부의 총체가 그 구성원들에게 평등하게 배분되는 것을 요구한다"(ibid., p. 91). 톰슨이 여기서 말한 '정의'가 일찍이 영국 도덕철학에서 주장한 정의와 정반대의 것으로 변했다는 점에 특히 주의할 필요가 있다.

톰슨은 호지스킨Thomas Hodgskin(1787~1869)의 《자본의 요구에 대항하여 수호해야 할 노동》(1825)에 대한 반론으로 위의 《보상받아야 하는 노동》을 썼다. 톰슨과 호지스킨은 노동하는 자가 보다 적은 분배를 받을 수밖에 없고 노동하지 않는 자본가가 보다 많은 부를 취득하는 상황을 비판하고 있는 점에서는 일치하지만, 두 사람은 (투하)노동가치설에 기초한 제1원리에만 근거하여 분배를 생각하는지 그렇지 않으면 효용의 개념에 기초한 제2원리를 통해 이를 보충하고 있는지라는 점에서 크게 달라졌다.

호지스킨은 이른바 노동전수권勞働全收權을 주장하고 그것을 '정치경제학'의 논리로부터 직접 도출했다. "정치경제학자들은 소유권을 확고한 것으로 만드는 필요성을 강하게 주장하고 그런 보장이 전체의 행복에 대해 얼마나 큰 공헌을 하는가에 대해 멋지게 실증해왔다. 그렇다면 그들은 노동이 창출하는 것은 예외 없이 노동에 귀속된다고 하는 나의 주장에 주저 없이 동의할 것이다. 그들은 '수확은 씨 뿌린 사람에게' 인정해줘야 한다는 원칙을 신봉해왔고 인간이 자신의 육체를 이용해 한 노동과 자신의 손을 이용해 한 일은 그 사람의 것이라고 주장해왔다. 그렇다면 그들은 당연히 그 연장선에서 노동의 생산물 전체는 노동자에게 귀속되어야 한다고 말할 것이다"(T. Hodgskin, *Labour Defended against the Claims of Capital*, London, 1825. p. 24). 노동전수권은 로크의 소유권으로부터 그대로 도출할 수 있는 것이다.

그러나 로크의 소유론과 마찬가지로 호지스킨의 노동전수권의 논리도 부의 평등한 분배를 창출하지 못한다. 이 점에 대해 톰슨은 다음과 같이 비판했다. "노동은 그 노력의 생산물 전체를 소유해야 하는가? …… 모든 활동적인 노동자가 자신의 노동을 통해 생산한 생산물을 문자 그대로 모두 자기 자신만이 소비해야 한다면 어떤 결과를 초래하게 될 것인가? 나이 든 자는 굶게 된다. 어린이들도 굶게 된다. 자식을 낳고 키우는 많은 여성들도 굶게 될 것이다. 그리고 질병이나 사고로 일정한 기간 노동에 종사하지 못하는 자들도 굶게 될 것이다"(Thompson, *Labour Rewarded*, p. 13). 노동가치설을 분배의 영역에서도 반복하는 노동전수권의 논리에 따르면 노동에 참여하지 않는, 아니 여러 가지 이유로 노동에 참여할 수 없는 사람에게 부를 분배해야 할, 특히 부를 평등하게 분배해야 할 규범은 도출될 수 없다.

탈마르크스

이런 한계는 마르크스에게도 해당된다.

1875년 독일사회주의노동자당의 〈고타강령〉은 초안에서 "유익한 노동은 사회 속에서만 또한 사회를 통해서 비로소 가능하기에 노동의 전체 수익은 평등한 권리에 따라 사회의 전 구성원에 귀속한다"고 썼다. 같은 노동전수권이라도 호지스킨이 노동의 수익이 개개인의 노동자에 귀속한다고 한 데 대해 〈고타강령〉 초안은 '사회의 전 구성원'에 귀속한다고 함으로써 생산된 부에 대한 평등한 분배의 가능성에 한 걸음 더 접근했다고 할 수 있다.

그러나 마르크스는 《고타강령초안비판》에서 이 초안의 문구를 "마음대로 주물럭거릴 수 있는" "속이 빈 상투적인 문구"라고 비판했다(望月淸司 訳, 岩波文庫, 28쪽). 왜냐하면 마르크스에 의하면 지금까지 "노동수익은 사회에 귀속된다"는 테제는, 정부가 자신을 사회질서의 유지에 필요한 기관으로 선포하면서 그 수익을 자기 편한 대로 탈취하는 형태로, 혹은 자본가가 자신이 가진 생산수단이 사회의 토대라고 공언하면서 수익을 자기 마음대로 가로채는 형태로 반복하여 악용되어왔기 때문이다.

그렇다면 마르크스가 생각하는 분배의 원리는 어떤 것인가? 여전히 노동가치설이다. 마르크스는 사회 전체의 노동수익에서 생산수단의 갱신과 확장에 필요한 경비나 복지 일반에 상당하는 경비(사고나 천재天災를 대비하는 기금, 학교나 위생시설의 운영에 필요한 경비, 빈민구제를 위한 경비 등)를 공제하지 않으면 안 된다고 했다. 다만 공제한 후의 수익은 어떻게 분배되어야 하는가? 각 개인의 노동량에 따라 배분되어야 하고 그 결과 불평등한 분배가 이루어지더라도 그것은 평등이라고 마르크스는 말했다. "평등은 동일한 척도에 따라, 즉 노동에 따라 판단함으로써 성립된다. 그러나 어떤 사람은 신체적으로 혹은 정신적으로 타인에 비해 뛰어나기에 동일 시간대에 보다 많은 노동을 제공하기도 하고 보다 장시간 노동할 수도 있다. 그리고 척도로서 기능하기 위해서 노동은 그 시간의 길이와 밀도에 의해 규정되지 않으면 안 된다. …… 그런 의미에서 평등한 권리는 불평등한 노동에 대한 불평등한 권리가 된다. …… 그것은 암묵적으로 개개인의 노동의 재능, 즉 능력의 불평등이라는 것을 **자연이 부여한 특권**으로서 인정하고 있는 것이다"(앞의 책, 37쪽, 번역문 수정, 강조는 인용자).

루소는 자연이 인간에게 초래한 불평등을 넘어서 인간을 평등하게 하는 약속을 '사회적인 계약'이라고 했으나, 마르크스가 여기서 말하는 '평등' 즉 개개인의 '능력'의 차이와 '자연이 부여한 특권'에 따라 이루어지는 불평등한 분배는 이 사회적인 계약을 충분히 실현하지 못한다. 다만 마르크스는 이러한 '평등'을 '부르주아적인 제약'에서 아직 벗어날 수 없는 과도적인 것으로, '자본주의 사회에서 갓 태어난 공산주의 사회'가 초기 단계에서 감수하지 않으면 안 되는 것으로 인정하면서 공산주의 사회가 성숙하게 되면 다음과 같은 새로운 원리가 생성된다고 했다. "각자 자신의 능력에 따라, 각자에게 자신의 필요에 따라!"(앞의 책, 39쪽).

　　그러나 문제는 아직 해결되지 않았다. 여기서 말하는 '필요'가 무엇인지에 대해 마르크스가 명확히 하지 않았기 때문이다. 투입된 노동으로 측정할 수 있는 것은 아닌 듯하다. 그렇다면 분배에 대해서는 이와 다른 별도의 원리를 도입해야 하지만 마르크스는 그것이 무엇인지에 대해 어떠한 답도 내놓지 않았다.

　　톰슨은 이를 '효용'이라고 명명했는데, 이는 마르크스가 말한 '필요'에 비해 보다 관대한 개념일 수 있다. 아쉬운 점은 마르크스는 이 '효용'이라는 개념에 의지할 수는 없다는 것이다. 그렇게 되면 마르크스의 경제학은 치명적이라고 할 수 있을 정도로 해체되고, '착취'라는 사회 비판을 위한 가장 중요한 개념이 헛돌게 되기 때문이다. 그러나 노동이나 생산, 나아가 능력이라는 주술에서 인간을 해방함으로써, 누가 생산했는가와 독립적으로 누구에게 분

배할 것인가에 대해 끊임없이 질문하면서 평등과 사회적인 것에 대해 보다 철저하게 추구할 수 있다면, 위에서 살펴본 마르크스의 경제학이 해체된다 하더라도 전혀 문제가 되지 않고, 또한 그렇게 되는 것이야말로 마르크스를 계승하는 일이라고 나는 생각한다. 마르크스는 톰슨을 "리카도이론의 평등주의적인 적용을 주장한" 인물이라고 평가했지만(《哲学の貧困》, 第1章 第2説), 톰슨에게 중요한 것은 노동가치설(리카도)이 아니라 효용에 의거하여 분배를 논의하는 가능성을 제시했다는 데 있다.

한편으로 톰슨의 '효용' 개념 역시 불완전한 것이다. 1만 엔의 현금이 1억 엔을 이미 소유한 사람에 비해 한 푼도 가지고 있지 않은 사람에게 보다 큰 효용이 있다고 하지만 그 1만 엔으로 무엇을 사는가에 따라 효용의 크기는 불명확해진다. 어떤 사람은 그 돈으로 책을 사고 싶다고 하고 다른 사람은 양복을 사고 싶다고 하는 등. 또한 1만 엔의 효용의 크기 자체에도 의문이 생긴다. 이러한 효용 개념은 콩트가 비판한 '경제활동의 무제한적인 자유'로 다시 되돌아가게 된다.

이에 비해 마르크스는 효용 개념을 노동가치설로 귀결시킨다. 효용은 바로 화폐에 의해 일의적—義的으로 결정된다. 다만 화폐의 실체는 '추상적인 인간노동'이기에(《資本論》第1卷, 第1編, 第1章〈商品〉) 효용에 근거한 분배는 요컨대 동일한 척도에 따라 측정되는 노동의 크기에 기초한 분배가 되는 것이다. 그러나 노동이나 능력이라는 주술은, 그에 따른 불평등한 분배에 그치지 않고 노동이나

능력에 근거한 인간 자체에 대한 '과학적'인 선별과 재생산에 귀착되는 것을 우리는 무시할 수 없다(앞의 책, 《優生学と人間社会》, 84쪽). 이를 피하는 하나의 방법은 인간이 삶과 그 활동 전체를 '노동'으로서 긍정하는 것인데 마르크스주의는 그것을 할 수 없다. 왜냐하면 그렇게 되면 섬멸해야 할 자본가들의 경영활동도 역시 긍정되어야 할 노동으로 봐야 하기 때문이다.

톰슨의 '효용'에서나 마르크스의 '필요'에서나 결국 문제는, 누가 생산했는가와 독립적으로 누구에게 분배해야 할 것인가에 대해 생각할 수 있는 가능성에 대해 생각하는 것이다.

여성의 해방과 '사회과학'

톰슨의 '사회과학'으로 돌아가서 논의할 점은 또 하나 있다.

존 스튜어트 밀은 주지하다시피 여성참정권의 열성적인 옹호자였지만 그의 아버지 제임스 밀은 그렇지 않았다. 제임스 밀은 남성의 보통선거권에 대해서도 유보적인 태도를 취했고 여성에 대해서는 예외 없이 선거권을 인정하지 않았다. 여성의 이해는 그의 아버지 혹은 그의 남편인 남성이 완전히 대변할 수 있고 그런 의미에서 여성은 어린이와 같다는 이유에서다. 누구에게 선거권을 부여해야 하는가에 관해 "한 가지 사실은 매우 명백하다. 즉 어떤 사람의 이해가 논쟁의 여지없이 다른 사람의 이해에 포함될 경우 그들을 선거권에서 배제할 수 있다. 어린이의 이해가 양친의 이해에 포함되기에 이 관점에서 볼 때 일정한 나이에 이르기 전까지의 어린이는 배제할 수 있다. 여자들의 이해는 거의 부친의 이해 혹은 남편의 이해에 포함되기에 여자들에 대해서도 동일하게 생각해도 좋다"(小川晃一 訳, 《敎育論·政府論》, 岩波文庫, 156쪽).

톰슨과 제임스 밀은 모두 벤담—그도 여성참정권을 옹호했다—의 제자였지만 톰슨은 제임스 밀의 이런 생각에 대해, 푸리에로부터 많은 것을 배운 휠러Anna Wheeler(1785~1850)와 함께 정면으로 비판하면서 《여성의 외침》이라는 책자를 출간했다(W. Thompson, *Appeal of One Half The Human Race, Women*. London, 1825).

톰슨은 우선 여성의 이해가 아버지 혹은 남편의 이해에 '포함된다'는 제임스 밀의 전제를 전면 부정했다. 이 세상의 성인 여성은 (1) 아버지도 없고 남편도 없는 여성, (2) 남편 없이 아버지 부양 하에 있는 여성, (3) 남편이 있는 여성, 이 세 부류로 구분할 수 있다. 그 중 (1)의 경우 여성의 이해를 포함하는 남성이 애초부터 부재하기에 밀이 말한 참정권에서 배제해야 하는 이유에 포함되지 않는다. (2)의 경우 여성의 이해를 가장 잘 파악하는 사람은 많은 경우 그들의 아버지가 아니고 어머니이지만, 그 어머니들도 참정권이 없다. (3)의 경우 남편이 부인의 이해를 대변할 수 있다고 말할 수 있을까? 말할 수 없다. "한쪽의 이해가 다른 한쪽에 포함된다고 하기 위해서는 쌍방이 동일하게 행복하지 않으면 안 된다"(ibid., p. 23)고 하지만 실상은 전혀 다르기 때문이다. 혼인에 있어서 남녀는 '성적인 즐거움', 이 한 가지에서도 서로 의존하고 서로 종속되어 있다. 그런 의미에서 양자는 대등하고 어느 한쪽이 우위에 있다고 할 수 없다. "그러나 여기서의 남성의 종속은 법실무적으로도 도덕적으로도 단순한 속임수에 지나지 않아 남편이 부인을 배반하더라도 조금도 비난받지 않는다. 반대로 여성의 종속은 문자그대로 남편을 배반하게 되면 법실무적으로도 도덕적으로도 가차없이 비난받고 더 이상 살아갈 수 없을 정도에까지 이른다"(ibid., p.111). 이러한 성도덕의 이중성이라는 한 가지 사실에서도 알 수있듯이 남편이 부인과 동일하게 행복할 수는 없고 부인의 이해가남편의 이해에 "포함된다"는 것은 불가능하다.

  왜 여성은 남성과 동일한 정치적 권리를 인정받지 않으면 안 되는가? 여성의 이해는 여성에 의해 가장 정확하게 표명되기 때문이다. "독단적인 입법자, 특히 여성들을 배제하고 여성들을 대신하여 입법하려 하는 남성들은 자신들이 배재하는 여성들의 행복을 자신들의 행복과 동일하게 증대시키기 위해 아무리 성실히 노력해도, 무지로 인해 혹은 판단착오로 인해 오류를 범하게 된다. 독단적인 입법자가 자신을 선출하지도 않은, 자신이 그들의 의견에 귀를 기울이지도 않은, 자신에게 영향력을 행사하지도 않은 사람들의 이해를 어떻게 알 수 있는가?"(ibid., p. 174). 톰슨이 바라는 것은 여성을 남자와 **다른** 존재, 남성이 결코 대변할 수 없는 존재로서 인식한 후 그런 여성에게 남성과 **같은** 권리를 부여하는 일이다.

이렇게 톰슨은 휠러와 함께 제임스 밀에 대항하여 여성의 정치적인 권리를 전면적으로 옹호했다. 다만 여성이 권리를 손에 넣음으로써 정치는 어떻게 변화하고 그런 정치에 의해 어떠한 사회가 실현 목표로 설정되어야 하는가? 여기서 주목해야 할 것은 톰슨이 여성의 권리 옹호를 자신의 '사회과학'의 일환으로 보고 있었다는 점이다. "개인의 경쟁을 토대로 한 부의 생산만을 고려하는 정치경제학은 사회과학이라는 새로운 학문, 즉 인간의 행복을 증대시키는 학문으로 대체되어야 한다"(ibid., p. xiv). 이 '사회과학'에서의 여성에 대한 위치 설정과 '정치경제학'에서의 그것은 어떻게 다른가?

미즈타 다마에水田珠枝는 메리 울스턴크래프트의《여성의 권리 옹호》(1791), 위의 톰슨의《여성의 외침》및 존 스튜어트 밀의《여성의 종속》(1869)을 "영국 여성해방사상사의 3대 작품"이라고 하면서 톰슨이 "세 사람 중에서 여성의 법적 권리뿐만 아니라 경제적 독립에 가장 관심을 표했다"고 했다(《女性解放思想の形成過程──功利主義から社会主義へ》, 《思想》 1968年 3月号). 훗날 페미니즘은 여성들이 스스로 말하고 주장해야 한다는 중대한 전환과 함께, 참정권뿐만 아니라 여성의 경제적 자립을 요구하기에 이른다. 톰슨은 남자이지만 이런 페미니즘의 도선사導船士라고 할 수 있다.

다만 톰슨은 이런 여성의 경제적 자립에 대해 일견 찬물을 끼얹는 듯한 말을 했다. "시민으로서 완전히 평등한 권리, 제약, 처벌을 부여하더라도, 완전히 자유롭고 평등한 경쟁이 가능하더라도,

남성과 동일한 행복을 손에 넣는 일을 방해하는 자연의 장벽은 여자들에게 계속 존재한다"(ibid., p. 152). 구체적으로 남성에 비해 여성은 "늘 체력에서 뒤떨어지고", "출산과 육아로 시간을 빼앗기기" 때문이다(ibid., p. x). 법의 평등이 실현되면 "여성들은 남성들과 함께 자유롭게 직업을 선택할 수 있고, 자신의 정신적 또는 신체적 능력을 유감없이 발휘할 수 있고, 남자와 동일하게 행복을 추구할 수 있을지 모른다. 그러나 그렇게 되더라도 행복이라는 점에서 여성은 남성과 평등할 수 없다. 양자의 권리는 평등하지만 그 행복은 평등하지 않다. 왜냐하면 자유경쟁 하의 힘의 불평등은 불평등한 결과를 초래하기 때문이다"(ibid., p. xiv).

그렇지 않다, 왜 육아가 여성만의 일인가라고 하면서 위의 톰슨의 '반동성'을 비판하기 전에 그의 말에 대해 좀 더 귀를 기울여보자. 그는 이렇게 이어갔다. "실제로 정치경제학자로 불리는 개혁가들이 창출한 가장 진보적인 체제는 여전히 배제를 기초로 하고 있다. 그 기반은 인간의 행복에 대해 너무 협소하다. 자애의 평등과 효용원리의 정확한 응용에 뿌리내린 보다 포괄적인 체제는 아직 부족하다"(ibid., p. xiv).

톰슨의 주장은 이렇다. '자유경쟁'과 '개인적 경쟁'의 원리에 입각한 '정치경제학'의 틀 안에 머무는 한, 여성은 권리에서 평등하더라도 행복에서는 평등할 수 없다. 그러나 그 틀과 다른, '자애의 평등'과 '효용원리의 정확한 응용'에 뿌리내린 다른 체제가 존재할 수 있고, 그것을 해명하는 일이 그의 '사회과학'인 것이다.

톰슨에 따르면 자연적인 차이가 남녀의 불평등을 초래하게 되는 것은 그런 차이가 '정치경제학'의 틀의 내부에서 벗어나지 못했기 때문이다.

정치경제학의 '개인적인 경쟁에 기초한 노동의 체계'와 대치되는 시스템을 톰슨은 '협동체association' 혹은 '상호협동mutual co-operation에 기초한 노동의 체계'라고 불렀다(ibid., p. 199). 이러한 말 자체는 오언의 (공상적) 사회주의에서 사용되던 것인데, 여기에서는 'association'과 'social'의 깊은 연계만을 지적해두자.

중요한 점은 톰슨이 '남녀의 완전히 평등한 행복'을 실현하는 이 '협동체', '상호협동'의 원리를 '효용'에서 찾았다는 점이다. 호지스킨식의 노동전수권의 논리로 분배를 진행한다면 "자식을 낳고 키우는 많은 여성들은 굶게 된다"고 톰슨은 말하고 있다. 그는 노동가치설, 최소한 '정치경제학'이 전제로 한 노동가치설에만 근거하여 분배를 하는 한 여성은 결코 남성과 같은 것을 얻을 수 없고, 효용의 원리에 기초하여 누가 얼마나 생산했는가와 독립적으로 누구에게 얼마나 분배해야 할 것인가에 대해 고민해야 비로소 남녀의 평등은 달성된다고 생각하고 있는 것이다.

그렇게 되면 여성들은 '섀도워크shadow work=가정 일'(이반 일리치)이라는 급료 없는 노동을 강요당하고 경제적으로 남성들에게 의존할 수밖에 없지 않은가? 그렇지 않다. 톰슨이 구상하는 '협동체'에서 여성들은 마땅한 분배를 약속받고 "매일 생활에 필요한 것을 위해 한 남자에게 의존하지 않아도 되기" 때문이고(ibid., p.

201), 남편을 여읜 여성이 곤궁에 빠지는 일이 있을 수 없고 자신의 딸을 팔아야 하는 일도 더 이상 있을 수 없기 때문이다(ibid., p. 200).

또한 톰슨의 '협동체'에서 실현되는 것은 요스타 에스핀 안데르센이 현대 복지국가의 지표 중 하나라고 한 '탈상품화', 즉 자신의 노동의 상품화(임금노동)에 의거하지 않고 생활이 보장되는 것이다(《福祉資本主義の三つの世界》外). 다만 현재의 복지국가와 달리 톰슨의 '협동체'에서의 탈상품화는 남녀노소 누구에게나 가능한 것이고 임금노동을 하는 여부에 따라 또는 그 임금의 규모에 따라 누군가는 우위에 있고 누군가는 열세에 처하는 일이 없다.

톰슨은 이러한 구상이 아직 꿈에서나 가능하다는 점을 충분히 자각하고 있다. 그리고 휠러와 함께 이렇게 말했다. "그러나 여성들이여, 개인적인 경쟁에 의해 사람들이 서로 고립되어 생활하는 현 체제가 대다수의 남녀가 서로 은혜를 입는 협동체로 대체되는 그날까지 당신들은 온갖 장소에서 개인으로서 평등하게 자유를 누리는 일을, 법의 평등과 도덕적인 평등 및 평등한 교육을 인간의 권리로서 끊임없이 호소해나가지 않으면 안 된다. 이를 토대로 자신의 재능과 능력을 키우면서 행복을 위한 각종 수단을 획득하는 기회를 남성과 평등하게 손에 넣지 않으면 안 된다"(ibid., pp. 207~208).

자유와 공산주의—밀

톰슨에 비해 약간 늦기는 했지만 존 스튜어트 밀 역시 '사회과학'이라는 말을 사용했다. 밀은 《정치경제학원리》(이하 《원리》) 제3판(1852)에서 '분배'의 문제를 중요시하면서 다음과 같이 말했다. "만약 그 자신의 모든 장점을 동반한 공산제와 그 자신의 모든 고통과 부정을 구비한 현재의 사회상태 중에서 어느 쪽이 더욱 바람직한지를 선택한다고 하면, 또한 사유재산 제도가 결과적으로 노동의 생산물이 우리가 지금 목격하고 있는 양식으로 노동과 거의 반비례로 분배된다고 하면, 즉 가장 많은 부분이 전혀 일하지 않는 사람들에게 분배되고 그 다음의 부분이 다만 이름만 걸어놓고 일은 하지 않는 사람들에게 분배되고 이런 식으로 점차 감소하여 노동의 가혹함과 불쾌도의 증가에 따라 받는 보수는 적어지고 가장 힘든 육체노동에 이르러서는 노동에 필요한 생활필수품을 얻는 것조차 기대할 수 없는, 이러한 사유재산의 제도와 공산제 사이에서 어느 쪽을 선택해야 한다고 하면, 공산제의 난점은 그 모든 것을 합쳐도 아직 저울 위에 떨어진 깃털에 불과할 것이다"(末永茂喜 訳, 《経済学原理》, 岩波文庫, 第2分冊, 28쪽).

여기서 밀이 말하는 '공산주의'는 마르크스와 엥겔스의 그것과는 다르다. 밀은 사유재산 제도를 한 번도 부정한 적이 없다. 그러나 밀은 "지금부터 조만간, 경제학자들"에 있어서 "주요한 목표"는 "사유재산을 전복시키지 않고 그것을 개량하여 이 제도의 은혜에 **사회의 전 구성원**들이 충분히 참가하도록 하는 것이다"라고 했다(앞의 책, 41쪽, 강조는 인용자).

1990년대 이후 일본에서는 리버럴리즘의 유행 속에서 밀의《자유론》(1859)과 거기에서 제시된 위해 금지의 원칙 즉 타인에게 위험을 주지 않는 한 개인의 자유를 제한하는 일은 일절 인정되지 않는다는 원칙만이 언급되어왔다. 하지만 밀의《자유론》은 사실 위의《원리》와 함께 읽어야 한다.

이《자유론》과 사후에(밀 자신의 유지遺志와 관계없이) 출판된《사회주의론Chapters on Socialism》(1879)에서 밀은 여전히 사회주의나 공산주의에 대한 회의적인 인식을 심화하고 있지만, 사회의 전 구성원의 행복이라는 이념은 잘 보이지는 않지만 계속 유지했고《자유론》에서는 자유방임에 대한 비판도 전개했다. 당연한 일이지만 이런 비판에서 밀은 어떤 경우에 개인의 자유를 제한하면 안 되고 어떤 경우에 자유에 대한 제한이 허용되는가, 아니 제한해야 하는가에 대해 논의하고 있다(塩尻公明·木村健康 訳,《自由論》, 岩波文庫, 189쪽). 톰슨과 마찬가지로 밀은 '효용'이라는 개념, 개인의 효용이 아닌 사회 전체를 바라보는 "가장 넓은 의미에서의 효용"을 출발점으로 하면서 이에 비추어 "타인의 이익과 관계 있는 각 개인의 행동에 관해서만 개인의 자발성에 대한 외부로부터의 통제를 인정한다고 나는 주장하고 싶다"고 했다(앞의 책, 26쪽). 이런 통제의 대상은 작위뿐만 아니라 부작위까지 포함한다. "인간은 자신의 행위에 의해서뿐만 아니라 부작위에 의해서도 타인에게 해악을 초래할 수 있는데, 어느 경우에도 그는 피해자에 대해 그 해악의 책임을 져야 한다"(앞의 책, 27쪽).

이와 더불어《원리》에서의 밀의 주장을 염두에 두면 밀의《자유론》의 행간과 여백에서도 엥겔스가 고발한 '사회적인 살인'과 같은 것을 읽어낼 수 있다. 즉 '사회'가 "수백 명의 프롤레타리아를 너무도 빠르게 부자연스러운 죽음으로, 칼이나 탄약에 의한 죽음처럼 강제적인 죽음으로 내몰아" "수천 명의 사람들로부터 필요한 생활조건을 약탈하고 그들을 생활이 불가능한 상황"에 방치하게 되는 사태를, '작위'가 아닌 '부작위'에 의한 것이므로 "살인이라고는 생각되지 않는 살인"이나 "살인범의 모습이 보이지 않는" 살인을 읽어낼 수 있다(一條和生·杉山忠平 訳,《イギリスにおける労働者階級の状態》上, 岩波文庫, 189~190쪽).

밀 자신도 이런 살인을 인식하지 않을 수는 없을 것이고 이에 대한 대처 방법이 엥겔스와는 다르다고 하지만, 밀의 자유론은 이러한 살인을 방지하기 위해 자유에 일정한 제한을 두어야 한다는 것으로 이해해야 할 것이다. "어떤 개인의 행동이 타인이 갖고 있는 법적인 권리를 침해하는 정도에까지 이르지는 않았지만 그것이 타인에게 유해하거나 타인의 행복에 대한 당연한 배려가 결여되어 있는 경우들이 있다. …… 어떤 사람의 행동의 일부분이 타인의 이익에 유해한 영향을 미치는 순간 사회는 이러한 행위에 대해 재판권을 가지게 돈다. 또한 이러한 행위에 간섭하는 것이 **일반적인 복지**를 촉진하는지 여부의 문제가 논의의 대상이 된다"(앞의 책, 152쪽. 강조는 인용자). 실제로 밀은 자유방임의 하나인 '자유교역론', 즉 "구매자에게 상품을 획득하는 완전한 자유를 부여하는 것만을 유일한 제동장치로 하는, 생산자와 판매자를 완전히 자유롭게 하는 주장"을 "개인자유의 원리"와는 "관계없는 것"이라며 인정하지 않았다(앞의 책, 191~192쪽).

반유대주의와 '사회과학' —부흐홀츠

다음에는 독일어권으로 눈을 돌려보자.

앞 장에서 보았듯이 'social'이라는 말은 우선 영어권에서 로크의 《교육에 대한 고찰》(1693) 등에서 사용되기 시작했고 다음으로 프랑스어권에서 커다란 굴절을 거치면서 루소 등에 의해 18세기 중반부터 사용되었다. 그 후의 전개에 대해 본 장에서는 '사회과학'이라는 말을 중심으로 살펴보았다.

독일어권에서 'sozial'이라는 말이 정착하는 것은 영어권이나 프랑스어권에 비해 상당히 늦은 19세기에 이르러서다. 그 이유 중 하나에는 'sozial'의 동의어인 'gesellschaftlich'가 별도로 있었고 처음에는 후자가 좀 더 자주 사용되어왔다는 독일어 특유의 사정이 있다. 'sozial'이라는 독일어는 오랫동안 루소의 《사회계약론》 번역을 계기로 독일에서 전파되었다고 알려졌는데 이는 정확하지 않다. 1763년의 가이거C. F. Geiger에 의한 독일어 번역어는

'Gedanken von dem gesellschaftlichen Leben der Menschen oder Staatsrecht' 였고 1800년 융Fr. W. Jung도 'Vom gesellschaftlichen Vertrag' 로 번역했다.

'geselleschaftlich' 혹은 'Gesellschaft(s)' 라는 말과의 경합으로 'sozial' 이라는 표현의 정착이 늦어지게 된 것은 '사회과학' 개념에도 해당한다. 'social science' (영어)나 'science sociale' (프랑스어)에 대응하는 독일어도 'Wissenschaft der Gesellschaft' (사회과학)의 형태로 나타났다.

이 말을 최초로 사용한 사람은 재야 문필가로 활동한 프리드리히 부흐홀츠Friedrich Buchholz(1768~1843)다. 그는 1810년 《헤르메스》라는 작품에서 '사회의 과학' 을 "개개인의 다양한 힘을 하나로 만드는" 과정을 해명하는 학문이라고 정의했다(*Hermes oder über die Natur der Gesellschaft mit Blicken in die Zukunft*, Tübingen, 1810, S.8~19).

이 부흐홀츠는 어떤 인물이고 그가 '사회과학' 이라는 말로 표현하려고 한 것은 무엇일까? 우선 그의 이름을 오늘날의 사회학 역사나 사회사상사의 개설서에서는 찾을수 없다. 그러나 유심히 검색해보면 몇몇 작품에서 그의 이름을 발견할 수 있다. 그 중 하나가 칼 만하임의 《보수주의적 사고》(1927)다.

만하임에 따르면 '보수주의' 는 막스 베버가 《프로테스탄티즘 윤리와 자본주의 정신》에서 제시한 '전통주의', 즉 종래의 생활양식을 다만 습관적으로 지키려고 하는 소박한 심성과 명확히 구별되어야 한다. '보수주의' 는 변혁의 흐름에 대해 자각적으로 대항하고 그 문제점이나 한계를 지적하면서, 새로운 것에 비해 종래의 생활양식이 뛰어나다고 하면서 의식적으로 옹호하는 사고다.

이런 '보수주의'의 한 예로서 만하임이 언급하는 것이 독일 철학자 아담 뮐러Adam Müller(1779~1829)와 그의 독특한 '자유' 개념이다(森博 訳, 《保守主義的思考》, ちくま学芸文庫, 58쪽). 뮐러에 의하면 진정한 그리고 실질적인 자유는 인간의 불평등 위에서 구축될 수밖에 없다. 인간은 자신에게 부여된 '신분'을 겸허히 분별하여 각자의 신분에 따라 개성을 양성시켜야 하고, 그것이 '다양성'을 개화시키는 진정한 자유가 된다는 것이다. 뮐러의 보수주의적 자유라는 개념은 종래의 신분제와 불평등을 '다양성'이라는 말로 분식粉飾하면서 정당화했다.

부흐홀츠로 돌아가자. 만하임은 뮐러가 변혁의 흐름에 대항하면서 낡은 제도를 의식적으로 옹호하는 이러한 보수주의적인 사고를 전개하게끔 직접적인 계기가 된 인물로 부흐홀츠의 이름을 언급하고 그의 《세습귀족에 대하여》(1807)는 당시 "구 귀족 사이에서 말할 수 없는 낭패를 불러일으켰다"고 했다(《保守主義的思考》, 135쪽). 여기서 뮐러는 (자신보다 약 10살 연상의) 부흐홀츠와의 대항의식을 드러내면서 귀족제와 보수주의적인 자유 개념을 옹호한 것이다.

만하임의 위의 언급에서도 부흐홀츠의 사상이 어떤 성격인지에 대해 대체로 알 수 있을 것이다. 그는 뮐러와는 정반대로 만하임이 말하는 '혁명적인 자유주의', 즉 자유를 평등과 긴밀히 결부시키는 사상에 근거하여 인간의 평등을 주장하고 봉건적 신분제에 대해 철저히 비판하고 있는 것이다.

실제로 부흐홀츠가 '사회의 과학'이라는 말을 최초로 사용한 것도 위의《헤르메스》에서가 아니고 그 3년 전에 발표한《세속귀족》에서다. 이 책의 첫머리에서 부흐홀츠는 다음과 같이 말했다. "풍요로운 자들의 성쇠"의 원리를 "학문"으로 구체화하는 것이 "19세기가 무엇보다 우선 대처해야 할 과제"이지만 아직 손을 대지 못하고 있다. 다만 하나의 "기본원리"는 이미 명확해졌다. 그것은 즉 "사회는 대부분의 경우 정치시스템으로부터 이반離反하여 성장해가고, 그로 인해 각종 동요가 일어나지만 이런 동요는 종래의 정치시스템을 유지하려는 고집으로 일어나는 것이다"(F. Buchholz, *Untersuchungen über den Geburtsadel*, Berlin u. Leipzig, 1807. pp. iv~v).

정치시스템은 '옷'에 지나지 않는다. 몸이 자라나면서 그 옷도 옹색하게 되어 찢어지듯이 종래의 정치시스템도 언젠가는 해체되는 날이 온다. 그러나 "정부나 법률 제정자들의 대부분"은 이 불가피한 추세를 이해하지 못하고 있다. 그들은 "폭동이나 반란으로 불리는 사회적인 운동은 모두 사회상태를 보다 나은 것으로 변화시키기 위한 것이다"라는 점을 알지 못하고 "사회의 과학은 아직 첫 울음소리를 막 내고 있는 참이다"(a.a.O. vi).

프랑스혁명에 감명을 받은 부흐홀츠의 '사회의 과학'은 "온갖 신분의 차이를 철폐하고 사람들을 국민이라는 단일체單一体에 융해시키는 것"을 목표로 한다(a.a.O.S.108). 이런 의미에서 부흐홀츠는 독일의 루소라고도 할 수 있다.

만하임 이외에도 부흐홀츠를 언급한 또 하나의 중요한 저작이 있다. 한나 아렌트의《전체주의의 기원》(1951)이다.

만하임과 아렌트 두 사람이 모두 부흐홀츠를 언급한 것은 우연이 아니다. 게르트(밀즈와의 공저《성격과 사회구조》및 막스 베버 연구로 알려진 사회학자 '거스'다. 그는 1938년 30세 나이에 고국 독일을 떠나 미국으로 망명했다)에 따르면 '자유주의'를 테마로 한 만하임의 세미나에서 부흐홀츠가 거론되었고 여기에 아렌트도 얼굴을 내밀었기 때문이다(H. Gerth, "Friedrich Buchholz: Auch ein Anfang der Soziologie", *Zeitschrift für die gesamte Staatswissenschaft*, 110[1954]-4, S.665-692, S.674).

그러나 만하임과 아렌트의 부흐홀츠 논의 방법은 다르다. 만하임은 부흐홀츠를 "혁명적인 자유주의"의 체현자로서 언급했고, 아렌트는 그를 최초의 "자유주의적인 반유대주의" 대표자로 들고 있다(大久保和郎 訳,《全体主義の起原》第1卷, みすず書房, 1972, 57쪽 以下). 다만 부흐홀츠의 이 두 얼굴, "혁명적인 자유주의"와 "자유주의적인 반유대주의"라는 자유주의의 두 얼굴은 서로 모순되지 않고 시종일관한다.

부흐홀츠는 귀족과 유대인이 서로 결탁하여 '시민' 또는 '국민'들에게 적대하고 있다면서 다음과 같이 공격했다. 귀족들도 '자유'를 입에 달고 다니지만 그것은 "평등=동일성을 희생한 자유"에 지나지 않고 이것은 그대로 유대인들에게도 해당한다. "유대인

도 역시 평등=동일성을 희생한 자유를 부당하게 고정시키려 한
다"(*Untersuchungen über den Geburtsadel*, a.a.O.S.163-164). 귀족은 '농
노'를 자신의 생활기반으로 한 데 비해 유대인들은 '화폐'를 생활
의 양식으로 하고 있지만, "양자는 모두 노동을 즉 평등에서 자유
로 향하는 진정한 수단을 혐오한다"(a.a.O.S.166). 게다가 양자는
공범관계에 놓여 있다. 귀족 출신의 시종侍從들은 유대인들로부터
돈을 빌리거나 혹은 역으로 자신의 자산의 운용을 보통 은행에 비
해 수익률이 좋다는 이유로 유대인들에게 맡기고 있다. 또는 귀족
출신의 대신들은 유대인 은행가들과 결탁하여 국가 예산을 미끼
로 투기를 하거나 자신들의 형편에 따라 시세를 움직이는 등 공공
의 이익을 희생하면서 사복을 채우고 있다. "한마디로 말하면 세
속귀족이 존재하는 한 유대인도 존재한다. 양자는 존재하는 것 자
체로 …… 바람직한 법률이나 풍습의 탄생을 방해하고 사람들을
파산으로 몰아넣으면서 거기에서 파렴치하게 이익을 얻으려고 한
다"(a.a.O.S.171-172).

부흐홀츠의 이러한 반유대주의는 귀족에 대한 비판과 결합되어
있다는 점에서 요한 고틀리프 피히테가 《프랑스혁명론》(1793)에서
전개하는 반유대주의와 같은 형태의 것이라고 할 수 있다. "비록
유대인이 우리의 인권을 인정하지 않을지라도 우리는 그들의 인
권을 인정하지 않으면 안 된다. …… 그러나 그들에게 시민권을
부여한다면 말은 달라진다. 내가 볼 때, 그렇게 하기 위한 수단은
하나밖에 없다. 바로 전체 유대인들의 머리를 하루아침에 잘라내

고 어떠한 유대인적인 발상도 가지지 않는 다른 머리를 부착시키는 것이다"(桝田啓三郎 訳, 《フランス革命論─革命の合法性をめぐる哲学的考察》, 法政大学出版局, 1987, 175~176쪽).

다만 이러한 반유대주의를 나치의 그것과 단순히 동일시하면 안 된다. 왜냐하면 피히테도 그렇고 부흐홀츠도 그렇고 그들의 반유대주의는 유대인을 "국민이라는 단일체에 융해시키는 것"(부흐홀츠), 즉 유대인의 동화를 요구하는 것으로, 동화한 유대인들의 시민권을 어느 날 갑자기 박탈하고 '국민'에서 배제하는 나치의 반유대주의와는 그 방향이 다르기 때문이다.

또한 부흐홀츠나 피히테의 반유대주의는 유대인인 마르크스의 유대인 비판에 의해 계승되었다. 자본주의의 다른 이름인 '시민사회'는 "그 자신의 내장에서 끊임없이 유대인"을 즉, '이기주의'를 만들어내고 있다고 한 마르크스에게(《城塚登 訳, 《ユダヤ人問題によせて》, 岩波文庫》, 62쪽) "유대인의 사회적인 해방"이 있다고 한다면 그것은 "사회의 유대인적인 편협함", "유대교부터로의 사회의 해방"이 아니면 안 된다(앞의 책, 67쪽).

다만 이러한 '혁명적인' 반유대주의는 반유대주의라는 점에서는 여전히 변함이 없기 때문에 반유대주의에서 목표로 한 해방에는 틀림없이 억압적인 폭력이 숨겨져 있다. 신분제의 해방과 인간의 평등을 지향한 부흐홀츠의 '사회의 과학'은 루소의 독일어판이라고 할 수 있다. 이런 대비가 정확하다면 루소가 '시민종교'에 결부시켜 말한 과잉된 통합과 획일화의 폭력 또한 부흐홀츠의 '사회과학'에서도 찾을 수 있어야 한다. 실제로도 그의 반유대주의를 바로 그런 것으로 이해할 수 있다.

다시 슈미트를 인용하자. "민주주의의 본질이 되는 것은 첫째는 동질성이라는 것이고, 둘째는 필요한 경우 이질적인 것의 배제 혹은 절멸이라는 것이다"(《현대의회주의의 정신사적 지위》, 14쪽). 부연해야 할 점은 다음의 세 가지다. 우선 슈미트가 여기서 민주주의에 대해 말하는 것은 "사회적인 것"에도 타당할 수 있다는 점, 둘째, 슈미트의 이 생각은 독창적인 것이라기보다 부흐홀츠나 피히테 등의 혁명적인 유대주의의 연장선 위에 있다는 점, 셋째, 슈미트는 이러한 민주주의론과 더불어 1933년에 나치에 입당했다는 점. 같은 해에 유대인인 만하임과 아렌트는 독일로부터의 망명을 강요당하게 된다. 이 두 사람에게 부흐홀츠의 '사회과학'은 무엇을 의미했던 것인가?

사유지의 비극—라뷔루 페기란

부흐홀츠의 작품으로부터 30년 후인 1838년에 동프로이센의 행정고문관인 페기란Moritz von Lavergne-Peguilhen(1801~1870)은 《사회과학강요Grundzüge der Gesellschaftswissenschaft》라는 저서를 출간했다. 이 두 사람의 '사회과학'은 두 가지 점에서 대조적이다.

첫째, 부흐홀츠는 아직 자유와 평등이 조화할 것이라는 18세기의 틀 속에 있는 데 비해 폐기란이 직면하고 있는 것은 자유의 확대에 의해 평등이 점차 상실되는 사태였다. 다만 그가 가장 우려한 불평등은 계급 격차라기보다 도시와 농촌의 격차다. 위 저서에서 폐기란은 산업화와 화폐경제의 확대가 도시를 발전시키지만 한편으로는 농촌 지역에 파괴적인 영향을 미치고 대규모 빈곤을 초래하는 현실을 비판하면서 이를 개선할 정책의 필요성을 강하게 주장했다.

둘째, 만하임의 분류에 따르자면 부흐홀츠는 '혁명적인 자유주의'를 전개한 데 비해 폐기란은 '보수주의적인 사고'의 체현자다. 폐기란의 만년의 작품 《시사 문제에 관련한 유기적인 국가학*Die organische Staatslehre mittelst Eröterung von Tagesfragen*》(Berlin, 1870)은 '보수주의적인 사회학conservative Sociallehre'이라는 강좌──폐기란은 이 강좌명에 있는 'social'라는 말이 "아직 일반 독자들로부터 파괴적인 경향을 표현하는 것으로 외면당하고 있기에" 자신의 책 제목에는 사용하지 않았다는 흥미로운 코멘트를 달았다──의 일부분으로 완성된 것이다(a.a.O.iii).

이 저작에서 그는 "사회과학에 기초를 둔 유기적인 국가학"의 관점에서 "50년간 경제적 자유주의의 지배가 초래한 각종 폐해"를 비판했는데 구체적으로(a.a.O.iii) 그 폐해에는 다음과 같은 것들이 포함되었다.

우선 자신의 노동력 이외에 팔 수 있는 것은 무엇도 가지지 않은 채 시장에 내던져진 노동자들의 궁핍이다. 마르크스와 엥겔스는

《공산당선언》에서 봉건적 농노제는 지배계급이 피지배계급의 생활을 보장하는 능력을 가지고 있는 한 그것조차 보장되지 않는 자본제보다 낫다고 했는데, 페기란의 인식도 이와 같다. 다만 그는 상황을 반대 방향으로, 즉 보수주의적으로 해석한 것이다.

여기서 또 한 가지 주목해야 할 점은 토지의 공동소유의 쇠퇴 및 토지의 사유화의 진행이다. 그 결과 환경파괴가 일어나고 사람들의 생활과 건강까지도 위협받고 있다고 페기란은 지적했다.

1807년에서 1821년에 이르는 프로이센개혁(슈타인-하르덴베르크개혁)에 의해 농노개혁과 더불어 토지 거래의 자유화, 농민 토지 보유권의 개선 및 농민의 토지 소유권 획득 등의 변화가 일어났는데, 페기란은 이(위로부터의) 근대화에 대해 정면으로 비판했다. 이 개혁이 "토지의 공동소유를 없애고 토지에 대한 무제한적으로 자유로운 사유화를 초래했다"(a.a.O.S.44). 종래의 대지주뿐만 아니라 새로 토지를 손에 넣은 사람들도 모두 자신의 이익만을 고려한 토지 사용에 빠져 있었다. 이는 "화폐경제"에 지배를 받는 토지 사용이기도 하다. 상품으로 전환할 수 있는 곡물의 재배만이 우선시되고 비료의 공급원인 가축은 점차 줄고, 그 결과 토지 자체가 극도로 메말라간다. '경제적인 자유주의'는 단지 역설에 지나지 않는다. 토지를 **자유롭게** 매매하고 이용하라고 명령하는 한편, 화폐를 입수할 수 있는 토지 이용만을 **강요하기** 때문이다. "신흥 농민들은 자유를 박탈당한 상황에 처해 있다. 그들은 가축을 희생해서라도 곡물의 생산량을 높일 것을 강요받고 [토지로부터 농작물을 거둘 뿐 토지에는 무엇도 되돌려주지 않는] 약탈경제의 시스템으로 내몰리게 된다. 토지는 점점 메말라가고 수확도 불안정할 수밖에 없다. 북부 지역에서 중요한 동물성 식량의 공급도 [가축의 감소와 더불어] 감소하고 그 총량은 봉건적 경제시대 이하로 낮아졌다. 그 결과 사람들의 생활이 궁핍해지고 식량문제가 심각하게 되는 것은 당연한 일이다"(a.a.O.S.45).

다른 한편으로 삼림 벌채가 진행되고 이는 사람들의 생활환경을 한층 악화시켰다. "삼림 벌채에 의해 해안 지역은 강풍과 폭풍에 노출되고 여기서 생긴 모래가 먼 경작지를 뒤덮어 농경에 기초해 평온하게 살던 마을들이 지금은 사라졌거나 아직 사라지지는 않았지만 매우 궁핍해져 있었다"(a.a.O.S.79). 이 삼림 벌채 역시 경제적인 자유주의의 역설에 의해 강요당한 것이다. "지주들이 아무 생각 없이 혹은 변덕으로 삼림을 벌채하고 환경을 파괴한 것이 아니다. 그것이 아니라 저당 잡힌 토지를 넘겨주지 않으려면, 새롭지만 오래 지속하지는 않는 수입원을 확보하지 않으면 안 되기에 그렇게 하는 것이다"(a.a.O.S.80). 이러한 강요된 삼림 벌채는 결과적으로 지주 이외의 많은 사람들의 생활에 심각한 영향을 끼치게 된다. 모래의 영향으로 경작이 불가능하게 되는 경우만이 아니다. 페기란은 의사인 페텐코퍼Max von Pettenkofer(1818~1901)의 견해를 언급하면서 삼림 벌채가 사람들의 생명과 건강을 직접적으로 위협할 수 있는 위험성에 대해 경고했다. "수년간의 경험에 비추어볼 때 콜레라 유행의 위험성은 삼림에 둘러싸인 마을이 주위에 삼림이 없는 마을에 비해 낮다고 말할 수 있다"(a.a.O.S.119).

페기란은 여기서 모든 것은 유기적으로 연계되어 있다는 점을 강조한다. 상품곡물의 증산은 동물성 식량의 감산을 초래하고 이는 비료의 감소에 따른 토지의 척박함뿐만 아니라 사람들의 식생활 전반에 영향을 미치게 된다. 삼림 벌채는 멀리 떨어진 곳의 경작을 불가능하게 하고 나아가 콜레라 유행의 하나의 원인이 될 수도 있다. 토지를 사유하고 있는 사람들이 자신의 토지에 대해 내린 각종 개인적인 결정은 그들 이외 사람들의 생활에도 큰 영향, 그것도 부정적인 영향을 미치게 된다. 페기란의 '사회과학'이 밝히려는 것은 화폐경제에 지배된 '사유지의 비극'이라고도 부를 수 있는 현상이고, 이와 반대로 그가 내놓은 것은 우자와 히로후미宇沢弘文(《社会的共通資本》, 岩波新書, 2000)의 말을 빌리자면 토지의 위치를 "사회적인 공통자본"으로 설정하고 그 이용 방법을 사적이 아닌 공적으로 결정하는 것이다.

페기란의 이 저작이 출판된 후 약 100년이 지난 1968년에 미국의 가렛 제임스 하딘은 주지하다시피 '공유지의 비극'에 대해 언급했다(앞의 책, 78쪽 이하). 어떤 목장지가 '모두의 것'일 경우 사람들은 거기서 마음대로 자신의 가축을 방목시키게 되고 그 목장지가 '누구의 것도 아니기' 때문에 누구도 책임을 지려고 하지 않아 목장은 결국 황폐화되고 만다는 주장이다. 하딘의 이 주장을 둘러싼 논쟁에 대해서는 더 이상 깊게 논의하지 않겠다. 하지만 페기란의 '사회과학'이라면 이렇게 대답할 것이다.

우선 '왜 사람들은 목장지가 황폐화될 때까지 가축을 방목시키고, 왜 그 정도에 이르기까지 많은 가축을 사육하고, 왜 거기에 한도를 두지 않았을까' 라고 묻게 될 것이다. 페기란의 이론에 따르면 사람들이 가축을 감소시키는 결과를 초래할 정도로 곡물상품을 증산시키려고 하는 것은 화폐를 손에 넣기 위함이다.

마르크스가 《자본론》에서 아래와 같은 점을 밝혀냈다. (1) 화폐가 단순한 교환수단일 경우, 즉 교환이 'W(상품)→G(화폐)→W'의 단위로서 작용할 때, 그런 교환에는 이미 **질적인** 차이가 존재하기 (한 상품이 다른 상품으로 전화하기) 때문에 충분히 의미가 있다. 그러나 (2) 화폐가 자본으로 전환될 때, 즉 'G→W→G'의 단위로서 작용할 때 이 교환에는 질적인 차이가 없고 그대로는 동어반복 Tautology(=화폐는 화폐다)만 되기 때문에 이 교환이 의미를 가지기 위해서는 **양적인** 차이, 그것도 플러스의 차이(예컨대 100만 엔이 120만 엔으로 전환하는)가 요구된다. (2)에서는 화폐의 무한한 자기 성장이 요구되어 여기에 말려든 사람들은 더 이상 생활에 필요한 것을 손에 넣고 그것으로 만족할 수는 없게 된다.

페기란이 문제 삼고 있는 '화폐경제'는 경제시스템 (1)에서 (2)로의 전환을 의미한다. 따라서 사람들은 가축을 희생하면서까지 '먹기 위한' 곡물이 아닌 '팔기 위한' 곡물을 증산하려고 한다. 페기란은 (1)과 (2)의 차이를 피부로 느끼고 이를 문제 삼았지만, 하딘의 경우 그의 '공유지의 비극'이 어떠한 경제시스템을 전제로 한 논의인지를 우선 규명해야 한다.

다음으로 '목장지가 사유화된 후에 어떠한 결과를 초래하게 되는가'라는 것이다. 토지의 사유 자체가 악이라고는 할 수 없다. 다만 목장지를 사유한 소유자가 정한 목장지 이용법에 의해 소유자 이외의 사람들에게는 막대한 영향 그것도 부정적인 영향(예컨대 공해)을 초래한다면, 그런 이용법과 토지 소유자의 결정은 비판받아야 한다. 토지 소유자 이외의 사람들의 의견도 토지 이용 시에는 고려해야 하고 이를 바탕으로 소유자의 토지 이용의 자유에도 일정한 제한이 필요할 것이다. 밀의 위해방지 원칙에 비춰보더라도 그렇다고 할 수 있다.

다시 한 번 강조하지만 페기란은 확고한 보수주의자이고 그의 '사회과학'에도 재검토하고 비판해야 할 점들이 많이 있는 것은 사실이다. 그러나 그의 보수주의적인 사고 속에 있는 현대성에 대해서도 눈을 돌릴 필요가 있다.

사회와 국가

로베르트 폰 몰Robert von Mohl(1799~1875)은 1851년의 논고《사회과학과 국가학》에서 헤겔에 대해 다음과 같이 비판했다. "헤겔의 '시민사회' 개념은 아무런 생명력이 없는 것이고, 국가로부터 독립하여 존재하는 유기체도 아니다. 그것은 헤겔 학파의 철학 전반에서 사용하고 있는, 정과 반 그리고 합이라는 시나리오의 한복판에 있는, 단순한 이론상의 통과점에 불과하다"(R. v. Mohl, "Gesellschafts-Wissenschaften und Staats-Wissenschaften", *Zeitschrift für die gesammte Staatswissenschaft*, 1851, S.3-71, S.18).

즉자적인 공동태共同態인 '가족'이, 개개인들이 일단 뿔뿔이 흩어진 욕망의 체계로서의 '시민사회'로 해체되지만 '국가'에 의해 다시 진정한 공동태共同態로 재부흥한다는 것이 헤겔《법철학》의 줄거리이지만, 이에 대해 몰은 '사회'에 생명을 불어넣으면서 사회를 '국가'에 대치시키려 했다.

다만 '사회'가 생명을 가진 유기체가 되기 위해서는 어떤 형태의 유기적인 결합이 존재해야 한다. 몰은 '사회'에서 사람들을 서로 결합시키는 핵을 '이해Interesse'에서 찾았고 이런 이해관계를 공유하는 사람**별로** '동료조직Genossenschaft'이 형성되고 이런 동료조직이 느슨하게 결합되어 생기는 것이 '사회Gesellschaft'라고 했다. "특정의 이해관계로부터 자연적으로 태생하는 동료조직이 각자 사회적인 생활권역을 구성한다. **사회적인** 상태라 함은 힘을 가진 그러한 이해관계가 우선은 관계 당사자들에게, 그 다음으로는 그 이외의 사람들에게 간접적으로 초래하는 결과인 것이다. 그리고 마지막으로 사회라 함은 특정 지역(예컨대 국가나 대륙) 내에서 실제로 존재하고 있는 각종 사회적인 조직을 총합한 것이다" (a.a.O.S.49).

사회는 복수의 이해관계 및 동료조직에 의해 구성된 이상 **다원적인** 존재다. 이는 사회 측에서뿐만 아니라 개개인 측에서 볼 때도 다원적인 것이다. 즉 개인은 여러 가지 서로 다른 이해관계를 지니고 따라서 복수의 동료조직에 **동시에** 구속되는 것이 가능하다는 것이다. "이해관계를 매개로 탄생한 결합에 특징적인 것은 한 동료조직에 속한 사람이 동시에 다른 유사한 동료조직에 소속되어도 전혀 문제가 없다는 것이다"(a.a.O.S.44).

다른 한 가지 중요한 점은, 이런 이유로 몰이 말하는 '동료조직', 즉 '사회'는 '국가'라는 틀과 일치하지 않고 국가를 넘어서기도 한다는 것이다. 몰은 '인종Rasse'을 그 한 예로 들었다. 인종의 차이는 국가의 내부에서 대립을 초래하는 동시에 국가를 초월한 연대를 탄생시키기도 한다. "유대인의 경우를 생각해보자 …… 이러한 것들은 국가 이상의 것, 국가와는 다른 것이다"(a.a.O.S.39).

몰의 '사회' 개념은 (1) 다원성을 제시하고, (2) '국가'라는 틀을 여러 가지 관점에서 탈구脫臼시킨다. 하지만 이에 대해 하인리히 폰 트라이치케Heinrich von Treitschke(1834~1896)는 '인민=민족 Volk'이라는 개념을 제시하면서 정면으로 비판하고, 통일체로서의 국가의 중요성을 재차 강조했다. 트라이치케에 따르면 '국가학'의 과제는 "통치하는 자와 통치 받는 자가 어떻게 인민=민족의 생생한 목적을 향해 협동하는가, 각종 사적인 동료조직이 어떻게 국가에 대한 공헌을 통해 자신들의 특수성을 탈피해나가는가 등을 규명하는" 것에 있다(*Die Gesellschaftswissenschaft*: *Ein kritischer Versuch*, Leipzig, 1859, S.72).

나아가 트라이치케는 '사회적인 것'을 이 통일체로서의 국가 속으

로 완전히 흡수시키려 했다. "사회정책이라는 것은 부질없는 것이
다. 왜냐하면 국가학 그 자체가 사회정책이기 때문이다"(a.a.O.S.73).

'국가'에 의한 '사회적인 것'의 회수回收는 로렌스 슈타인의 논
의에서 '사회적인 민주주의'라는 말이 '사회적인 국가'라는 말로
대체되어가는 과정에서도 나타났다고 할 수도 있다.

슈타인은 초기 작품에서 프랑스의 1848년혁명의 의미를 해석하
면서 다음과 같이 말했다. 유산계급과 무산계급, "이 두 계급이 상
보相補적인 것 속에 자신들의 진정한 이해가 있다고 서로 깨닫게
되면서 지금까지의 민주주의는 종말을 고하게 된다. …… 새로운
민주주의로의 이행은 이미 사회적인 민주주의라는 합성어 속에서
예시되고 있다"(*Geschichte der sozialen Bewegung*, Bd.3. 1850[München,
1921, S.207]).

마르크스는 이러한 협조주의 때문에 '사회민주주의'를 멸시했
지만 슈타인은 이 '사회적인 민주주의'라는 말마저 회피하려 했
고, 그 결과로 탄생한 것이 '사회적인 국가'라는 표현이다. 1876
년에 슈타인은 이렇게 말했다. "국가는 모든 계급을 초월한 존재
가 되지 않으면 안 된다. 왜냐하면 국가권력이 만일 특정한 계급
에 귀속된다면 자유는 한순간에 소멸되고 말기 때문이다. 나아가
국가는 모든 계급의 차이를 넘어 모든 자율적인 개개인에 대해 자
신의 힘에 따라 법의 완전한 평등을 유지하지 않으면 안 된다. 이
런 의미에서 우리는 국가를 법치국가라고 부른다. 그러나 국가는
그 힘을 이용하여 모든 구성원들의 경제적·사회적인 발전을 촉진

하지 않으면 안 된다. 왜냐하면 한 개인의 발전은 다른 한 개인의 발전의 조건이고 동시에 그 결과이기 때문이다. 우리는 이런 의미에서의 국가를 사회적인 혹은 사회적 국가라고 부른다"(*Gegenwart und Zukunft der Rechts—und Staatswissenchaft Deutschlands*, Stuttgart, 1876, S.215).

이 1876년 슈타인의 텍스트가 현행 독일기본법에도 기재된 '사회적인 국가'라는 표현의 첫 출현이었지만(G.A.リッター, 《社会国家 ―その成立と発展》, 晃洋書房, 1993, 9쪽), 그로부터 2년 후인 1878년에 '사회민주주의'를 탄압하는 법률이 제정된 것이다.

'개인주의' 라는 말

짧은 보조선을 하나 더 그으면서 서양의 각 언어권에 있어서 '사회과학'의 탄생에 관한 고찰을 마무리하도록 하자. 그 보조선은 바로 '개인주의'라는 말의 탄생이다.

다음과 같은 점이 무엇보다도 중요하다. 개인주의라는 말은 개인주의를 지지하고 신봉하는 사람들에 의해 만들어진 것이 아니다. 그와 반대로 개인주의를 **비판하는** 사람들에 의해 만들어졌다. 19세기 중반의 "문필가들은 '개인주의'가 동시대의 정치적/사회적인 질서를 무너뜨리는 심각한 재앙이라고 확신하고 있다. ……많은 다른 말들도 그렇지만, '개인주의'는 우선 이를 공격하는 사람들에 의해 도입되어 점차 지지자들도 이 말을 사용하게 되었다"
(K. W. Swart, "'Individualism' in the Mid-19th Century", *Journal of the History of Ideas* 23, 1962, pp. 77~78).

'사회과학'과 마찬가지로 '개인주의'라는 말이 가장 일찍 나타난 것은 프랑스이고 이 역시 생시몽학파가 큰 역할을 했다. "생시몽 자신은 이전부터 넓게 사용되던 anarchie나 egoïsme라는 말을 계몽주의와 프랑스혁명에 의해 초래된, 그가 말한 불충분한 심성의 특징으로서 계속 사용했지만 그가 죽은(1825) 직후에 그의 제자들은 '개인주의individualisme'라는 말을 사용하기 시작했다. 이 신조어를 정착하게 한 용법은 그들의 기관지인《생산자*Le Producteur*》의 1826년의 한 기사에서 나타난다. 거기서 생시몽주의자인 P. J. 루앙은, 경제학자 샤를 뒤노와이에가 당시의 각종 문제에 대해 확고히 유효한 해결책을 제시하지 않고 새 학문인 정치경제학을 18세기의 정치철학의 특징이 된 '협애한 개인주의'로 축소시키고 있다고 한탄했다"(ibid., p. 79).

생시몽학파는 독일어권에도 영향을 미쳤고 그 과정에서 독일어에서도 '개인주의'에 대해 비판적인 사람들이 우선 이 말을 사용하기 시작했다. "독일에서는 F. W. 카로베와 생시몽학파와의 대화를 통해 이 말은 자신의 정치적인 의미를 지니면서 유포되었다. 이미 1838년에 빌헬름 트라우고트 크루크Wilhelm Traugott Krug가 그의 철학사전에 이 말을 수록했지만 거기에서는 '협동 혹은 연합의 정신'과는 정반대의 말, 이기주의와 연계되어 있는 말로서 설명되어 있다"(A. Rauscher, "Individualismus", J. Ritter u. K. Günder Hg. *Historisches Wörterbuch der Philosophie*, Bd. 4. Basel. 1974, S.289-291).

끝으로 영어권에서 '개인주의' 라는 말은 처음으로 오언의 사회주의 내부에서 역시 부정적인 의미로 사용되었다. 그레고리 클레이즈는 다음과 같이 말하고 있다. "내가 아는 한, individualism이라는 영어가 처음으로 사용되었을 때 그것은 부정적인 의미에서 사용되었고 그런 의미로서 넓게 침투했다. 이는 오언사회주의 하의 대표적인 잡지 중 하나인 《개척자*Pioneer*》에서 1830년대 초반에 확인되고, 오언주의자인 오스틴은 거기서 이렇게 적었다. '금전욕' 이나 '축재, 명예, 신분, 특권, 지배를 향한 욕망' 등 '동정심의 결여와 개인주의라는 동기' 는 인류 전체의 이익을 위해 사회주의 운동이 달성하려고 하는 '공동체' 와는 전혀 무관한 것이다라고"(G. Claeys, "Individualism", 'Socialism' and 'Social Science' : Further Notes on Process of Conceptual Formation, 1800-1850, *Journal of the History of Ideas* 47, 1986, pp. 81~93).

요약하면 이렇다. '개인주의' 라는 말은 1820년대에서 30년대에 각 언어권에서 나타났지만 처음에는 '사회과학' 이라는 말을 탄생시킨 사람들과 같은 혹은 그에 가까운 세력에 의해 **부정적인** 의미에서 사용되었다. 즉 '개인주의' 와 '사회과학' 은 애당초 서로 대립되는 것이었고, '개인주의' 가 **아닌** 것이 '사회과학' 이고 '개인주의' 가 '사회과학' 의 반대라는 구도인 것이다.

이 '개인주의' 에 대해서도 하나의 '사회적인 사실' 로서 기술하기 시작할 때(이 책 62쪽) 사회과학 내부에 하나의 큰 단절이 생기게 되고 '사회적인 것'에 관한 '사회학적인 망각'의 시대가 시작된 것이다.

일본의 '사회과학'

마지막으로 일본의 '사회과학'의 탄생에 대해 살펴보도록 하자.

다카시마 젠야高島善哉는 1954년에 출판된 《사회과학입문社会科学入門》(岩波新書)에서 이렇게 말했다. "오랜 기간 동안 사회과학은 사람들이 손을 댈 수 없는 금단의 나무의 과일이었지만 종전과 함께 이 금기는 해제되었다. 그리고 사회과학이라는 말은 사회과社会科라는 말과 마찬가지로 국민들에게 친밀감을 느끼게 하는 표현이 되었고 일상용어로 변했다. …… 특히 태평양전쟁에 이르기까지의 약 10년간이 사회과학의 연구에 대해 철저하게 탄압한 기간이었다는 점, 종전 이후 일본 사회과학의 발전이 일본 사회의 민주화운동과 끊으려야 끊을 수 없는 관계를 가지고 있다는 점, 이러한 사정과 연계되어 사회과학은 어쩐지 탐탁지 않은 학문이라는 인상이 일부 국민들 사이에 아직 남아 있다"(1~3쪽).

다카시마의 말을 우선 그대로 받아들인다면, 일본에서 '사회과학'은 1930년쯤부터 "철저한 탄압"을 받고 "손을 댈 수 없는 금단의 나무의 과일"이 되었으며, 그로 인해 전후 잠깐 동안 "어쩐지 탐탁지 않은 학문"으로 인식되었다는 것이다.

한편 시미즈 이쿠타로清水幾太郎는 다음과 같이 회상했다(〈思想の言葉〉,《思想》1973年5月号). 1928년 4월 도쿄대학 사회학과에 입학했을 때, 당시 조교수였던 도다 데이조戸田貞三가 〈개강의 사開講の辞〉를 했는데 거기서 이렇게 말했다고 한다. "사회학과에는 종종 어처구니없이 바보 같은 학생들이 입학한다. 그것은 바로 사회학을 배워서 사회를 개량하겠다는 등의 생각을 가진 자들이다. 이런 학생들은 즉각 다른 학부나 다른 학과로 가주기 바란다." 이 말을 들으면서 시미즈는 자신도 그런 "어처구니없이 바보 같은 학생" 중한 사람은 아닐까 하면서도, 입학 "조금 전까지는 아나키즘에, 입학 당시에는 마르크스주의에 관심을 가진" 자신으로서는 "사회의 개량을 불결한 것으로 취급하는" 도다의 말에 "약간 화가 났다." 그러나 다른 한편으로 도다가 그렇게 말한 이유에 대해서도 충분히 이해하고 있다고 말한다. 같은 해 4월 17일에 도쿄대학의 '신인회新人会'가, 그 다음날인 18일과 19일에 다른 제국대학의 '사회과학연구회社会科学研究会'가 모두 해산 명령을 받았던 그러한 정세속에서 아마 도다는 "사회학이 연루되는 것을 걱정하고" 있었던 것이다.

다카시마가 말한 '사회과학'에 대한 "철저한 탄압"이 언제부터 시작되었는가에 대해 시미즈가 보다 정확한 정보를 알려주고 있다. 그것은 1928년 4월이다. 사회과학에 대한 탄압이 그때부터 시작되었다면 일본에서 사회과학이 탄생한 것은 언제부터인가? 아니, 물음을 보다 한정시킨다면 일본에서 '사회과학' 이라는 **말**이 탄생한 것은 언제부터인가?

오늘날 우리는 "'사회과학' 이라는 말은 법학, 정치학, 경제학, 사회학 등의 분야를 망라한 상위개념이다. 그리고 학문이라는 것은 날마다 전문분야로 분화되기에 사회과학이라는 것이 우선 탄생하고 그 후 법학 등 기타 개별 분야의 학문이 나타났다"고 생각하기 쉽다. 그러나 사실은 그렇지 않다. '사회과학' 이라는 일본어는 **가장 마지막에** 나타난 것이다. 같은 '사회' 라는 표현이 포함된 '사회학' 이나 '사회정책(학)' 이라는 일본어가 유통되기 시작한 것은 1890년대이지만(石田雄,《日本の社会科学》, 東京大学出版会, 1984, 第2章) '사회과학' 이라는 말이 사용된 것은 그로부터 30년 후인 1920년대 전반이고 그것도 처음에는 매우 한정된 특별한 의미를 지녔다. '사회과학' 이라는 말을 제목으로 한 최초의 일본어 도서는 내가 알기로는 1922년 사카이 도시히코堺利彦와 야마카와 히토시山川均가 펴낸《학술사회과학총서アルス社会科学叢書》이고 사카이 도시히코는 다음 해인 1923년에 다른 출판사에서《사회과학총서社会科学叢書》의 출간에 참여했다.

앞의 시미즈의 회상에서도 알 수 있듯이 '사회과학' 이라는 말의 유통에 큰 역할을 한 것이 1918년에 설립된 도쿄대학의 학생조직 '신인회' 다. 이 신인회와 와세다대학의 '문화회文化会', '건설자동맹建設者同盟' 이 중심이 되어 1922년에 결성한 '학생연합회' (학련)에 소속된 각 대학의 학생조직은 모두 '사회과학연구회' 라는 명칭

을 사용했고 도쿄대학에서도 1923년 5월에 같은 이름의 연구회가 조직되었다. "사연社研을 만든 신인회의 목표는 학문 연구의 명목 하에 일반 학생들을 공산주의 쪽으로 끌어들이려는 것이다"(H. ス ミス, 《新人会の研究—日本学生運動の源流》, 東京大学出版会, 1978, 128쪽). '신인회'와 각 대학의 '사회과학연구회'의 해산은 치안유지법 (1925)의 최초의 본격적인 적용례인 1928년의 '3·15사건'과 한 쌍 이 되었다.

즉 탄생 초기의 '사회과학'이라는 일본어는 '마르크스주의'나 '공산주의'와 거의 같은 뜻이었고, 여기에 '사회과학'을 둘러싼 영어/프랑스/독일어 등 언어권과 일본어권의 큰 차이가 있다. 서 양언어권에서도 '사회과학'이라는 말은 오늘에 비해 좁은 의미를 가지고 있었고 사회과학은 18세기의 '정치경제학'이 **아닌** 것, 그 것을 비판하는 것으로 탄생했지만, 정치경제학 비판 중 **하나**에 지 나지 않는 마르크스주의만을 의미하지는 않았다. 마르크스주의와 일정한 거리를 둔 밀도, 보수주의자인 페기란도, 국가주의자인 트 라이치케도 모두 '사회과학'이라는 말을 사용했다. 게다가 그들 이 마르크스에 비해 **먼저** '사회과학'이라는 말을 사용했다.

여기서 내가 말하고 싶은 논점이 지금까지 흔히 주장되어온 것 과 비슷한 면이 있지만 서로 다르다는 점에 주목하길 바란다. 예 를 들면 이시다 다이조飯田泰三는 '사회과학'이라는 말이 일본의 "지식인들에 특수한 주술력呪縛力을 가지게 된 것은 '학생사회과 학운동'이 일어난 1923년쯤 **이후의 일**이다"라고 했지만《批判精神

の航跡―近代日本精神史の一稜線》, 1997, 207쪽, 강조는 인용자), 사실은 그것이 아니라 '사회과학'이라는 일본어 자체가 1923년 이전에는 존재하지 않았거나 적어도 영향력을 지니지 않았다는 것이 나의 주장이다. '사회과학'이라는 일본어가 그 이전부터 존재하고 그것이 1923년쯤에 왜곡된 것이 아니다. 애당초 왜곡되어 탄생한 '사회과학'이라는 말이 마르크스 이외의 것도 지칭하도록 **훗날에 이르러** 수정된 것이다.

가장 최초로 진행된 그러한 수정의 일례로 1930년 사회사상사社会思想社가 펴낸 《사회과학대사전社会科学大辞典》(改造社)의 '사회과학' 항목을 들 수 있다. 거기에서는 '부기付記'에 다음과 같이 설명하고 있다. "사회과학"이라는 말은 일본에서 "학생사회과학운동"에 의해 "마르크스주의나 레닌주의의 연구방법"과 동일시되어왔지만 "그것이 사회과학이라는 용어의 전반적인 규정이 아니라는 점은 더 말할 나위도 없다." 이후 이러한 수정과 해명이 각종 사전에서 반복되었다. 덧붙여 말하자면 이 항목의 집필자는 신인회의 초기 멤버인 하야시 카나메林要다.

학생사회과학운동이 일어난 1920년 전반 이전에는 '사회과학'이라는 일본어가 전혀 존재하지 않았다고 주장하는 것이 꼭 정확하다고는 할 수 없다. 대량의 서적들이 번역되는 과정에서, 예컨대 원서에서의 'social science'라는 영어가 이미 '사회과학'이라고 번역되었다고 보는 것이 자연스럽다. 그러나 '사회학'이나 '사회정책(학)' 등에 비하면 '사회과학'은 1920년대 이전의 일본에서는 명백히 마이너적인 표현이다. 학생사회과학운동에 의해 처음으로 이 일본어가 널리 보급되었다고 해야 할 것이다.

어쨌든 1920년대의 일본에서는 이시다 다케시가 말했듯이 '사회과학'이라는 말의 "마르크스에 의한 독점"이 나타났고(《日本の社会科学》, 107쪽 이하), 이와 비슷한 일이 2차 세계대전 이후 반복되었다. 사회당이 그 전형이지만, 정치적인 언어로서의 '사회' 역시 '사회주의'에 의해 독점되고 사회적인 국가(복지국가)조차도 사회주의로 가는 길을 가로막는 것으로 비판받았다. 이런 반복은 아마 우연이 아닐 것이다. 왜냐하면 마르크스주의에 의해 사회과학이 독점되었던 1920년대의 학생사회과학운동에 가담했던 사람들 중 대부분이 전후에 이르러 사회당에 대해 무시할 수 없는 영향력을 행사했기 때문이다. 그러나 이 독점의 대가로서, 베를린 장벽의 붕괴나 소련의 해체와 더불어 정치적인 말로서의 '사회'가 1990년대 이후 일본에서 쇠멸되고 마는 공멸현상이 나타난 것이다.

지금도 그렇지만 사회과학이라는 것을 가장 늦게, 또한 수입이라는 타율적인 수단에 의해 접하게 된 일본의 지식인들은 18세기 정치경제학에 대한 비판이 모두 마르크스에 집약되었다고 생각했다. 이에 따라 그들은 마르크스가 비판했던 기타 정치경제학 비판=사회과학은 읽을 필요가 없거나 혹은 읽을 가치가 없다고 결정짓는 경향을 보인다. 그러나 19세기 유럽의 사상지도에서 마르크스주의는 가장 유력한 것은 확실하지만 사회과학의 일부에 지나지 않는다. 마르크스주의 이외의 각종 사회과학이 정치경제학 비판이라는 두터운 벡터를 마르크스주의와 공유하면서 다층적이며 두터운 층을 형성해나간 것이다. 냉전붕괴 이후 유럽에서 정치적인 말로서의 '사회'가 쇠멸하지 않은 이유 중 하나도 아마 여기에 있을 것이다. 그에 비해 일본의 상황은 예를 들어 설명하자면, 최신형이라고 생각하고 구매한 제품이 망가지는 바람에 환멸과 분노에 휩싸여 그것과는 완전히 다른 규격의 제품으로 일제히 갈아타는 사려가 깊지 않은 소비자와 흡사하다. 망가진 최신형 제품은 마르크스주의이고, 다른 규격의 제품은 (가타카나어로서의) 리버럴리즘이고 경우에 따라서는 18세기의 정치경제학의 최신판인 신고전파의 경제학이다. 흔들림이 심한 이 극단의 사상적 소비행동에 의해 '사회'라는 일본어 또한 극단적으로 메말라갔다.

'사회'의 소멸—후생厚生으로

정치적인 말로서의 '사회'는 현재 일본에서 쇠멸해가고 있다. 다만 '사회'의 소멸은 이번이 처음이 아니다. 1940년에 한번 쇠멸한 적이 있다. 그때의 상황을 되돌아보자.

이미 지적했듯이 1904년에 '사회민주당'이 결성되고 그 즉시 금지 당했을 때 당국이 무서워한 것은 '사회'라는 말이 아니라 '민주' 쪽이었다. '민주'에 비교되는, '사회'라는 말에 대한 관용 혹은 무관심은 그 이후도 당분간 지속되었다. 그뿐만 아니라 '사회'라는 말은 '민주'와 대조적으로 1910년대 후반 이후 공적으로 승인받고 제도화되기까지 했다.

1917년 내무성의 지방국 내에 설치된 '구호과救護課'는 2년 후인 1919년에 '사회과社会課'로 개칭되었다. 내무성의 조직명으로서 '사회'라는 문자가 처음으로 나타난 것이다. 그 경위에 대해 대하회大霞会가 펴낸 《내무성사內務省史》는 다음과 같이 적고 있다. "특히 대정 7년(1918)에 쌀소동이 일어나고 또한 그 때 노동운동 및 농민운동이 대두한 일"은 "사회정책의 필요성"에 대한 감각을 "세상에 대해서도 …… 강조하게 되는 유인이 되었다. 그래서 사회행정이 중시되게 되었다"(제1권, 569쪽). 이 '사회과'가 확충되어 1920년에 '사회국社会局'이라는 독립국으로 발전했고, 2년 후인 1922년에는 내무성의 외국外局으로 발전했다.

그러나 이렇게 '사회'라는 말을 점차 강하게, 점차 크게 사용해 가던 내무성은 1920년대 후반부터는 그와 정반대의 일에 착수하게 된다. '사회'국의 권한을 확대하고 강화하는 한편으로 1928년 3월에 약 1600명의 '사회'주의자들을 검거하고(앞에서 언급한 '3·15사건') 이듬해 4월에 각 대학의 '사회'과학연구회를 해산하기에 이른 것이다. 치안유지법 등에 근거하여 '사회'라는 말을 탄압한 책임 주체도 역시 내무성이었다.

'사회'라는 말을 둘러싼 내무성 내부의 이러한 모순은 1938년 1월에 '후생성厚生省'이라는, 당시로서는 기묘한 명칭을 가진 조직을 탄생시킨 한 요인이 된다.

새롭게 탄생한 이 조직은 내무성의 외국이었던 '사회국'을 '위생국'과 합쳐 내무성에서 독립시키는 형태로 구상되었다. 따라서 당시 사람들은 그 명칭에 '사회'라는 표현이 들어가는 것이 확실하다고 생각하고 있었다. 하지만 그렇게 되지 않았다. 새 조직의 설립 시에 수상인 고노에 후미마로近衛文麿는 '사회보건성社会保健省'이라는 명칭을, 육군성은 '보건사회성保健社会省'이라는 명칭을 제안했는데 결국 후자가 채택되어 1937년 7월에 '보건사회성(가칭)설치요강保健社会省(仮称)設置要綱'이 제출되었다. 그러나 《후생성 50년사厚生省五十年史》에 따르면 **"당시의 국내 정세에 따라 '사회'라는 문자가 부적당하다는 의견**, 기타 성과 같이 두 글자로 정리되어야 한다는 의견, '보건'이 보험과 혼동되기 쉽다는 의견 등이 있어" 최종적으로는 "의식을 충분히 하고 공복이나 추위로 괴로워하지 않고 민의 생활을 풍족하게 한다"고 하는 의미에서 '후생厚生'이라는 말을 고사故事로부터 따오게 되었다《厚生省五十年史》記述編, 342쪽, 강조는 인용자). 다만, 전 후생성 사무차관인 가사이 요시스케葛西嘉資의 회고에 따르면 '후생'이라는 말은 당시 일본에서 "친숙하지 않은, 감이 잘 잡히지 않는" 표현이었다《厚生省五十年史》, 410쪽).

즉 '사회'라는 말을 한편으로는 긍정하고 다른 한편으로는 부정하고 있던 1928년 이후, 특히 두드러지게 나타난 내무성 내부의 모순이 '후생'이라는 전혀 다른 신기한 말의 채택으로 인해 단번에 해소된 것이다. 이후 상황이 역전하여 '후생'(혹은 '복지')이라는 말이 오늘날의 우리에게 "친숙하게 되었고", 독일이나 프랑스의 '사회적인 국가'는 "감이 잘 잡히지 않는" 표현이 되어버렸다. 그것은 '사회적'이라는 말을 남용하면서도 그 뜻에 대해서는 전혀 둔감한 오늘날 일본의 사회학자들도 마찬가지다. 아니, 이것이 사회학자에 더 현저히 나타나는 경향이라고 할 수도 있다.

'사회'라는 말에서 '후생'으로의 치환置換은 무엇을 초래하게 되었는가? 적어도 두 가지 점을 지적해야 한다.

첫째는 이런 변화와 함께 국민국가라는 동질성의 원리가 강화되었다는 점이다. 하야시 카나메와 함께 초기 신인회의 멤버이고 전후에는 사회당 소속 국회의원이기도 했던 마쓰자와 켄진松澤兼人은 당초 '사회성社會省'이 되어야 할 새 조직이 '후생성厚生省'으로 명명된 일에 대해 "사회성은 왜 안 되는가"라고 자문하면서 다음과 같이 스스로 답했다(〈厚生事業と社会事業〉, 《社会事業研究》, 1938年 5月号). '사회정책'이라 함은 "계급 간의 대립, 항쟁"을 완화하는 것이지만 지금 "계급대립의 역사관 등은 가장 비국민적인 것"이 되어가고 있다. "현재 필요한 것은 민족적 결속이고, 계급의 조화는 이미 그 전제로서 사회 전체와 대립하는 계급집단의 분할이라는 논리에 기초하고 있어 지금의 시국에 적합한 것은 아니다." 따라서 '사회성'이 아닌 '후생성'으로 변하게 된 것이라고 마쓰자와는 회고했다.

오사카시 사회부부장이었던 야마구치 타다시山口正는 잡지《사회사업社会事業》1938년 5월호에 기고한 〈사회사업에서의 〈국가

적〉과 〈사회적〉社会事業における〈国家的〉と〈社会的〉〉 앞머리에서 이렇게 지적했다. '사회적'인 것에서 '국가적'인 것으로—"이것이 현행 사회사업이 걷고 있는 행로다." 야마구치에 따르면 '사회적인 것'은 "개인주의, 이기주의를 원리로 하는" 것에 지나지 않으며 그것이 현재 "국가적인 것"으로 탈피하고 있다. 후자가 "원리로 하고 있는 점은 군국君国에 대한 봉사이고 보국의 정신이며 이른바 전체주의다."

그리고 전후 사회정책의 1인자로서 군림한 오오고치 가즈오는 1944년 〈일본적후생의 문제日本的厚生の問題〉라는 논고에서 '사회정책'을 "국민적인 후생"으로 전환시켜야 할 필요성에 대해 역설했다(大河内一男 外,《現代の基礎2 厚生》, 小山書店, 1944, 1~57쪽). 오오고치에 따르면 '후생'이라는 "이 애매한 말"은 "하나의 분위기"를 가리키는 것이다. 즉 계급대립을 전제로 하고 계급의 협조를 목표로 하는 '사회정책'의 시대가 지금 종말을 고하고 있다는 것이다. 그가 전환시켜야 한다고 말한 '일본적인 후생'의 중심 과제는 "국민경제에 있어서의 인적인 생산요소의 배양과 육성", 더욱 간단히 말하면 1938년 5월에 공포된 '국가총동원법国家総動員法'에서 공식적으로 언급된 "인적 자원"의 육성 및 배양이었다.

'사회적'이라는 말은 늘 이중의 의미를 지니고 있었다. 그것은 평등을 향한 실천인 동시에 그 출발점이기도 한 불평등, 그것도 자연이 아닌 인간 자신이 탄생시킨 불평등에 대한 확인을 우리에게 강요한다. '사회적인 살인'이라는 엥겔스의 말이 상징하듯이 그것은 언제나 비통한 표현이기도 하다. 혹은 마쓰자와 켄진이 자신에게 말했듯이 사회적이라는 말은 인간들이 '계급'의 형태로 서로 찢어져 있는 사실로 혹은 그렇게 된다는 인식으로 우리를 각성시켜버리기에 봉인되지 않으면 안 된다.

아렌트는 사회적인 것을 '획일주의画一主義'라고 비판하면서, 그 연장선 위에서 '사회'라는 개념의 근간에 있는 것은 결국 '인간의 일자성一者性'이라고 했다(《人間の条件》, 70쪽). 그러나 이는 사태의 반쪽을 지적한 데 지나지 않는다. 왜냐하면 '사회적'이라는 말은 이런 '일자성'의 파괴나 파탄, 좌절이라는 인식을 우리에게 가져다주는 말이기도 하기 때문이다. '일자성'이 그리고 '일자성'**만**이 타당한 것은 '사회'나 '사회적인 것' 쪽이 아니라, '일본적 후생' 및 그것과 연동하는 형태로 제시된 '국가적인 것'이나 '국민적인 것' 쪽이다.

그러나 '후생'이라는 말에 의해 '사회'가 일방적으로 억압되었다고 보는 것은 사태를 오인하게 한다. '사회'에서 '후생'으로의 전환에서 중요한 것은 '사회' 측에 있던 사람들의 전향이다. 이미 위의 마쓰자와 켄진이나 오오고치 가즈오의 언동에서도 나타났지만 이 같은 전향이 가장 명확히 보인 것이 아소 히사시를 중심으로 한 '사회대중당'의 우선회이고 이 정당의 1940년 7월의 자주해산 및 '대정익찬회'로의 편입이다. 아라하타 간손 등이 전후에 비판했듯이 '사회' 측에 있었던 사람들은 "머리띠를 둘러매고 전쟁 수행에 협력"했다. 이런 사람들이 선택한 길이 앞에 말한 트라이치케가 말한 것과 가장 가깝다.

이렇게 되어 우리는 제1부 첫 부분에서 기술한 상황으로 되돌아가게 된다.

비판과 전망

이상에서 '사회적인 것'의 계보를 역사적으로 추적해봤다. 마지막으로 그 계보를 비판적으로 정리하고 계보의 전망에 대해서도 간단히 살펴보자.

전체의 가시화可視化 ― '보이지 않는 손'과 '무지의 베일'

'사회과학'은 19세기에 그 이전의 '정치경제학'을 직접적으로 혹은 간접적으로 비판하면서 탄생했다. 그렇다면 결국 양자는 어떻게 다른가? 적어도 두 가지 점에 대해 언급하지 않을 수 없다. '전체의 가시화'와 '분배의 정의'라는 문제다.

애덤 스미스는 이미 널리 알려진 '보이지 않는 손'에 대해 다음과 같이 서술했다. 일반적으로 모든 개인은 "자기 자신의 안전만을 생각하고 또한 자신의 생산물이 최대의 가치를 지닐 수 있는 방법으로 산업의 방향을 설정하므로 그는 자기 자신의 이득만을 생각하고 있는 것이다. 그러나 그는 이 경우에도 기타 많은 경우와 마찬가지로 보이지 않는 손에 의해 유도되고 자신이 전혀 의도도 하지 않는 목표를 촉진하게 되는 것이다. …… 그가 자기 자신의 이익 추구를 통해 실제로 사회의 이익을 촉진하려 하는 경우에 비해 한층 그 목적을 유효하게 촉진하는 경우가 종종 있다. 나는 공공의 행복을 위해 장사하고 있다는 사람들이 행복을 크게 증진시켰다는 식의 이야기는 들어본 적이 없다"(大內兵衛·松川七郎 訳, 《諸国民の富》, 岩波文庫, 第3分冊, 56쪽).

개인은 사회 전체를 바라볼 수 없고, 전체를 바라보면서 행동한다고 하더라도 좋은 일은 아니다. 개인이 타인이나 전체의 일을 생각하지 않고 자신의 이익만을 생각하여 행동한다면, 의도하지 않은 결과로서 사회 전체가 번영하는 것이다. 이것이 18세기의 '정치경제학'의 기본 원리다. 이를 특징짓는 것이 스미스의 '보이지 않는 손'이라는 말이 상징하는 것처럼 전체의 불가시성不可視性이다.

이와 대조적으로 19세기의 '사회과학'은 자유로운 경제활동에 따라 점차 확대해가는 빈부의 격차를 목격하면서 보이지 않는, 아니 보지 않아도 된다는 전체를 가시화하는 일에 힘을 기울이려 했다. 따라서 거기에서는 '유기적인 사고'(오귀스트 콩트)를 강조했고, 경제활동에 일정한 계획과 통제를 가해야 할 필요가 있다고 주장해왔다.

이 전환에 대해 존 롤스의 '무지의 베일' 개념을 차용하여 새롭게 설명해보자. 주지하다시피 '무지의 베일'은 바람직한 사회 형태를 정하는 사회계약에 앞서서 롤스가 설정한 전제조건에, 즉 "누구도 사회에서의 자신의 지위를 알지 못하고 타고난 재능이나 능력의 배분에 있어서 자신이 어떠한 상황에 처해 있는지조차 모르"는 "시원상태始源狀態"에 만인을 두는 것이다(田中成明 編訳,《公正としての正義》, 木鐸社, 1979, 124쪽).

이 롤스의 무지의 베일에서 중요한 점은 그것이 스미스의 '보이지 않는 손'의 대극對極에 위치하고 있고, 그 명칭과는 정반대로 바로 **유지**有知하기 때문에 베일이라는 것이다. 무슨 말인가? 이 베일을 뒤집어쓰게 됨으로써 인간은 누가 될 수 있는지에 대해 전혀 모르게 되고, 그렇기 때문에 자기 이외의 모든 인간 및 자신이 참여하게 될 사회 전체의 일에 대해 생각하게끔 강요당하게 된다. 즉 무지의 베일은 18세기의 정치경제학이 보지 않은, 보지 않아도 된다고 했던 타자와 전체를 보게끔 한 것이다.

이 무지의 베일과 더불어 롤스는 공리주의에 대해서도 비판했다. 공리주의 자체에는 여러 갈래가 포함된다. 예컨대 앞에서 언급한 톰슨 등을 공리주의로 취급하는 것도 가능하다. 하지만 그것이 대체로 자유방임에 기초를 둔 정치경제학과 강한 친화성을 가지는 것은 사실이다. 그 이유 중 하나는 공리주의의 근간에 있는 '효용' 개념의 미결정성, 즉 무엇에 어느 정도의 효용이 있는지에 대해 각인각색이어서 한 가지로 단정할 수 없다는 점이다. 또 하나의 중요한 이유는 공리주의가 정치경제학과 마찬가지로 개인이 자신 이외의 타자나 전체를 고려할 필요가 없다는 점이다.

'최대다수의 최대행복'이라는 공리주의의 슬로건이 반드시 각 개인에 대해 전체가 가시화되어야 한다는 점을 의미하지는 않는다. 각 개인은 자신의 쾌락만을 추구하면 된다. 이를 종합하여 '최대행복'을 탄생시킬 수 있도록 사회를 설계하는 것은 입법자 등 일부 사람들에 한해서다. 공리주의는 왜 입법자만이 예외적으로 자신만이 아니라 자신 이외의 타자를 포함한 전체의 행복을 생각해야 하는가라는 답하기 어려운 문제에 직면하게 된다. 하지만 이를 잠시 제쳐둔다면, 공리주의에서 각 개인은 다른 개인에 대해 완전히 무관심해도 상관없다. 롤스가 무지의 베일과 함께 비판한 것은 타자와 전체에 대한 공리주의의 이런 무관심이다. 한 예로서 노예제에 대해, (A) 노예주들의 (플러스)효용, (B) 노예들의 (마이너스)효용을 합산하여 $A+B < 0$이 될 경우 공리주의도 노예제를 부정하게 된다. 하지만 롤스는 노예제에는 사람들이 "서로 인정할 수 있는 각종 원리"가 결여되어 있기 때문에 "공정으로서의 정의"와 양립할 수 없다고 했다(《公正としての正義》, 58쪽). 또한 롤스는 존 스튜어트 밀의 《공리주의》(1863)에 대해 언급하면서 효용원리에는 없다고 한 '호수성원리互酬性原理'를 거기에서 끌어내어 자신의 정의론과 연계시켰다. "자신의 감정이나 목적과 자신의 동료들의 그것 간의 조화가 존재해야 한다"는 밀의 말을, 롤스는 "각자가

타인들과 일체가 되는 감정을 가지는 인간의 정신상태"로 바꾸어 표현하고 있었는데(《公正としての正義》, 188쪽), 이러한 정신적 상태를 가져다주는 것이 무지의 베일이다.

　롤스의 무지의 베일은 19세기 '사회과학'의 핵심을 잘 표현하고 있다. 다만 그것은 롤스의 자유주의에 의해 만들어진 것이 아니고 그보다 훨씬 이전부터 존재했으며, 그 원형은 스미스의 '공감' 원리에서도 찾아낼 수 있다. 19세기의 사회과학은 스미스의 정치경제학과 달리 혹은 최소한 그 이상으로 전체를 둘러본 후에 만인의 행복을 생각하는 일에 중심을 두고 있었다. 그 차이는 앞서 언급한 공산주의에 대한 밀 자신의 공감에서도 찾아볼 수 있다. 반대로 스미스가 아닌 밀에 주목하고 있는 점이 롤스의 자유주의의 특징이다. 그것은 18세기의 정치경제학보다 19세기의 사회과학에서 많은 것을 계승하고 있었다.

분배의 정의와 조세국가租稅国家

　전체의 가시화와 더불어 19세기의 사회과학이 강조한 두 번째 논점이 분배의 정의 문제다. 18세기의 정치경제학이 이 문제를 전혀 생각하지 않은 것은 아니다. 그러나 정치경제학은 교환의 정의, 즉 개개의 교환이 등가적인 진행을 1차적인 것으로 중요시하고 분배의 정의에 대해서는 교환의 정의만 확보할 수 있다면 자동적으로 달성되는 2차적인 것에 지나지 않는다고 했다. 이에 대해 19세기의 사회과학은 전체적으로, 양자 간 등가교환**이라고 불리는** 것이 축적되면서 격차와 불평등이 확대되어가는 현실 앞에서 교환을 진행하는 양자로부터 독립적인 제3자를 내세워 이 제3자에게, 장자크 루소의 말을 빌려서 말하자면 "모든 사람이 일정한 것을 갖고, 동시에 누구도 너무 많이 갖지 않게" 하도록 조절할 필요성을 강조한다.

다만 조절을 진행하는 이 제3자에 대해 다음과 같은 이론이 제기될 수 있다. 즉 격차나 불평등은 등가교환이라는 것이 실제로는 (카를 마르크스가 노동가치설을 토대로 '착취'로 분석했듯이) 부등가교환不等価交換이라는 점에 기인한 것으로, 이는 제3자의 분배의 정의를 필요로 하지 않고 교환의 정의를 회복하는 것으로 충분히 해소할 수 있다.

그러나 교환의 정의에만 의거한 논의는 전체적으로 사람들이 교환에 참여하기 직전의 문제, 혹은 시장과 그 외부에 관한 문제에 대해 충분한 주의를 기울이지 않고 있다. 사람들은 일반적으로 교환의 장場인 시장에 알몸으로 참여하지 않는다. 거기에서 팔 수 있는 것이 노동력밖에 없을 경우에는 더욱더 그렇다. 사람들은 팔 수 있는 노동력을 가지지 못하면 시장에 참여할 수 없다. 교환 과정에 참여할 수 있는 능력을 아마르티아 센Amartya Sen의 표현을 빌려 '잠재능력'이라고 표현한다면, 이 잠재능력이 시장과 시장에서의 교환 과정에 의해 만인에게 충분히 부여되고 있다는 보증은 어디에도 없다.

예를 들면 마르키 드 콩도르세가 중시한 교육은 잠재능력을 구성하는 중요한 요소이지만, 시장과 시장에서의 교환 과정은 이 교육을 콩도르세의 바람대로 '보편적으로' 즉 '모든 시민'에게, 그것도 '완전히 평등하게' 제공할 수 있는가? 시장과 시장에서의 교환에 의해 이미 많은 것을 손에 넣은 사람을 부모로 둔 자식은 양질의 교육을 얻을 수 있겠지만 그렇지 못한 자식들은 어떻게 되는가? 애당초 기댈 친척이 한 명도 없는 자식은 어떤가?

혹은 중병이나 장애로 교환재료交換材料로서의 노동력을 상실한 사람은 어떻게 되는가? 게다가 그것이 일시적이 아니고 그 이후 쭉 그렇게 되는 경우에는? 죽음을 강요당하지 않는 한, 그 사람에게는 살아남기 위해 혹은 보다 좋은 삶을 영위하기 위해 필요한 것들을 시장과 시장에서의 교환의 연쇄로부터 탈취하여 대가없이 분배하는 것이 필요하다. 교환과 분배의 차이는 호수성互酬性이 그 조건인지 여부, 즉 대가없는 증여를 인정하는지 여부에 있다. 분배 문제를 논의하기 위해서는 롤스가 중시한 호수성원리조차도 경우에 따라서는 해소되지 않으면 안 된다.

이러한 교육이나 의료나 복지를 만인들에게 평등하게 제공할 수 있도록 시장과 시장에서의 교환을 설계하는 일은 가능할지도 모른다. 다만 그런 구체적인 설계도가 제시되지 않는 한, 시장에서의 교환과는 별도로 분배의 문제 및 분배의 바람직한 형태에 대해 생각할 수밖에 없다. 그렇다면 이런 분배의 장치로서 무엇을 생각해야 할 것인가? 그 장치는 시장과 시장에서의 교환이 현상으로서 유지되는 한 국가에 요청할 수밖에 없다. 문제는 이런 국가를 어떻게 인식해야 하는가다.

지금까지 국가는 '국민국가'로 이해되었고 이 국민국가에 대해 여러 가지 비판이 제기되어왔지만, 분배라는 관점으로부터 보자면 국가는 무엇보다 우선 조지프 슘페터가 제시한 '조세국가'다 (木村元一・小谷義次 訳, 《租税国家の危機》, 岩波文庫). 슘페터가 말했듯이 '조세'는 '조세국가'라는 표현이 중복어로 인식될 정도로 국가와 깊이 연관되어 있고, 징세와 세금을 재원으로 하는 경제활동이 있는 곳에는 반드시 국가에 상응하는 것이 존재하고 있다고 이해해야 할 것이다.

슘페터가 말한 '조세국가'는 우선, 사적인 경제활동이 운영되는 시장과의 대비에서 인식되고 있다. 그것은 시장의 외부에 위치하고 양자 간의 교환의 정의와는 다른 원리에 의해 작동한다. 따라서 사회적인 것과 국가의 결합, 즉 '사회적인 국가'는 결코 자의적 恣意的인 것이 아니다. 사회적인 것이 교환의 정의와는 다른 분배의 정의를 목표로 하고 시장의 원리에 의해 바람직한 재분배가 보장되지 않는 한 사회적인 것은 조세국가에 의해서만 실현된다.

둘째로 슘페터는 국가를 정의할 때, 그 국가가 누구에 의해 구성되었는지에 대해서는 한동안 묻지 않았다. 조세의 경우, 어떠한 활동들이 국가를 생기게 하는가를 우선 확정하고 그런 활동에 누가 연루되는지를 역으로 계산함으로써 국가의 구성원을 확정하는 방법을 고안했다. 이 방법에 의해 정해진 국가구성원의 범위가 '국민국가'의 구성원과 일치하지는 않는다. 주지하다시피 모든 국가는 자국 내에서 소득을 취하는 외국인들에 대해 징세를 하고 있다. 비국민이라도 조세국가의 일원인 것이다. 미국혁명은 "대표 없이 과세 없다"는 말에서 시작되었고 근대민주제는 원래 징세와 세금의 사용에 관한 결정권을 납세자들에게 돌려주는 일에서 시작했다. 이 원리에 비추어보면 징세되는 외국인이 아무런 참정권을 가질 수 없는 사태는 비판되어야 마땅하다.

셋째로 **누구에게서** 징세하는가뿐만 아니라 그 세금이 **누구에게** 사용되는가를 생각해도 조세국가는 국민국가를 넘어선다.

한 예를 들어보자. 제3세계에서는 평균수명을 대폭적으로 끌어내릴 정도로 에이즈가 큰 위협이 되고 있지만, 특허권이나 지적재산권을 엄격히 보호하는 1995년 이후의 WTO체제가 에이즈 대책에 장애가 되고 있다. 선진국의 제약기업은 특허권이나 지적재산권을 이유로 카피약의 제조나 수출입을 인정하지 않는다. 이로 인해 에이즈 치료약의 가격이 더 떨어지지 않아 그것을 필요로 하는 제3세계의 사람들에게 공급되지 못하고 있다. WTO가 체현하는 교환의 정의가 인간의 목숨을 구하지 못하고 있는 것이다. 이런 교환의 '정의'에 대해 이의를 제기하고 값싼 제네릭generic 약품의 수입을 위해 법 개정을 진행한 남아공 정부에 대해 제약기업 측이 1998년에 소송을 제기했다. 결국 사건은 2001년 4월에 제약기업 측이 소를 취하하는 형식으로 끝났고 WTO의 지적재산권에 관한

규정도 그 보호가 "공중의 건강을 방해해서는 안 된다"는 것으로 개선되었다(林達雄, 《エイズとの闘い》, 岩波ブックレット, 2005).

다만 문제는 아직 해결되지 않았다. 약품의 가격이 떨어져도 빈곤한 아프리카 일부 지역의 경우 약품이 필요한 사람들에게 보급되지 못하고 있기 때문이다. 이를 위한 자금을 각국에서 공동으로 갹출한 '세계에이즈·결핵·말라리아기금'이 2002년 1월에 설립되었다. 일본정부는 2005년 6월 말까지 3억 2,700만 달러를 지출했고 그 후 5억 달러의 증액을 결정했다. 이런 것이 충분한 지원이 되는지 여부는 별도로 검토해봐야 하는 문제이지만, 조세국가가 국경을 초월한 재분배를 진행하는 회로를 가지고 있다는 점은 부정할 수 없는 사실이다.

사회적인 것과 정치적인 것

나의 주장에 대해 다음과 같이 비판할지도 모른다. 당신은 교환의 정의로서는 불충분하고 제3자에 의한 조정과 개입을 통한 분배의 정의를 실현해야 한다고 하면서 그 제3자를 국가에서 찾고 있는데, 당신의 이런 생각은 '국가사회주의'와 전혀 다르지 않은 것이 아닌가라고.

이렇게 비판하는 사람들이 만일 교육이나 의료, 복지를 만인에게 충분히 제공할 수 있는, 공상적이지 않은 실효성이 있는 시나리

오를 가지고 있다면 나는 이런 비판을 달갑게 받아들인다. 다만 그럼에도 불구하고 이런 비판의 절반 이하만 받아들일 수 있다. 제1부 4장에서 '사회민주주의'를 논한 나의 생각은, 사회적인 것을 실현하는 장치로서 조세국가를 활용해야 하지만 그 활용 방법은 '민주주의'에 의거하지 않으면 안 된다는 것이다. 홉스에서 루소에 이르는 계약론의 전환이 여기서 다시 중요해진다. 국가사회주의라는 말로 나의 생각을 비판하는 것은 부당하다. '민주주의'라는 말을 삽입한 후, 그것도 제1부에서 자세히 논한 의미를 포함한 민주주의를 삽입한 후 나에 대해 비판해야 한다.

요약하자면 나의 생각은 사회적인 국가를 민주주의에 따라 작동시켜야 한다는 것이다. 이는 구체적으로 무엇을 의미하고 여기서 말하는 민주주의는 어떤 것인가?

'사회적인 것'에 대한 아렌트의 비판은 그녀가 '사회적인 것'과 대치시킨 '공적인 것'이나 '정치적인 것' 자체가 가지고 있는 불평등이나 억압을 충분히 문제시하지 못한다는 점에서 일방적이라고 할 수밖에 없다. 그러나 아렌트의 비판은 최소한 절반은 타당하다. 우리는 아렌트에게서 '공적인 것'과 '정치적인 것'의 관점에서 '사회적인 것'에 대해 비판적으로 음미해야 하는 과제를 제대로 계승해야 할 것이다.

위르겐 하버마스의 《공공성의 구조전환》(초판은 1926년)이 그러한 계승의 일례다. 이 책에서 하버마스는 《의사소통행위이론》(1981)에서 제시된 말을 빌려 표현하자면 '공공성'의 개념에 의거하여 '사회국가의 타협'에 대해 강하게 비판했다. 내가 볼 때 그 비판의 요점은 그의 방대한 저작이 아닌 1968년에 그가 '독일사회주의학생동맹SDS'의 학생들과 진행한 논쟁에서 가장 명료하게 나타났다.

이미 언급했듯이 SDS는 독일사민당에서 조직원 전체가 제명당한 후 의회 밖 반대세력APO으로서 각종 이의신청운동을 진행해 나갔다. 그들의 비판은 테오도르 아도르노나 하버마스 등 프랑크푸르트학파를 향하기도 했다. 하버마스는 SDS 학생들의 '미숙함'을 비판하는 동시에, 그들과 그녀들이 제시한 문제의 중요성에 대해서는 나름대로 깊게 인식하고 또한 공감을 표했다.

하버마스는 1968년 6월 2일에 프랑크푸르트대학 학생식당에서 개최된 토론집회에서 SDS의 학생들이 무엇에 분노하고 무엇에 이의를 제기하고 있는지에 대해 다음과 같이 분석했다(J. Habermas, "Scheinrevolution und ihre Kinder", *Kleine politische Schriften*, Suhrkamp, 1981. S.249-260). "국가에 의해 통제된 자본주의가 만든 사회시스템은 취약한 정통성 위에 성립되어 있다. 그 사회시스템을 지탱하고 있는 것은 보충의 이데올로기이고 그것은 [진정으로 중요한 일로부터] 사람들의 관심을 돌려서 사생활 속으로 사람들을 가둬둔다. 안정과 경제성장을 확실케 하는 정책은 현재 전문가들이 기술적으로 처리해야 하는 행정상의 과제라고 인식되어왔는데 이는 공공성이라는 것이 몰정치화沒政治化되어 있기 때문이다. …… 시민들이 각종 불이익으로부터 사회적으로 보호되면서 정치적인 것을 놓치게 되고, 이 사회보장의 형태는 각 개인의 개별적인 이해와 견고하게 된 국가의 관료제가 서로 결합하게 된다. …… 다만 그것은 인간이 어떻게 공생해야 하는지에 대한 어떤 방향성도 만족스럽게 제시하지 않고 있다"(a.a.O.S.260).

비대해진 관료제와 행정시스템에 의해 지탱된 사람들은 자신의 사생활 이외엔 아무것도 신경 쓰지 않으면서 꾸벅꾸벅 졸고 있다. 하버마스에 따르면 사회적인 것은 자기 이외의 타자에 대한 관심과 사회 전체를 돌아볼 수 있는 힘에 의해 새롭게 태어났어야 하지만 현실 속의 사회적인 국가(복지국가)는 이와 완전히 반대의 결과를 초래하고 있다. 다만 사회적인 국가가 일종의 포화점에 도달하게 되면 새로운 비판의식과 투쟁을 불러일으키게 된다. "이 투쟁은 비판의 화살을 몰정치화한 공공성과 거기서의 의지 형성이 **민주주의**라는 형태를 완수할 수 없는 사태로 돌렸다. 이 투쟁은 사람들의 의식을 사적인 일과 개인적인 사건에만 고정시키는 정치에 대해 이의를 제기하고 있다"(a.a.O.S.251).

전후 부흥과 사회적인 국가가 완성된 곳에서 자라난 SDS의 학생들은 생활의 궁핍함을 알지 못하고 일상생활을 위한 고충도 알지 못한다. 그런 의미에서 그들은 혜택 받은 존재들이고 사회적인 것의 의의에 대해서도 그것이 너무 자명하기 때문에 이해하지 못하고 있었다. 다만 사회적인 것에 대한 이런 몰이해가 새로운 지평을 열 수 있다. 그들의 "새로운 이의제기운동은 이미 달성된 오늘날의 사회발전의 수준에 의해 지탱되면서 동시에, 약속된 생활

수준이라는 사생활적인 목표가 해방이라는 진정한 정치적인 목표와는 서로 다르다는 것, 그것이 진정한 의미에서 민주주의 의지 형성을 생활의 모든 방면에서 관철하는 일과는 서로 다르다는 것을 인식할 수 있게 된다"(a.a.O.S.259, 강조는 인용자). SDS의 학생들은 자신들과 독일의 일보다 베트남전쟁과 제3세계의 일에 대해 우선 논의하고 선진국과 제3세계 사이의 지배와 억압의 관계에 대해 물음을 제기하려 했다. 이는 자신들의 일상적인 생활을 먼저 생각하게 되는 어른들이 볼 때 비현실적인 사고일수도 있다. 하지만 하버마스가 생각한 '공공성'은 이러한 사적인 것으로부터의 해방과 자신 이외의 타자에 대한 상상력 없이는 성립될 수 없는 것이었다.

다른 한편으로 루만도 사회적인 국가와 이를 지탱하고 있는 관료제와는 별도의 심급審級으로서 '정치시스템'을 인식했다(Politische Theorie im Wohlfahrtsstaat, Olzog, München, 1981). 루만에 따르면 막스 베버가 관료제의 근간에 놓여 있다고 한 '합리화'는 실제로 아무것도 설명할 수 없고(a.a.O.S.110), 이를 기준으로 사회적인 국가의 무엇을 어디까지 확대해야 할 것인가에 대해 명확한 선을 그을 수 없다. 그런 결정을 할 수 있는 것은 관료제도 아니고 사회과학(자)도 아니며—후자 역시 기술만능주의에 빠질 위험이 있다고 루만은 경고하고 있다(a.a.O.S.120)—복수정당제를 기초로 한 정치시스템일 뿐이다. 루만은 작은 정부를 향한 정치적인 선택을 하나의 가능성으로 강조하면서 위와 같이 언급했지만, 사회적인 국가에 대해 '확대지향'으로 인식해야 하는지 아니면 반대로 '축소지향'으로 인식해야 하는지에 관해 이를 정치시스템에 의해 '자성적으로' 선택해야 한다고 한 그의 분석 자체는(a.a.O.S.156-158) 규범이론으로서도 타당하다고 할 수 있다.

앞의 '세계에이즈·결핵·말라리아기금'으로 돌아가자. 이는 관료나 전문가들에 의해 '위로부터'의 힘만으로 설립된 조직이 아니다. 하야시가 강조했듯이 이 기금의 설립과 WTO의 규약 수정은 아프리카의 HIV감염자와 그들을 지원하는 아프리카 외 여러 나라 많은 NGO며 지원자들에 의한 '맨발의 노력'의 축적 없이는 실현되지 못했을 것이다(앞의 책,《エイズとの鬪い》).

하버마스는 아렌트와 마찬가지로 '공공성'이나 '정치적인 것'을 '사회적인 것'과 이항대립으로, 즉 서로 양립할 수 없는 것으로 이해하고 있지만 그렇게 할 필요는 전혀 없다. 사회적인 것을 공공성의 차원으로 끌어올리면서 정치적으로 각성시키는 일은 충분히 가능하기 때문이다. '세계에이즈·결핵·말라리아기금'은 최근의 작은 사례에 불과하지만, 이는 사람들이 자신의 사생활과 자국의 복지라는 틀에서 자신을 해방시키면서 국경을 초월한 사회적인 것을 확대해나가는 시도다. 이런 시도는 사회적인 것의 정치적이고 공공적인 각성이라고 부를 수 있는 것들이다.

그러나 이러한 시도는 오늘날 일본에서 극히 일부에 지나지 않는다는 점도 사실이다. 자기결정의 존중이라는, 그 자체로서 중요한 이 이념은 1990년대 이후 리버럴리즘의 대유행 속에서 오로지 사람들을 분열시키고 사적인 것으로의 후퇴만을 위해 동원되었다. 거기에서 중요시되는 것은 타자의 자기결정을 존중하고 타자의 자기결정을 위해 자신이 무엇을 해야 하는가가 아니다. 자기속에 몰입하기 위해 타자를 향한 상상력을 어떻게 절단해야 하는가가 강조되었고, 그 절단의 가장 흔한 방법이 자기결정을 자기책임으로 바꿔치는 것이다.

민주주의와 '인간의 복수성複数性'

'사적private'이라는 말에 대해 아렌트는 이를 '결여되어 있다privative'나 '뺏기다deprived'라는 표현의 계열에 두면서 이렇게 설명했다. "사생활에서 결여되어 있는 것은 타인이다"(앞의 책, 《人間の条件》, 87~88쪽).

사적인 것으로부터의 해방을 '공공성'의 성립조건이라고 한 하버마스의 논의는 아렌트의 주장과 크게 겹치기는 하지만 양자의 주장에는 미묘한 차이가 있다. 사생활에 타인이 결여되어 있다면, 그와 대치되는 '공적인 것'은 타인이 존재하지 않으면 안 된다. 그렇다면 타인이 존재한다는 것은 무엇을 의미하는가?

하버마스의 논의는 전체적으로 진리에 있어서 이해의 일치라고 하는 18세기적인 계몽으로 늘 되돌아가려고 하지만, 아렌트가 그 이상으로 강조하는 것은 '인간의 복수성'이다. "인간의 복수성은 공적 영역인 출현出現의 공간에 있어서는 필요불가결의 조건이다. 따라서 이런 복수성을 제거하려 하는 시도는 반드시 공적 영역 자체를 폐지하려는 시도와 동일하게 된다"(앞의 책, 349쪽). 18세기적인 계몽은 "현재의 유대인 전체의 머리를 하루아침에 베어버려"(요한 고틀리프 피히테), 유대인을 "국민이라는 단일체에 융합시키는 일"(프리드리히 부흐홀츠)을 목표로 한 혁명적인 반유대인주의를 탄생시키기도 했다. 이 '인간의 복수성'에 대한 아렌트의 강조는 계몽이 가지고 있는 그런 위험성에 대한 비판으로서 이해해야 한다.

그리고 아렌트가 '사회적인 것'을 비판한 이유는 그것이 이런 '인간의 복수성'을 없애고 인간을 획일화하기 때문이다. 이 점에 대해 우리는 루소에서 출발하여 이미 몇 차례나 확인했다. 하버마스는 민주주의와 공공성의 관점에서 출발하여 사회적인 국가의 현상태를 비판하면서 사생활주의로부터의 해방이라는 문제를 제기했지만, 그것만으로는 사회적인 것에 대한 비판으로서 아직 충분하지 않다. 인간의 복수성, 인간의 차이에 대한 끊임없는 승인이라는 또 하나의 과제를 민주주의와 공공성에 편입시켜, 거기에 기초하여 사회적인 것을 비판적으로 다시 인식할 필요가 있다.

제1부 마지막 부분에서 언급했듯이 루만은 APO나 이의신청의 움직임에 대해 하버마스와 약간 다르게 이해하고 있었다. 루만에 있어서 APO나 이의신청의 중요성은 '중심'에 대한 '주변'으로서 시스템을 향해 끊임없이 차이를 공급하면서 시스템을 뒤흔드는 점에 있다. 루만은 이렇게 말했다. "자율적인 시스템, 오토포이에

틱한 시스템이라는 사고를 진지하게 받아들인다면, 그 시스템은 **자기 자신에 대한 부정**을 포함하지 않을 수 없다. 자기 자신에 대한 부정을 포함하지 않는다면 시스템은 아직 자율적이지 않고 자족적이지도 않다"(N. Luhmann, *Einführung in die Systemtheorie*, a.a.O.S.193).

루만에 따르면 민주주의는 자신의 그때마다의 형태에 대해 '노[否]'를 들이대는 타자에 대해 열려 있지 않는 한 진정으로 자율적인 것이 되지 못한다. '자유'는 늘 "다른 생각을 가진 사람의 자유"을 지칭하는 것으로, 그런 자유 없이는 진정한 '정치적 자유' 역시 불가능하다고 주장한 룩셈부르크의 민주주의도 마찬가지다.

이런 의미의 민주주의에 의해 뒷받침되지 않는다면 사회적인 것 역시 아렌트가 걱정했듯이 획일화의 폭력으로 변하게 된다.

인간의 복수성과 자기 자신에 대한 부정의 도입은 '사회과학'을 지탱하는 전체의 가시화라는 지향志向에도 중요한 수정을 요구한다. 그 지향 자체가 완전히 없어지는 것은 아니지만, 그 지향이 위치를 설정하는 전체는 끊임없이 차연差延되고 또한 고쳐 쓰기를 요구하게 되는 것이다.

'인간경제학'을 넘어서

사회적인 것은 어떻게 인간을 획일화하는가? 한 사례를 구체적으로 언급하면서 아렌트의 논의에 대해 다시 비판하도록 하자.

"우리는 우리의 물적 경제학을 기술의 개량을 통해 한층 세련洗練하고 한층 완성하려 하고 있다. 물적 경제학의 생산력은 현재 우리의 인적 경제학의 수준에 의해 크게 제한받고 있다. 우리의 현재 문화는 수많은 인간의 생명과 건강과 행복을 희생하고 있기 때문에 물적 경제학의 생산력 자체를 충분히 전개시키지 못하고 있다. …… 자기 자신의 경제적 가치를 발견할 수 없고 자기 자신을 경제적으로 이용하는 기술을 모르는 인간은 다른 면에서 아무리 발전했다고 하더라도 본질적인 곳에서는 실패하고 있다. 인적 자원이 어떻게 생성하고 변화하고 또한 소멸하고 있는가에 대해 물적 재화의 감가상각減価償価이나 재생산에 관한 것과 동등한 방법으로 치밀하게 연구할 필요가 있고, 유기적인 자본에 적어도 지금까지 우리가 토지나 산업이나 상업이나 재정 등 자본을 향한 것과 동등한 주의를 기울이지 않으면 안 된다."

이렇게 말한 것은 1907년에 오스트리아 사회학회를 창설하고 2년 후인 1909년에 독일 사회학회의 창설에도 깊이 관여한 오스트리아의 사회학자 루돌프 골드샤이트Rudolf Goldscheid(1870~1931)다("Die Stellung der Entwicklungsökonomie und Menschenökonomie im System der Wissenschaften", *Kölner Vierteljahrshefte für Sozialwissenschaften*, Bd. 1. 1921. S.5~15). 골드샤이트는 사회주의자이고, 그로 인해 가치자유의 원칙을 사회학의 근본으로 설정한 막스 베버와 치열하게 대립했으며, 골드샤이트와의 불화로 베버는 결국 설립 후 얼마

되지 않아 독일 사회학회를 떠나게 된다. 야스퍼스가 전한 베버의 "사회학의 명의 하에 일어난 많은 것들은 기만이다"라는(樺俊雄 訳, 《マックス·ウェーバー》, 理想社, 1965, 74쪽) 말의 배경에는 사회학회 내부의 이러한 대립과 반목이 있었다.

골드샤이트가 '인간경제학'이라는 개념을 제시한 것은 1908년의 저작 《진화가치론, 진화경제학, 인간경제학》에서이고 그 주장은 3년 후의 저작 《진화와 인간경제학—사회생물학의 기초》(1911년)에서 한층 정교해졌다. 이러한 저작의 제목에서도 알 수 있듯이 골드샤이트의 사회학이 진화론의 영향을 크게 받은 것은 사실이지만 그가 말한 '사회생물학'은 단순한 유전결정론이 아니다. 오히려 후천적인 환경 요인을 중요시하고 환경 요인의 개선에 의해 인간의 진화를 추진해야 한다는 주장이다.

그러나 골드샤이트가 제기한 '인간경제학'에서 중요한 점은 유전이냐 환경이냐라는 문제가 절대 아니다. 중요한 것은 인간의 생명을 물적인 것과 같이 자본으로 본다는 점, 인간의 재생산을 토지나 기계 등 생산수단과 마찬가지로 합리적인 관리와 통제의 대상으로 인식했다는 점이다. 골드샤이트는 종래의 사회주의가 자본주의를 비판하면서도 자본주의와 마찬가지로 인간의 생명 그 자체를 관리의 대상에서 떼어냄으로써 생산력 전체의 더 이상의 확대 가능성을 발견하지 못했다며 사회주의를 비판했다.

골드샤이트의 '인간경제학'이라는 생각은 그 이후 독일이나 북유럽의 사회주의자들에게 침투했고, 그들과 그녀들이 인간경제학

을 실천하는 한 가지 방법으로서 우생학을 직접적으로 혹은 간접적으로 지지하게 만든다(앞의 〈社会的なものの概念と生命〉). 우리는 이 '인간경제학'에서 미셸 푸코가 말한 '삶-권력'의 하나의 세련된 형태를 찾아볼 수 있기도 하지만, '퇴폐자' 생명의 말살을 주장한 프리드리히 빌헬름 니체의 철학 역시 그 모독적인 비이성의 장치와는 정반대로 철저하게 합리적이고 이성적인 것으로서 이를 골드샤이트가 말한 '인간경제학'의 한 예로 보아도 아무런 문제가 없다. 또한 '인적 자원'의 육성 및 배양을 중심 과제로 하고 있는 오오고치 가즈오의 '일본적 후생'에서도 이와 같은 것을 찾아볼 수 있다.

사회적인 것이 초래하는 인간의 획일화는 예컨대 사회주의 국가들에서의 언론이나 사상의 통제만이 아니다. 그것은 보다 깊은 곳에서 인간의 생명 그 자체를 생산성과 노동력의 관점에서 획일적으로 평가하고 선별하는 일이다.

'인간의 복수성'을 '공적인 것'이나 '정치적인 것'의 근간으로 인식한 아렌트는 생명이 재생산되는 장으로서의 오이코스Oikos와 이를 초월한 폴리스Polis라고 하는 그리스의 이분법을 반복하면서 생명을 '공적인 것'과 '정치적인 것'에서 떼어낼 것을 주장했다. 아렌트에게 생명은 적어도 획일화와 획일성의 대명사이고 이 생명이 '공적인 것'이나 '정치적인 것'에 이른바 혼입될 경우 후자는 '사회'로 퇴락하고 '인간의 복수성'과는 완전히 대조적인 획일성의 공간이 열리게 된다는 생각이다. "사회란, 오로지 생명의 유

지를 위해서만 존재하는 상호의존의 사실이 공적인 중요성을 지니고, 오로지 생존에만 연관되는 활동력이 공적 영역에 출현을 허용하는 형식에 지나지 않는다"(앞의 책, 《人間の条件》, 71쪽). 그리고 생명의 고귀함을 역설하는 기독교 도덕은 니체의 경우와 마찬가지로 비판되었고, 자살이나 소극적인 안락사, (장애를 가진) 어린이의 유기라고 하는, 생명에 대한 고대 그리스의 '이교도적인 경멸'이 찬양받았다(앞의 책, 491쪽).

그러나 아렌트는 완전히 잘못 생각하고 있는 것이다. 푸코의 '생체 정치'라는 개념이 단적으로 표현했듯이 생명과 정치적인 것은 오늘날 불가분의 관계를 맺고 있기 때문에, 생명을 정치로부터 멀리하여 떼어놓기만 하면 '인간의 복수성'이 담보된다는 발상은 더 이상 유효하지 않다. 아렌트가 말한 것처럼 사회적인 것은 인간을 획일화한다. 그러나 이에 대항하여 '인간의 복수성'을 열어가기 위해서는, 바로 정치적인 것을 통해, 민주주의를 통해 생명 그 자체를 다양한 것으로 변화시키지 않으면 안 된다.

유전학을 중심으로 인간에 관한 기술은 오늘날 골드샤이트의 시대와는 비교되지 않을 정도로 진화=심화되어 있고, 이에 비례하여 인간경제학 즉 인간의 생명을 자본으로 관리하고 통제하는 잠재적인 가능성도 높아졌다고 할 수밖에 없다. 기술의 전개 자체를 통째로 부정하는 것은 전적으로 부당하고 바보스러운 일이다. 그러나 유전적인 다양성의 존중이라는 아름다운 표현과 함께, 유전적인 '장애'나 '질병'을 비경제적이라고 단정하는 강한 시선과 그러한 생명의 탄생과 존속을 허용하지 않고 말살하려는 각종 압력이 존재하고 있다는 점도 부정할 수 없는 사실이다. 이는 유전적인 것에 제한되지 않는다. 각종 (후천적인) 요인에 의해 노동과 생산에 참가하지 못하고 타자와 사회에 부담밖에 되지 않는 생명은 언제든지 "죽음 속으로의 폐기"(푸코)의 대상이 될 수 있다. "노동은 자유를 초래한다"고 하는 말로서 사람들을 받아들인 나치의 강제수용소에서 일어난 것이 마침 그러한 일이었지만, 현 시대의 아이러니는 이러한 죽음 속으로의 폐기가 개인의 자기 결정에 의해 선택되는 일이다.

유전적인 것을 포함한 인간 생명의 다양성은 그것만으로 존재할 수 있는 것은 아니다. 그 생명을 키우고 지탱하기 위해 필요한 각종 기본재가 끊임없이 제공되지 않으면 안 되고, 바람직한 재분배가 보장되지 않으면 안 된다. 루소가 '사회적인 계약'에 부여한 과제를 다시 한 번 인용해보자. "인간 사이에 자연적으로 있을 수 있는 육체적인 불평등을 대신하여 도덕적인 및 법률적인 평등으로 대체하는" 일. 또한 "인간은 체력이나 정신에 있어서는 불평등할 수 있지만, 약속에 의해 또한 권리에 의해 모두가 평등해지는" 일. 루소의 문제제기는 오늘날 조금도 퇴색하지 않았다. 다만 이 사회적인 계약을 수행하기 위해서는 생명의 전면적인 긍정을 가능케 하는 니체의 비이성이 우리에게 필요할지도 모른다.

탈특권화와 탈국경

'사회적인 것'이 '평등'이라는 이념과 불가분의 관계에 있다고 하더라도 지금까지 실현되어온 '사회적인 국가(복지국가)'의 대부분은 실제로 불평등과 지배—종속의 관계를 강화하고 재생산하는 것이었다.

'부권적 복지국가父權的福祉国家'라는 말에 의거하여 테다 스카치폴은 대부분의 서양 국가들이 남성은 임금노동, 여성은 가사노동이라는 젠더 분할을 전제로, 사회정책의 초점을 오로지 돈벌이하는 남성 노동자들에 두고 여성이나 어린이를 이런 남성에 종속하는 2차적인 존재로 간주해온 사실을 상기시켰다(T. Skocpol, *Social Policy in the United States*, Princeton University Press, 1995. p. 12). 연금 문제에서도 볼 수 있듯이 이는 일본의 현실에도 그대로 적용된다. 경제적 자립의 방법이 주어지지 않는 여성들은 결혼생활의 지속이라는 형태로 남성들에게 의존하지 않으면 안 된다.

특별히 보호받는 자와 그렇지 못한 자의 계층화를 통해 사회적인 국가는 그 내부에서 불평등을 재생산해왔다. 그러나 평등의 이념에 입각하여 사회적인 것에 대해 더 한층 파고들면 사회적인 국가의 이러한 특권화의 구조는 근본적으로 재검토되어야 할 것이다. 경제적 자립에 있어서 남녀평등의 실현은 사회적인 국가의 지금까지의 범위를 초월하여 새롭게 추구되어야 하는 이념의 하나다.

다만 아래와 같은 점에 대해서는 유의가 필요하다. 이미 보았듯이 톰슨은 '자유경쟁'이나 '개인적인 경쟁'에 기초를 둔 18세기의 정치경제학이 '여전히 배제를 기반으로 하고' 있고 그 틀이 '인간의 행복에 있어 너무 협애하다'고 비판했지만, 이 점은 오늘날의 시장경제 체제에도 그대로 타당하다. 일본어 '남녀공동참획男女公同參画'은 여성의 시장 참여에만 한정되어서는 안 될 것이다. 시장의 폭을 여성에 대해 보다 평등하게 열어가야 하는 것이 중요한 과제이긴 하지만, 시장은 여전히 배제를 기반으로 하고 있고 인간의 행복에 있어서 그 범위가 너무 좁다. 시장의 내부와 외부를 횡단하는 형태로, 즉 (소지하고 있는 물적 자산의 유무나 다소는 말할 필요가 없고) 임금노동의 유무를 넘어 평등이 무엇인지에 대해 끊임없이 생각하면서, 시장에서의 임금노동으로부터 배제된 사람들에 대해서도 가능한 한 평등한 생활기반을 보장하는 제도를 정비해야 할 것이다. 이는 젠더에 한정된 과제가 아니며 장애인과 비장애인 간의 분단을 어떻게 넘어서야 하는가의 문제도 포함된다. 나아가 미성년자에 대해서는 그들이 선천적으로 시장이나 임금노동으로부터 배제되었기에 보호자의 생활상황과는 관계없이, 또한 지역격차 등을 시정하면서 교육 및 기타 기본재를 평등하게 보장해야 한다. 사회적인 것이 목표로 하는 탈특권화는 각종 의미에서의 시장과 임금노동의 틀을 벗어나야 할 것이고, 나아가 시장을 기초로 한 교환의 정의를 넘어선 분배의 정의를 구상해야 한다.

일본의 연금이나 (사회적인) 의료보험에서 제도화된, 노사의 반반부담으로 보험료의 부담이 반액으로 가능한 사람과 그렇지 못한 사람 간의 분단도 재검토되어야 한다. 정규고용직은 이 혜택을 받고 있지만 '국민연금'이나 '국민건강보험'에 배정된 비정규고용직은 그렇지 못하여 보험료 자체가 큰 부담이 되고 있다. 한편으로 예컨대 자영업자들은 생활을 겨우 유지할 만큼의 수입밖에 얻지 못하고 있지만 생산수단을 가지고 있다는 이유로 분류상으로 '프롤레타리아'에는 귀속하지 않는다고 인식되어왔으나, 현실을 고려하지 않은 이런 계급 구별은 특권화의 구조를 온존溫存시키게 된다. 보다 보편적인 사회보장 제도가 필요하다. 예를 들면 정규고용인지 여부, 비고용자인지 여부에 관계없이 모든 사람을 가입자로 하여 그 소득에 따라 보험료를 설정하고 또한 기업에 대해서는 그로 인해 경감되는 보험료 부담을 증세를 통한 사회보장 재원으로 거출하는 구조, 혹은 사회보장 전체를 보험방식에서 조세방식으로 재편성하는 제도 변경을 선택지로서 생각해볼 수 있다. 어쨌든 계급 개념에 대한 근본적인 재검토가 필요하고 그에 대응하여 사회적인 것의 구체상具體像을 새롭게 그려야 할 것이다.

사회적인 국가가 행해온 또 하나의 특권화는 국민국가라는 틀 속에 기초한 그것이다. 예를 들면, 일본의 생활보호는 그 대상이 일본 국민에 한정되고 외국인들에는 원칙적으로 적용되지 않는다. 재일한국인·조선인들에 대해서는 예외적으로 생활보호가 인정되어왔지만 국민연금 가입은 1982년까지 본인이 희망할지라도 인정되지 않았고, 2004년 12월의 '특정장애자급부금지급법特定障害者給付金支給法'에 근거하여 일본 국민 가운데 무연금 장애인에게 보장되는 구제조치도 아직 재일한국인·조선인들에게는 인정되지 않고 있다.

1930년대 말에 '사회'라는 말을 교체한 '후생厚生'이라는 일본어는 처음부터 '국민적인 것'을 강조한 것이었지만 그 '일자성一者性'(아렌트)과 표리일체인 **배타성**은 전후에도 그대로 계승되었다. 아니 강화되었다고 해야 할 것이다.

재일한국인·조선인들의 국민연금 가입이 일본에서 인정된 것은 그 전해인 1981년에 일본 국회가 마침내 〈난민조약〉(정식명칭은 〈난민의 지위에 관한 조약〉)을 승인했기 때문이다. 이 〈난민조약〉은 제4장 '복지'에서 자국민과 동일한 대우를 난민에게도 보장해야 한다고 규정하고 있지만, 일본의 난민 인증이 극단적으로 적은 것은 주지의 일이다. 예를 들면 2004년 시점에서 일본에서 생활하고 있는 유엔난민기구UNHCR 일본대표부 관할의 난민 총수는 1,967명이다. 이는 독일(876,622명), 미국(420,854명), 프랑스(139,852명), 스웨덴(73,408명)에 비해 문자 그대로 차원이 다르게 적은 수치다(UNHCR Statistical Yearbook 2004). UNHCR에 대한 일본의 자금협력은 미국에 이어 2위이지만(2003) 물리적인 국경 내부에 난민을 받아들여 사회적인 것의 국경을 확대해가는 일에 대해서는 극단적으로 소극적이라고 할 수밖에 없다. 지리적인 요인도 있겠지만, 사회적인 것에 자신의 위치를 설정하고 있는 정치는 '일본적 후생'의 이러한 배타성과 폐쇄성에 대해 개선을 요구해야 한다.

사회적인 것의 국경은 또한 다음과 같은 의미에서도 타파할 필요가 있다.

'글로벌화'로 지칭되는 현상 중 하나는 국민국가에 대한 자본의 충성이 대폭 감소되거나 소실되었다는 점이다. '글로벌 머니'라는 표현에서 상징되듯이 오늘날 자본은 그 구성상 전례가 없을 정도로 국적을 상실하고 있기 때문에, 자기 증식에 있어서도 자본은 국민국가에 충성을 맹세하는 것이 아니라 보다 유리한 나라나 지역으로 자유롭게 이동하고 있다. 임금 부담은 물론이고 징수세액이나 사회보장을 위해 기업이 부담해야 하는 비용을 감안하여 자본은 그런 부담을 보다 낮게 설정하는 국가로 끊임없이 이동하고 있다.

자본의 이런 움직임에 대해 각 국민국가는 아래 방향으로의 교섭을 강요당하게 된다. 즉 법인세 등 직접세를 내리든지 최소한 전 수준으로 유지하고 필요할 경우 소비세 등을 내리고, 또한 기업이 (예컨대 보험료 지출의 노사 반반부담의 형태로) 사회보장의 책임을 져야 하는 정규고용의 범위를 해고 등으로 축소하며 비정규고용의 범위를 넓히도록 장려하든가 최소한 묵인하는 태도를 취해왔다. 아니, 그렇게 대응하도록 강요당해왔다고 해야 할 것이다. 왜냐하면 경제의 유지와 재원 확보를 위해 각 국민국가는 보다 많은 자본이 '손님'으로서 와주어 자국에 체류하고 돈을 뿌려주는 것을 바라기 때문이다. 일찍이 슈타인이 말한 '사회적인 국가'는 시장에 있어서의 자유경쟁을 넘어서서 시장에서는 불가능한 조정을 진행하는 것이다. 그러나 오늘날 사회적인 국가는 글로별화된 자본 앞에서의 경쟁을 강요당하고, 그 결과 사회적인 것에 대한 재정지원을 최소한도로 줄일 수밖에 없다. 이것이야말로 네오리버럴리즘neo-liberalism의 귀결이고, 유럽을 포함한 여러 나라의 '사회' 각 정당도 이에 대해 여러 가지로 타협할 수밖에 없다. 복지국가의 위기에 대해 그 이유를 저출산 고령화에서만 찾는 것은 또 하나의 이데올로기이고 위와 같은 사실을 은폐해버린다. 자본을 앞둔 국가 간의 경제는 글로벌화라는 슬로건과는 반대로, 잠재적으로 내셔널리즘이 비대해가는 토대를 만들어낸다.

이러한 상황에 대항해 사회적인 것을 지켜나가기 위해서는 이미 일국 범위 내의 정책으로서는 어쩔 수 없게 되었다. 그 대항책의 하나는 글로벌 자본을 앞둔, 사회적인 국가의 교섭 경쟁에 제동을 거는 일이고, 세율 그리고 사회보장을 위해 자본이 지불해야 할 대가에 관해서는 보조를 맞추고 자본의 도피 행로를 막고 이를 포위해가는 일이다. 이렇게 함으로 '조세국가'(슘페터)가 국민국가의 틀을 벗어날 때 사회적인 것이 국경을 벗어나게 되는 토대 또한 생성된다. 이러한 작업에 착수하지 않는 한 사회적인 것은 더 이상 유지되지 못할 것이다.

에스핀 안데르센이 제시한 '복지체제'론은 각 국민국가 간의 분류만을 위한 것이 아니다. 그가 의도했는지 여부와는 관계없이, 그의 '복지체제론'은 사회적인 것에 있어서 각국의 지금까지의 차이점을 확인하고 향후에 개선해나가면서 글로벌 범위에서 사회적인 것에 관한 공통의 틀을 창출해나갈 것인가에 대해 생각하기 위

해 활용되어야 한다. 즉 자본의 글로벌화는 사회적인 것의 글로벌
화라고 하는 새로운 과제를 불러일으키고 있는 것이다.

03

기본문헌 안내

번역서를 포함하여 '사회적인 것'에 관한 기본문헌으로 불릴 만한 일본어문헌은 아직 찾아볼 수 없다. 원어로 된 기본문헌으로는 우선 아래의 두 가지를 들 수 있다.

M. Leroy, *Historie des idées sociales en France*(Gallimard, tome 1(1946), tome 2(1950), tome 3(1954)).

L. H. A. Geck, *Über das Eindringen des Wortes "sozial" in die deutsche Sprache*(Göttingen, 1963).

'사회과학'의 탄생에 관해서는 다음과 같은 문헌을 참조하길 바란다.

P. R. Senn, "The Earliest Use of the Term 'Social Science'", *Journal of the History of Ideas*[JHI] 19, 1958, pp. 568~570.

J. H. Burns, "J. S. Mill and the Term 'Social Science'", *JHI* 20, 1959, pp. 431~432.

G. G. Iggers, "Further Remarks about Early Use of the Term 'Social Science'", *JHI* 20, 1959, pp. 433~436.

K. M. Baker, "The Early History of the Term 'Social Science'", *Annals of Science* 20, 1964, pp. 211~226.

G. Claeys, "'Individualism', 'Socialism' and 'Social Science': Further Notes on a Process of Conceptual Formation, 1800–1850", *JHI* 47, 1986, pp. 81~93.

E. Pankoke, *Sociale Bewegung, sociale Frage, sociale Politik: Grundfragen der deutschen "Sociawissenschaft" im 19. Jahrhundert*(Stuttgart, 1970).

_____, "Soziologie, Gesellschaftswissenschaften", O. Brunner, W. Conze u. R. Koselleck Hg., *Geschichtliche Grundbegriffe*, Bd. 5(Stuttgart, 1984), S.997~1032.

Hg., *Gesellschaftslehre*(Frankfurt a. M. 1991).

현재 일본에서의 우리들에게는 귀에 익숙하지 않은 '사회적인 국가' 개념에 대해서는 **게르하르트 리터**의 《사회국가—그 성립과 발전社会国家—その成立と発展》(木谷勤他 訳, 晃洋書房, 1993), **오스가 아키라**大須賀明가 엮은 《사회국가의 헌법이론社会国家の憲法理論》(敬文堂, 1995), 막스 베버 연구로 알려져 있는 **볼프 슐루흐터**의 《사회적법치국가로의 결단—헤르만 헬러: 바이마르국가론 논쟁과 사회학社会的法治国家への決断—H. ヘラー: ヴァイマール国家論論争と社会学》(今井弘道 訳, 風行社, 1991) 등이 참고가 된다. **기무라 슈이치로**木村周市郎의 《독일복지국가사상사ドイツ福祉国家思想史》(未来社, 2000)는 독일에서의 '사회적인 국가'의 계보를 의도적으로 '복지국가'라는 말로 대신하여 자세히 서술했다. **다나카 히로미치**田中拓道의 《빈곤과 공화국—사회적 연대의 탄생貧困と共和国—社会的連帯との誕生》(人文書院, 2006)는 프

랑스에서의 '사회적인 것'의 계보에 대해 성실하게 추적한 역작이
다.

이매뉴얼 월러스틴의 《사회과학을 개척하다社会科学をひらく》(山田
鋭夫 訳, 藤原書店, 1996)는 국민국가라는 틀, 유럽중심주의, 남성중심
주의라고 하는 지금까지의 암묵의 제약을 비판적으로 뛰어넘으면
서 사회과학의 보편성을 새로 구축해야 하는 필요성을 제기했다.
자계自戒의 뜻을 담아 말하자면, 이러한 문제제기는 '사회적인 것'
의 고찰에 그대로 타당하다. 또한 월러스틴은 지금까지 사회과학
이 '위선적'으로만 인식해왔던 '우애友愛'의 이념을 "다시 한 번
새롭게 해석하는 일"을 주장했고《탈=사회과학―19세기 패러다임의
한계脱=社会科学―19世紀パラダイムの限界》(本田健吉·高橋章監 訳, 藤原
書店, 1993, 35쪽), 니카니시 히로시中西洋의 《〈자유·평등〉과 《우애》
〈自由·平等〉と《友愛》》(ミネルヴァ書房, 1994)는 이 '우애'라는 이념에 대
해 사상사적으로 자세히 설명하면서 독자적인 문제제기를 했다.

'사회과학'이나 '사회(적)'라는 일본어의 탄생과 전개에 대해서
는 이시다 다케시의 《일본의 사회과학日本の社会科学》(東京大学出版会,
1984)과 《일본의 정치와 말日本の政治と言葉》(全二冊, 東京大学出版会,
1989), 《사회과학 재고―패전으로부터 반세기 동안의 동시대사社
会科学再考―敗戦から半世紀の同時代史》(東京大学出版会, 1995)가 상세히 소
개하고 있다. 또한 요시노 사쿠조吉野作造에 초점을 둔 이다 다이조

飯田泰三의 〈내셔널·민주주의자와 〈사회의 발견〉ナショナル·デモクラットと〈社会の発見〉〉(1980, 《비판정신의 항적―근대일본정신사의 일능선批判精神の航跡―近代日本精神史の一稜線》, 筑摩書房, 1997年所收)은 '사회의 발견'이라는 시각에서 일본의 다이쇼기大正期에 대해 고찰하는 방법을 정착시키는 논고로서 중요하다. **아리마 마나부**有馬学의 《〈국제화〉 속에서의 제국일본―1905～1924년〈国際化〉の中の帝国日本―1905年-1924年》(中央公論新社, 1999) 제5장 〈사회의 발견社会の発見〉 등도 참고가 된다. 또한 **사카이 데쓰야**酒井哲哉의 〈국제관계론과 〈잃어버린 사회주의〉―다이쇼기 일본에 있어서 사회개념의 석출 상황과 그 유산国際関係論と〈忘れられた社会主義〉―大正期日本における社会概念の析出状況とその遺産〉(《思想》 2003年 1月号), **요네타니 마사후미**米谷匡史의 〈야나이하라 타다오의 〈식민·사회정책〉론―식민지제국 일본에 있어서 〈사회〉통치의 문제矢内原忠雄の〈植民·社会政策〉論―植民地帝国日本における〈社会〉統治の問題(同前)〉는 전쟁기에 초점을 두면서 이 '사회' 개념이 가지고 있는 탈국경의 가능성에 대해 논했다.

루소의 《사회계약론》은 나카에 조민中江兆民의 번역 〈민약론 제2권民約論卷之二〉(1874, 《中江兆民全集》岩波書店, 第一卷, 1983年所收) 이후 자유민권운동의 큰 버팀목이 되면서 '민약론民約論'으로 불리는 것이 주류였지만 1920년대 후반에 들어서면서 점차 '사회계약론社会契約論'이라는 말로 대체되었다. 예를 들면 1927년 **히라바야시 하쓰노스케**平林初之輔의 일본어 번역본의 제목은 여전히 《민약론民約論》(岩波書店)으로 되어 있다. 히라바야시는 "일본어 번역의 전통을 중요시하여" 이렇게 명명했지만 'Contra(c)t Social'은 '사회계약社会契約'으로 번역해야 한다고 설명했다. 루소 수용에서의 이러한 번역어의 변화 속에서도 위의 '사회의 발견'의 한 측면을 엿볼 수 있을지도 모른다.

그러나 '사회의 발견'이라는 표현은 나중에 발견된 것이 전혀 아니고 다이쇼기大正期에 이미 사용되고 있었다. 예컨대 경제학자인 **후쿠다 도쿠조福田德三**는 《**사회정책과 계급투쟁社会政策と階級闘争**》(改造社, 1922)에 수록된 〈사회정책서론社会政策序論〉이라는 논고를 〈사회의 발견社会の発見〉이라는 장으로부터 시작했다(《생존권의 사회정책生存権の社会政策》, 講談社学術文庫, 1980年所収). 나아가 후쿠다 도쿠조는 거기에서 독일어인 'sozial'과 'gesellschaftlich'를 구별하면서 전자는 후자에 비해 좁은 의미를 가지고 있고 그것은 "피압박자의 해방에 관한 모든 것을 형용하는 말이다"라고 서술하고 있다. 후쿠다 도쿠조는 오늘날 독일이나 프랑스의 '사회적인 국가'라고 하는 헌법규정에서도 계승되고 있는 '사회적'이라는 말의 의미를 정확히 이해하고 있었고 이 책에서 서술한 이 말에 관한 '사회적인 망각'으로부터 자유롭다. 이런 의미에서의 '사회(적)'가 일본에서 이윽고 '후생厚生'이라는 말로 대체된 경위에 대해서는 이 책에서도 논했지만, 이 전환에 있어서도 후쿠다 도쿠조는 무시할 수 없는 인물이다. 왜냐하면 그는 《**후생경제학厚生経済学**》(刀江書房, 1930) 등에서 '후생厚生'이라는 일본어를 가장 일찍이 사용한 인물 중 한 사람이기 때문이다. 그 변화나 소멸을 포함한 '사회(적)'라는 일본어의 역사에 비추어 후쿠다 도쿠조에 관한 연구가 필요하다.

  루소 연구는 엄청나다고 할 수 있지만 여기에서는 **에른스트 카시러**의 《**장자크 루소** ジャン=ジャック·ルソー問題》(生松敬三 訳, みすず書房, 1997)만을 소개한다. 카시러의 루소 해석은 이 책에서 루소에 대한 나의 해석과 정반대이기 때문이다. 카시러는 루소를 칸트와 깊이 연계시키면서 루소의 사상에서 '사회적인 국가'(복지국가)나 '공산주의'로 통하는 회로를 가능한 한 축출하려고 했다. 칸트는 빌헬름 훔볼트와 함께 프리드리히 2세의 계몽전제주의에서 보이는 온정주의적인 복지국가를 비판했고 개인의 자율성에 기초를 둔 자유주의와 (경찰국가Polizeistaat에 대치되는) 법치국가의 중요성을 강조했다. 하지만 카시러는 칸트를 "루소를 완전히 이해한 거의 유일한 인물"로 설정하면서 "복지국가나 권력국가의 사상에서 루소가 대치하고 있는 것은 법치국가의 이념이다"라고 말하며 루소를 자유주의의 계보에 편입시키려 했다. 이와 정반대로 나는 '사회적social'이라는 말을 중심으로 루소를 해독하면서 거기로부터 평등의 창생이라는 과제와 19세기의 '사회과학'이나 현대의 '사회적인 국가'로 통하는 수맥을 찾아냈다. 어느 해석이 정확한지에 대해서는 독자들의 판단에 맡기겠지만 카시러와 내가 어떤 공통된 과제를 루소 속에서 읽어내려 했다는 점만을 강조해둔다. 카시러는 전체주의 계보에 대해 《**국가의 신화**国家の神話》(宮田光雄 訳, 創文社, 1960)에서 자세히 밝혔지만 그의 (나에게는) 억지로 보이는 루소 해석은 그렇게 함으로써 루소를 계보에서 제외시키는 데 일단 성공했다. 카시러와는 다르게 루소에 대해 해석한다면 루소를 전체주의로부터 떼어 놓는 다른 방법을 고안하지 않으면 안 된다. 이 책에서 내가 제시한 방법은 종래의 루소 해석과는 완전히 반대로 그의 '자존심' 개념을 중요시하는 것이다. 카시러의 루소론에 관해서는 《18세기의 정신—루소와 칸트 그리고 괴테十八世紀の精神—ルソーとカントそしてゲーテ》(原好男 訳, 思索社, 1989)과 《계몽주의의 철학啓蒙主義の哲学》(全二冊, 中野好之 訳, ちくま学芸文庫, 2003)도 참조할 수 있다.

루소의 '자존심' 개념에 대한 중시는 마르크스에 있어서 '사유Privateigentum'와 '개인적인 소유individuelles Eigentum'의 구별에 대한 주목과도 연동한다. 후자에 대해서는 주지하다시피 **히라타 세이메이平田清明**가 《시민사회와 사회주의市民社会と社会主義》(岩波書店, 1969) 등에서 논하고 있다. 마르크스에 대해서는 더불어 최근에 출간된 일본어 문헌 중에서 **오가와 마사히코大川正彦**의 《마르크스—지금 공산주의자로서 산다는 것은?マルクス—今, コミュニズムを生きるとは?》(NHK出版, 2004)을 소개하고 싶다. 오가와와 나는 몇 가지 논점에서 엇갈리고 있지만 마르크스가 《고타강령비판초안》에서 제시한 "각자는 그 능력에 따라, 각자에게는 그 필요에 따라!"라는 말을 오늘날 어떻게 계승해야 하는가라는 과제는 모두 공유하고 있다고 생각된다.

이 책에서는 '사회(적)'라는 말의 의미를 역사적으로 복원하면

서 그것을 '평등'이라는 이념에 다시 결합시키는 데 힘을 기울이려고 했다. 정치적인 말로서의 '사회'는 현재 일본에서 소멸되고 있지만, 이는 동시에 '평등'이라는 이념이 정치 속에서 메말라가고 있다는 점을 의미한다. 나는 이러한 현상에 대한 하나의 이의제기로서 이 책을 썼지만 평등이 무엇인가에 대해서는 깊게 고찰하지 못했다. 이 책의 큰 결함이라고 할 수밖에 없지만 평등에 대한 고찰을 위해서는 주어진 분량을 이미 크게 초과한 이 책과는 별도의 책을 준비하지 않으면 안 될 것이다. 여기서는 **센**의 《**불평등의 재검토**不平等の再檢討》(池本幸生外 訳, 岩波書店, 1999), **드워킨**의 《**평등이란**平等とは何か》(小林公外 訳, 木鐸社, 2002) 등을 필독문헌으로 제시하는 데 그친다.

이 책은 또한 개개의 구체적 과제에 입각한 복지국가론이나 사회정책론을 전개할 수 없었다. 고전적인 것으로서 **도쿄대 사회과학연구소**東京大学社会科学研究所에서 엮은 《**복지국가**福祉国家》(全六冊, 東京大学出版会, 1984~1985), 《**전환기의 복지국가**転換期の福祉国家》(全二冊, 東京大学出版会, 1988), 1990년대 이후의 동향을 포함한 강좌 《**복지국가의 향방**福祉国家のゆくえ》(全五冊, ミネルヴァ書房, 2002~2004), **시오노야 유이치**塩野谷祐一와 **스즈키 고타로**鈴木興太郎와 **고토 레이코**後藤玲子가 엮은 《**복지의 공공철학**福祉の公共哲学》(東京大学出版会, 2004) 등이 전반을 둘러보는 데 참조가 된다. 또한 **도미나가 켄이치**富永健一의 《**사회변동속의 복지국가──가족의 실패와 국가의 새 기능**社会変動の中の福

祉国家—家族の失敗と国家の新しい機能》(中公新書, 2001), **야마와키 나오시山脇直司**의 《**사회복지사상의 혁신—복지국가·센·공공철학**社会福祉思想の革新—福祉国家·セン·公共哲学》(かわさき市民アカデミー出版部, 2005)도 그 간결함과 적확한 문제정리로 나에게는 도움이 많이 되었다.

이 책에서는 누가 생산했는가와는 별개로 누구에게 부여되어야 하는가를 생각하는 가능성, 아니 그 필요성에 대해 논의했는데, 그런 시도의 하나로서 '기본소득basic income'이 있다. 이 구상에 대해 나 자신은 아직 최종적인 결론을 내지 못했지만, 그 개요를 파악하기 위해서는 **오자와 슈지**小沢修司의 《**복지사회와 사회보장 개혁—기본소득 구상의 새 지평**福祉社会と社会保障改革—ベーシック·インカム構想の新地平》(高菅出版, 2002), **토니 피츠페트릭**의 《**자유와 보장—기본소득 논쟁**自由と保障—ベーシック·インカム論争》(武川正吾·菊地英明 訳, 勁草書房, 2005)이 좋은 실마리가 된다. **다테이와 신야**立岩真也의 《**자유의 평등**自由の平等》(岩波書店, 2004)도 독자적인 시각에서 위의 가능성과 필요성을 추구한 것이다.

또 한 가지 지적해야 하는 점은 푸코의 권력론을 근거로 한 '사회적인 것'에 대한 비판적인 연구들이다. 대표적인 예가 **자크 동즐로J. Donzelot**의 *L' intention du social*(Fayard, 1984)나 **프랑수아 에발드F. Ewald**의 *L' état providence*(Grasset & Fasquelle, 1986)인데 두 책 모두 일본어 번역이 나오지 않았다. 그 개요에 대해서는 질 들뢰즈의 '사회적인 것의 상승'이라는 표제의 '후기'를 수록한 **자크 동즐**

로의 《가족에 개입하는 사회家族に介入す社会》(宇波彰 訳, 新曜社, 1991), 《사회의 동원》(重田園江 訳, 《現代思想》1994年 4月号), 프랑수아 에발드가 엮은 《바이오—사상·역사·권력バイオ—思想·歷史·権力》(菅谷暁 外 訳, 新評論, 1986) 등의 일본어 번역이나 이마세키 모토나리今関源成의 〈자유주의적 합리성의 변용과 복지국가의 성립自由主義的合理性の変容と福祉国家の成立〉《社会国家の憲法理論》)을 통해 확인할 수 있다. 니컬러스 로즈N. Rose의 *Power of Freedom: Reframing Political Thought* (Cambridge University Press, 1999), 특히 제3장 〈사회적인 것The Social〉도 참고가 된다. 그 외에 푸코에 대한 언급은 전혀 없지만 가와고에 오사무川越修의 《사회국가의 생성—20세기 사회와 나치즘社会国家の生成—20世紀社会とナチズム》(岩波書店, 2004)이나 이치노카와 야스타카의 〈사회적인 것의 개념과 생명—복지국가와 우생학社会的なものの概念と生命—福祉国家と優生学〉《思想》2000年 2月号) 또한 이 계열에 넣어도 된다. 푸코와는 별도로 독자적인 시점에서 교육이나 의료에 대해 논한 이반 일리치의 《탈학교 사회脱学校の社会》(小澤周三 訳, 東京創元社, 1977), 《탈병원화 사회—의료의 한계脱病院化社会—医療の限界》(金子嗣郎 訳, 晶文社, 1998)도 '사회적인 것'을 비판적으로 고찰한 문헌으로서는 시사점을 많이 주는 고전에 속한다.

　권력장치의 하나인 '사회적인 것'에 대해 비판적으로 되돌아보는 일은 피해갈 수 없는 작업이고 이런 비판이 동반되지 않는 고찰은 단순한 '호교론'에 지나지 않는다고 생각한다. 또한 그 방법

은 크게 두 가지로 나뉠 수 있다. 즉 사회적인 것을 권력으로서 통째로 버리고 말든가, 이를 비판적으로 새롭게 구축하든가다. 나 자신은 후자의 길을 선택했지만 '푸코의 충실한 제자'라고 자칭하는 앞의 에발드 등은 전자를 택한 것처럼 보인다. 근년에 그는 MEDEF(기업경영자/기업가단체)나 보험업계의 브레인으로 복지국가를 비판하고 리스크·매니지먼트의 주체로서의 기업을 특권화하는 논의를 전개하면서 경제적인 네오리버럴리즘을 지지하는 입장으로 크게 치우치고 있다(阿部崇, 〈푸코 사후 20주년의 프랑스フーコー没後20周年のフランス〉, 《未来》2004年 12月号).

전작 《신체/생명身体/生命》(岩波書店, 2000)에서 나는 푸코에 대해 비판하면서 '죽음으로의 권리'(자살의 권리)를 주장하는 일이 '삶=권력'에 대한 저항과 직결된다고 생각하는 것의 오류를 지적했지만, 이 점은 '사회적인 것'에 대해서도 말할 수 있다. 삶=권력에 대한 저항은 그 권력이 탄생시킨 '삶' 자체로부터도 만들어진다. 마찬가지로 사회적인 것에 대한 비판은 사회적인 것의 한복판에서 끌어내야 한다. "권력에는 밖이 없다"는 푸코의 말에 충실하자면 사회적인 것을 외파外破하는 것이 아닌 내파內破하는 길을 모색해야 할 것이다.

이 책 제1부에서는 룩셈부르크와 벤야민 새롭게 읽기를 통해 '사회민주주의'의 재흥을 시도해보았지만 위에서도 언급한 **존 피터 네틀**의 《**로자 룩셈부르크**ローザ·ルクセンブルク》(全二冊, 諫山正外 訳, 河出

書房新社, 1974)는 일본어로 읽을 수 있는 룩셈부르크에 대한 가장 훌륭한 전기 중 하나라고 생각된다. **아렌트**의 〈**로자 룩셈부르크ローザ·ルクセンブルク**〉(阿部齋 訳, 《암흑시대의 사람들暗い時代の人々》, ちくま学芸文庫, 2005年 所収)는 네틀의 이 전기의 서평으로서 쓰인 것이다.

벤야민의 '폭력비판론'에 대해서는 **자크 데리다**의 《**법의 힘法の力**》(堅田研一 訳, 法政大学出版局, 1999)이 자세히 독해하고 있다. 하지만 벤야민을 슈미트와 너무 연계시킨 그의 해석에는 전혀 동의할 수 없고, 이런 데리다의 해석으로도 정당화가 가능한, '좌익슈미트주의'라고도 부를 수 있는 조류에 대해서는 이 책을 빌려 이의를 제기한다.

마지막으로 이번 시리즈 〈사고의 프런티어〉 제2부의 모든 책들을 소개한다. 편집협력자의 한 사람으로 나는 이 시리즈의 각 책들과의 연관성을 강하게 의식하면서 이 책을 쓰려고 노력했다. 이 책에서 상세히 논하지 못한 테마에 대해서는 시리즈 각 권의 집필자들이 풍부한 식견과 독자적인 견해를 제시할 것이고, 반대로 이 책에서 다루고 있는 '사회적인 것'에 대해서는 각 권에서 다루고 있는 각 테마에 입각하여 다시 해석하는 것도 가능하다. 동시에 이 책과 기타 각권에서는 동일한 테마 혹은 동일인물에 관해 완전히 다른 생각이나 평가가 내려지는 장면도 자주 나타날 것이다. 독자 여러분이 그러한 차이나 대립을 하나씩 확인하고 비교하면서 자기 자신의 '사고의 지평선'을 개척해나갈 것을 기대해본다.

나가며

"의학은 사회과학의 일종이고, 정치는 넓은 의미에서의 의학이다." 이는 세포병리학의 확립자로서 유명한 루돌프 피르호가 1848년혁명의 와중에서 콜레라나 티푸스의 희생자가 빈곤층에서 집중적으로 발생한 사실 앞에서 한 말이다. 오늘날 의료의 현장에 있는 분들도 이 말의 의미에 대해 나름대로 생각하시길 바라지만, 나 자신도 지금부터 20년 전쯤에 대학원에서 사회학을 공부한답시고 시늉을 할 당시 이 말을 접한 후 그 의미에 대해 플러스와 마이너스 양면에서 줄곧 생각해왔고 향후에도 계속 생각할 것이다.

전작 《신체/생명》은 푸코의 '생-권력'이라는 개념을 실마리로 하여 사회학의 시점에서 의학이 가지는 정치성에 대해 내 나름대로 규명한 책이다. 그러나 위의 피르호의 말은 애당초부터 나에게 반대 방향의 물음을 들이대고 있다. 즉 사회(과)학은 무엇인가라는 물음이다. 피르호나 동시대 의사들의 저작을 읽으면서 혹은 의학사의 연구를 진행하면서 나는 피르호가 말한 '사회과학'이, 자신이 배운 것이나 자신의 신변에서 전개되고 있는 것과는 완전히 별개의 것이라는 점을 깨닫게 되었다. 피르호가 말한 '사회과학'

은, 가치자유라는 원칙을 어떤 형태로든 의식하지 않으면 안 된다고 하는 내가 알고 있던 그것과는 달리, 명확한 가치를 이념으로서 목표로 하고 있다. 그것은 때로는 의젓하게 사람들의 고난이나 곤경에 대해 가까이에서 보면서도, 아니 바로 그렇게 가깝게 보기 때문에 사람들에게 강력하게 희망을 주고 있는 것으로 보였다. 물론 푸코 등의 저작을 읽은 후의 나로서는 피르호가 말한 '사회과학'과 의학의 결합에 대해 일정한 거리를 유지할 수밖에 없지만, 오늘날의 사회과학이 피르호가 말한 그것과는 다른 것으로 변화해 간 과정에 대해서는 자신의 눈으로 확인해야겠다고 생각했다. 이를 위해서는 '사회적인 것'에 관한 '사회적인 망각'이 무엇이고, 그것이 도대체 무엇을 어떻게 망각시켰는가에 대해 역사적인 고찰이 필요하겠다고 전부터 생각하고 있었다. 이 책에서는 그것을 시도해보았다.

다른 한편으로 최근 20년 동안 정치적인 말로서의 '사회'가 일본에서 급속히 쇠멸하고 있는 점에 대해, 그것의 옳고 그름에 관해 또한 그와는 별도로 사회학을 연구하는 인간으로서 그것이 왜 일어났는지에 대해 자기 나름대로 정리해야 한다고 생각했다.

이 책을 집필하면서 나는 'social'이나 'sozial'이라는 서양언어에 대해 자신이 아무것도 이해하고 있지 않았고, 향후에도 이해할 수 없지 않을까, 혹은 이 말을 예컨대 '사회적社会的'이라는 일본어로 번역하는 것은 큰 잘못이지 않은가라는 기분에 몇 번이나 휩싸였다. 나에게 '사회(적)'라는 말은 점점 불투명해졌고 이 일본어를 사용하여 표현된 모든 것이 의미가 불명확하게 느껴졌고, 반대로 여기서 내가 일본어로 쓰고 있는 것 역시 누구에게도 전달되지 않고 있는 것은 아닐까라고 생각했다. 번역자의 사명은 외국어를 통해 자국어를 격렬하게 뒤흔드는 일이라고 벤야민은 말했다. 자신이 훌륭한 번역자가 아니라는 점은 처음부터 알고 있었지만, 서로 다른 언어 사이에서 왔다 갔다 하면서 일어난 뒤흔들림이 어쩌면 이런 것이지 않을까라고 생각한 순간은 있었다.

이 책의 집필은 나에게 굉장히 어려운 작업이었다. 세 걸음 앞으로 갔다가도 두 걸음 후퇴하고, 원고를 어느 정도 쓰고 나서 다시 한 번 고쳐 쓰는 일을 수차례 반복했다. 그 결과 출판은 예정보다도 대폭 지연되었고 분량도 늘어나게 되어 편집자이신 사카모토 마사카네坂本政謙와 시미즈 노아清水野亜를 비롯한 많은 분들에게 폐를 끼치게 되었다. 이 지면을 빌려 사과의 말씀을 올리면서, 편집자 두 분께는 진심으로 감사를 표하고 싶다. 또한 스기모토 타카시杉元隆司(히토츠바시대학)로부터는 생시몽에 관해 여러 가지 가르침을 받았다. 감사의 뜻을 전한다.

이 책에서 내가 한 일은 완성해야 할 일의 극히 일부분에 지나지 않고, 수많은 과제가 산적해 있지만 이 책에 의해 하나의 매듭은 지어졌다고 생각된다. 도쿄대학 문학부 사회학과로의 진학이 결정되고 전공과목으로서 지금은 세상을 떠난 다카하시 아키라高橋徹 교수에게서 '사회학사' 강의를 들은 1984년 가을이 나에게는 사회학 원년이라고 할 수 있다. 그로부터 20년 이상 지나서야 가까스로,

사회학에 대해 자신이 무엇을 생각하고 무엇을 가르쳐야 하는가에
대해 늦게나마 하나의 방향성을 확립할 수 있었다고 생각한다.

2006년 9월

옮긴이 후기

우리는 자신이 일상적으로 사용하는 낱말들에 대해 그 생성 역사나 연원淵源을 잘 모르는 경우가 많다. 어떠한 구체적 사물이나 추상적 의미를 지칭하는 표현이긴 하지만 그 뜻은 고정 불변한 것이 아니라 문맥에 따라 시대에 따라 변화한다. 현실사회의 역사 발전과 더불어 이러한 단어와 낱말에 포함된 뜻의 변화 과정을 추적하는 개념사 연구가 필요한 이유다.

한편으로 한국과 중국, 일본을 포함한 동아시아의 사회과학은 서양 학문의 수입을 토대로 형성된 것이다. 문물이나 기술의 수입과 달리 학문의 수입, 특히 사회과학 이론의 수입은 번역의 문제를 야기하게 된다. 홍수처럼 밀려오는 서양의 개념들에 대해, 일본과 중국의 지식인들은 기존의 한자를 그대로 사용하거나 의미를 바꾸어 사용하거나 새로 조합하는 방식으로 신조어新造語들을 만들어 냈고 이러한 용어들이 현재 동아시아 사회과학의 공통 기반을 형성하고 있다. 따라서 현재 우리가 사용하고 있는, 한자로 표기된 사회과학 용어를 정확히 이해하기 위해서는 그 한자의 뜻은 물론 서양어 원어原語의 의미 및 이러한 번역이 타당한지 여부 등에 대해서도 살펴볼 필요가 있다.

사회社會는 society/société의 번역어로서 일본인들이 한자를 조합하여 만든 새 단어다. 저자는 이 책에서 사회=社會=society, 더욱 정확히 말하면 사회적인 것=社會的=social이 무엇을 의미하고 social이 사회적社會的으로 번역됨으로써 무엇이 누락되었는지 등에 대해 면밀히 검토하고 있다. 저자의 이러한 추적 작업은 우리가 현재 생각 없이 사용하고 있는 사회社會 또는 사회적社會的이라는 용어에 대해 다시 한 번 음미하게 한다. 후기에서 고백하듯이, 저자가 사회=社會=society의 개념에 관해 이 책에서 제시한 논점들은 산발적이고 최종적이지 않다. "이 책을 집필하면서 나는 'social'이나 'sozial'이라는 서양언어에 대해 자신이 아무것도 이해하고 있지 않았고, 향후에도 이해할 수 없지 않을까, 혹은 이 말을 예컨대 '사회적社會的'이라는 일본어로 번역하는 것은 큰 잘못이지 않은가라는 기분에 몇 번이나 휩싸였다. 나에게 '사회(적)'라는 말은 점점 불투명해졌고, 이 일본어를 사용하여 표현된 모든 것이 의미가 불명확하게 느껴졌고, 반대로 여기서 내가 일본어로 쓰고 있는 것 역시 누구에게도 전달되지 않고 있는 것은 아닐까라고 생각했다."

그럼에도 불구하고 사회社會에 관한 저자의 다음과 같은 두 가지 주장은 설득력 있게 들리고, 일본은 물론 한국에서 향후 사회社會라는 용어 사용 시 곱씹을 필요가 있는 부분이다.

첫째, 저자가 이 책에서 반복적으로 피력하고 있는 주장의 하나로, 사회社會 또는 사회적社會的이라는 용어는 일종의 가치를 포함

한 개념이라는 것이다. 즉 사회적社會的이라는 것은 특정 규범을
지시하는 이념이 될 수 있고, 하나의 목적이고, 정의正義일 수 있
다는 점이다. 예컨대 사회社會 또는 사회적社會的인 것은 애당초 자
유에 비해 평등이나 연대를 보다 지향하는 규범적 의미를 지니고
있다. 다시 말해 사회적이라는 표현은 가치중립적인 표현이 아니
고 특정 가치를 지향하고 있다는 것이다. 그러나 '가치자유'를 표
방하는 독립된 학문으로서의 사회학의 출현은 사회社會의 규범적
요소를 도려내도록 요구한다. 즉 저자가 말하는 이른바 '사회학적
망각社會學的忘却'이 일어나게 되고 이로써 사회적社會的의 의미가
불투명해지는 결과를 초래하게 되었다.

둘째, 사회社會라는 용어의 일본에서의 특수한 운명에 관한 점이
다. 저자는 1990년대 이후 정치적 언어로서의 사회社會가 급속히
쇠퇴하고 사회社會라는 표현이 들어간 정당이 대부분 없어진 현상
에 주목하고 그 이유에 대해 분석하고 있다. 저자에 따르면, 일본
에서 사회社會는 애당초 공산주의나 사회주의와 같은 의미로 이해
되는 경우가 많았고 사회과학은 우선 마르크스주의의 정치경제학
으로 이해되었다. 또한 1945년 전에 일본에서는 '민주주의'보다
는 '사회'가 더욱 위험한 사상으로 인식되고 이 때문에 '사회' 대
신에 '후생厚生'이라는 용어를 새롭게 고안해냈다. 이러한 역사적 배
경으로, 1990년대 구소련과 동유럽 사회주의 국가의 몰락은 일본
의 '사회' 정당과 세력들에 큰 타격을 가져주고 '사회민주주의'가
부흥한 서유럽과 달리 일본에서는 정치적 용어로서의 '사회'나

'사회민주주의'가 더 이상 맥을 추지 못하게 되었다고 한다. 이러한 현상은 한국에도 일부 해당된다. 일본과 마찬가지로 혹은 일본 이상으로 '사회주의'가 오랫동안 이념적 공격의 대상이 되어온 한국에서, 정치적 표현이나 정당명으로서 '사회'는 왠지 불편하게 느껴지고 금기시되는 분위기다. 이로써 유럽의 사회민주주의세력이 추구하는 '사회적' 이념이나 가치가 한국에서 제대로 이해되지 못하고 변형, 왜곡되기 십상이다.

강광문

찾아보기

사고의 프런티어 4—사회

- ⊙ 2015년 8월 25일 초판 1쇄 인쇄
- ⊙ 2015년 8월 31일 초판 1쇄 발행
- ⊙ 글쓴이   이치노카와 야스타카
- ⊙ 기획   한림대학교 한림과학원
- ⊙ 옮긴이   강광문
- ⊙ 발행인   박혜숙
- ⊙ 책임편집   정호영
- ⊙ 영업 · 제작   변재원
- ⊙ 펴낸곳 도서출판 푸른역사
  우 03044 서울시 종로구 자하문로8길 13
  전화: 02)720−8921(편집부) 02)720−8920(영업부)
  팩스: 02)720−9887
  전자우편: 2013history@naver.com
  등록: 1997년 2월 14일 제13−483호
- ⓒ 한림대학교 한림과학원, 2015

ISBN   979−11−5612−060−5 94900
세트   979−11−5612−056−8 94900